HUMANITIES AND SOCIETY

道德错误论

历史、批判、辩护

Jonas Olson

[瑞典] 约纳斯 · 奥尔松 著 周奕李 译

译林出版社

图书在版编目（CIP）数据

道德错误论：历史、批判、辩护／（瑞典）约纳斯·奥尔松（Jonas Olson）著；周奕李译．—南京：译林出版社，2022.1
（人文与社会译丛／刘东主编）
书名原文：Moral Error Theory: History, Critique, Defence
ISBN 978-7-5447-8862-5

Ⅰ.①道… Ⅱ.①约… ②周… Ⅲ.①伦理学－研究
Ⅳ.①B82

中国版本图书馆CIP数据核字（2021）第200766号

著作权合同登记号　图字：10-2017-551号

道德错误论：历史、批判、辩护　［瑞典］约纳斯·奥尔松／著　周奕李／译

责任编辑　王瑞琪
特约编辑　童可依
装帧设计　胡　苨
校　　对　戴小娥
责任印制　单　莉

原文出版　Oxford University Press, 2014
出版发行　译林出版社
地　　址　南京市湖南路1号A楼
邮　　箱　yilin@yilin.com
网　　址　www.yilin.com
市场热线　025-86633278
排　　版　南京展望文化发展有限公司
印　　刷　江苏凤凰通达印刷有限公司
开　　本　880毫米×1230毫米　1/32
印　　张　8.375
插　　页　2
版　　次　2022年1月第1版
印　　次　2022年1月第1次印刷
书　　号　ISBN 978-7-5447-8862-5
定　　价　58.00元

主编的话

刘 东

总算不负几年来的苦心——该为这套书写篇短序了。

此项翻译工程的缘起，先要追溯到自己内心的某些变化。虽说越来越惯于乡间的生活，每天只打一两通电话，但这种离群索居并不意味着我已修炼到了出家遁世的地步。毋宁说，坚守沉默少语的状态，倒是为了咬定问题不放，而且在当下的世道中，若还有哪路学说能引我出神，就不能只是玄妙得叫人着魔，还要有助于思入所属的社群。如此嘈嘈切切鼓荡难平的心气，或不免受了世事的恶刺激，不过也恰是这道底线，帮我部分摆脱了中西"精神分裂症"——至少我可以倚仗着中国文化的本根，去参验外缘的社会学说了，既然儒学作为一种本真的心向，正是要从对现世生活的终极肯定出发，把人间问题当成全部灵感的源头。

不宁惟是，这种从人文思入社会的诉求，还同国际学界的发展不期相合。擅长把捉非确定性问题的哲学，看来有点走出自我囿闭的低潮，而这又跟它把焦点对准了社会不无关系。现行通则的加速崩解和相互证伪，使得就算今后仍有普适的基准可言，也要有待于更加透辟的思力，正是在文明的此一根基处，批判的事业又有了用武之地。由此就决定了，尽管同在关注世俗的事务与规则，但跟既定框架内的策论不同，真正体现出人文关怀的社会学说，决不会是医头医脚式的小修小补，而必须以激进亢奋的姿态，去怀疑、颠覆和重估全部的价值预设。有意思的是，也许再没有哪个时代，会有这么多书生想要焕发制度智慧，这既凸显了文明的深层危机，又表达了超越的不竭潜力。

于是自然就想到翻译——把这些制度智慧引进汉语世界来。需要说明的是,尽管此类翻译向称严肃的学业,无论编者、译者还是读者,都会因其理论色彩和语言风格而备尝艰涩,但该工程却绝非寻常意义上的"纯学术"。此中辩谈的话题和学理,将会贴近我们的伦常日用,渗入我们的表象世界,改铸我们的公民文化,根本不容任何学院人垄断。同样,尽管这些选题大多分量厚重,且多为国外学府指定的必读书,也不必将其标榜为"新经典"。此类方生方成的思想实验,仍要应付尖刻的批判围攻,保持着知识创化时的紧张度,尚没有资格被当成享受保护的"老残遗产"。所以说白了:除非来此对话者早已功力尽失,这里就只有激活思想的马刺。

主持此类工程之烦难,足以让任何聪明人望而却步,大约也惟有愚钝如我者,才会在十年苦熬之余再作冯妇。然则晨钟暮鼓黄卷青灯中,毕竟尚有历代的高僧暗中相伴,他们和我声应气求,不甘心被宿命贬低为人类的亚种,遂把移译工作当成了日常功课,要以艰难的咀嚼咬穿文化的篱笆。师法着这些先烈,当初酝酿这套丛书时,我曾在哈佛费正清中心放胆讲道:"在作者、编者和读者间初步形成的这种'良性循环'景象,作为整个社会多元分化进程的缩影,偏巧正跟我们的国运连在一起,如果我们至少眼下尚无理由否认,今后中国历史的主要变因之一,仍然在于大陆知识阶层的一念之中,那么我们就总还有权想象,在孔老夫子的故乡,中华民族其实就靠这么写着读着,而默默修持着自己的心念,而默默挑战着自身的极限!"惟愿认同此道者日众,则华夏一族虽历经劫难,终不致因我辈而沦为文化小国。

一九九九年六月于京郊溪翁庄

致 谢

在本书的写作过程中,我得到了许多人的帮助。2012 年秋天,詹斯·乔纳森在乌普萨拉大学组织了一个关于本书全部手稿的读书会。我深深地感谢詹斯以及其他与会者慷慨的反馈,他们是:佩尔·阿尔甘德、埃里克·卡尔森、卡尔·艾肯达尔、约翰·古斯塔夫森、马格努斯·杰登海姆、维克多·莫贝格、亨里克·莱登、弗朗斯·斯文森和弗克·特斯曼。得到这样一些深刻而富有建设性的反馈,对于一名普通的哲学研究者而言是最接近幸福的事情。罗斯·沙菲-兰道和他的学生在威斯康星大学麦迪逊分校的一个关于元伦理学的研究生研讨会上阅读了初稿的第二、第三部分。我非常感激罗斯和他的学生们提出的非常有帮助的意见。

这本书的大部分内容是在斯德哥尔摩大学哲学系写成的,那是一个非常好的工作场所。我受益于与斯德哥尔摩大学的同事们持续的讨论,他们是亨里克·阿勒尼乌斯、古斯塔夫·阿雷尼乌斯、比约恩·埃里克森、索菲亚·杰普森、哈斯·马瑟林、尼古拉斯·奥尔森-尧兹,以及托尔比约恩·蒂纳舍尔。这本书的部分内容写于 2012 年春天,那时我在圣安德鲁斯大学的伦理、哲学和公共事务中心做访问学者。那是一个富有成效的时期,我非常感谢约翰·霍尔丹和圣安德鲁斯大学道德哲学系的其他成员，他们使我在圣安德鲁斯大学的时光如此愉悦和令人振奋。

我曾在雷丁大学、牛津大学、诺丁汉大学、格拉斯哥大学、爱丁堡大学以及圣安德鲁斯大学的研讨会，雷丁大学2012年的“伦理学中的非现实主义”会议，以及阿提拉·坦伊分别于2011年和2012年在赖兴瑙岛组织的两个研讨会上，用这本书初稿的内容做过报告。我感谢诸多在这些场合为我提供了十分有益的意见的人。

我受益于与下列人士的交谈以及书面讨论：克里斯特·拜克维斯
v 特、张美露、特伦斯·库内奥、斯文·丹尼尔森、大卫·伊诺克、肯特·赫蒂格、沃特·弗洛里斯·卡夫、乌里·莱博维茨、苏珊·曼特尔、托马斯·莫特纳、布莱恩·麦克尔韦、特里斯特拉姆·麦克弗森、格雷厄姆·奥迪、拉格纳·弗兰森·奥林德、安德鲁·赖斯纳、迈克·里奇、理查德·罗兰、约翰·斯科鲁普斯基、莎娜·斯兰克、米歇尔·史密斯、菲利普·斯特拉顿-雷克、巴特·斯特雷默，以及朱西·苏卡宁。牛津大学出版社的两名匿名审稿人（其中一名是马特·贝德克）对内容和材料的组织提供了极其有用和详尽的评论。牛津大学出版社的彼得·蒙奇洛夫在本书的编辑过程中提供了很多帮助。所有这些人都为使这本书变得更好做出了贡献，而他们无须对本书遗留的错误承担任何责任。

我要特别感谢已故的乔丹·霍华德·索贝尔，我从他那里学到了很多关于元伦理学和休谟哲学的知识。我最衷心感谢的是LMH和LEOH。这本书是献给他们的。

* * *

这本书的部分内容基于下列已发表的材料：

Olson, J. 2011. ‘In Defence of Moral Error Theory’. In *New Waves in Metaethics*, edited by M. Brady. Basingstoke: Palgrave, Macmillan,

62—84.

Olson, J. 2011. ‘Error theory and Reasons for Belief’. In *Reasons for Belief*, edited by A. Reisner and A. Steglich-Petersen. Cambridge: Cambridge University Press, 75—93.

Olson, J. 2011. ‘Getting Real about Moral Fictionalism’. In *Oxford Studies in Metaethics* vol. 6, edited by R. Shafer-Landau. Oxford: Oxford University Press, 181—204.

Olson, J. 2011. ‘Projectivism and Error in Hume's Ethics’. *Hume Studies* 37 (2011): 19—42.

Olson, J. ‘Mackie's Motivational Argument from Queerness Reconsidered’. Forthcoming in *International Journal for the Study of Skepticism*.

感谢 Palgrave Macmillan、Cambridge University Press、Oxford University Press 和 Brill 允许我再次使用这些材料。 vi

目　录

第三部分 辩 护

第一章
导　言

1.1　基本原理与全书简述

事实上,怀疑论的幽灵一直萦绕在哲学的所有领域。一段时间以来,其在道德哲学领域最主要的化身便是道德错误论者。道德错误论者认为,日常的道德思考和道德话语包含了一些站不住脚的本体论承诺。其后果是,日常的道德信念和道德主张一致不为真。本书不仅从当代的,也从历史的维度入手探讨道德错误论。

本书的主要目标分别反映在三个部分的各个主题之中。目标之一是介绍道德错误论论辩的历史背景。这种论辩时常始于对麦凯在《伦理学:发明对与错》(1977)第一章中的论证的讨论,并结束于对这些论证的拒绝。在第一部分("历史")中,我讨论了大卫·休谟,以及影响力与其不相上下的二十世纪哲学家,包括阿克瑟尔·哈格斯多姆、伯特兰·罗素、路德维希·维特根斯坦和理查德·罗宾森的道德错误论。

我在第一部分的目标并不是列出一个详尽的关于道德错误论及其

支持者的历史清单。为了给出一个令人满意的历史探究,我不得不在至少两方面做出选择。首先,我需要选定一个起始点。我选择的起始点是休谟,但是那些激发了道德错误论的发展的论证和观点在哲学史上可明确追溯到更早的时期。麦凯提到,在众多哲学家中,托马斯·霍布斯是其灵感的一个历史来源。[1] 根据霍布斯的观点,道德规则是人类的发明物。更具体地说,理性、自利的个体想要通过协商找出一条使他们摆脱一切人反对一切人的战争状态的出路,而道德原则是他们在协
1 商中讨价还价的成果。因此,宽泛地说,霍布斯对元伦理学是有兴趣的,但是很难下定论说他或者与他同时代的哲学家是比当代学者更早的道德错误论者。[2] 对道德判断的语义学以及道德属性的本体论的关注,在道德哲学理论化的历史中是晚近才出现的。这些关注使我们可以在道德错误论与主观主义、相对主义、非认知主义,以及其他一些主张道德不是被发现,而是被发明出来的理论之间做出一种可行且有意义的区分。正如我们即将在第二章中看到的,要将一个既连贯又忠于休谟文本的立场归于休谟是十分困难的。

其次,我将在近代哲学史中选出那些值得关注的哲学家。就像选择一个合适的起始点一样,第二个选择也在很大程度上依赖于我对于"道德错误论"的定义。我们随后将在 1.3 节中讨论这个问题。

我按主题挑选出了那些我特别关注的哲学家,选出他们的原因在于他们的论证和理论与对当代道德错误论的讨论有许多有意思的联系,特别是与下述观点的联系:那些涉及道德属性和道德事实的道德思考和道德话语,从某种意义上来说是古怪的。我希望这些讨论能既有利于理解和解释这些哲学家的著作,又有助于我们理解道德错误论可能的形式与内容,以及它们如何与其他元伦理学理论结合。通过这些讨论,我希望第一章乃至全书,能对元伦理学史以及当代元伦理学的理论化有所贡献。

我们将看到,道德投射主义(moral projectivism)和道德错误论是有

紧密联系的两种观点。前者与后者是相容的,但前者并不蕴含后者。我们即将在第一部分中看到,道德错误论的后继者们更倾向于关注暗 2
示了道德错误论的道德投射主义论证,而不那么关注那些直接支持道德错误论的本体论和语义学论证。在这一点上,麦凯在他的《伦理学:发明对与错》中对道德错误论的辩护,是论辩中的一个重要进展。原因即在于麦凯的辩护不仅包含了对相关的语义学主张的明确辩护,更重要的是它还包含了源自古怪性的论证(the argument from queerness),后者试图确立相关的本体论主张。

在麦凯之前,源自古怪性的论证只是被暗示,但如今它成了道德错误论与宽泛意义上的元伦理学争论的中心。源自古怪性的论证也是本书的关键,并且是第二部分("批判")的重点。在我看来,源自古怪性的论证是复杂的,经常缺乏充分的理解,并且时常被过快地忽略。其部分原因是麦凯对于这个论证的呈现过于精简,以致其有时不太清晰。我在第二部分详细梳理了这个论证。我的目的有两个:其一是致力于解读麦凯,这需要一些诠释;其二是以最清晰有力的方式呈现源自古怪性的论证,而这需要超出,甚至在有些情况下偏离麦凯自己的讨论。比如,我将区分源自古怪性的论证和古怪性论证(the queerness argument)。麦凯并没有明确做出这个区分,但我认为这个区分有助于澄清他对于道德错误论的论证。我将论证,存在四种不同的古怪性论证,并因此也存在四种源自古怪性的论证。其中三种经不起仔细的推敲,但是第四种论证,即致力于攻击不可还原的规范性的古怪性论证有相当大的论证效力。正如麦凯自己意识到的,道德错误论者需要解释为什么所谓的错误能够持续存在于道德思考与话语之中。第二部分以对这些解释的讨论收尾。

我在第三部分("辩护")的两个主要目标之一,是回应当代对道德错误论的质疑。第二部分中得出的一个结论是,反对不可还原的规范性的论证不能局限于道德领域。错误论的某个可信版本必须不仅是关

于道德的错误论,还必须是关于更广泛意义上的不可还原的规范性的
错误论。一些哲学家认为,这些修正对于道德错误论而言是致命的。
我将在第八章论证这些修正对于道德错误论而言并不致命。我在第三
部分的第二个目标是讨论道德错误论对于实际道德思考和话语的影
3 响。我将质疑道德废除主义(moral abolitionism)与道德虚构主义
(moral fictionalism),然后为一种我称之为道德保留主义(moral
conservationism)的观点做辩护。

此章剩余的部分探讨了以下几个问题:道德错误论是什么,道德错误论可能会有什么样的替代形式,以及道德错误论如何与道德投射主义关联到一起。我们将先从最后一个问题开始讨论。

1.2　道德错误论和道德投射主义

我们说我们把道德属性投射到世界中,这是一种比喻的说法。而且,这种说法究竟意味着什么,对此我们似乎并没有达成共识。这一点反映在如下事实中,即"投射主义"被同时当作非认知主义与道德错误论的标签,或者被同样地等同于非认知主义与道德错误论的一部分。由于非认知主义与标准的道德错误论是两种差异很大的元伦理学理论,投射主义被同时当作两者的标签或被同样地等同于两者的一部分是令人困惑的。非认知主义主张道德判断主要是表达非认知态度;而标准的错误论主张道德判断是这样一种断言,这种断言将独立于心智(但并不实现出来)的道德属性归因于客体,道德判断因此包含系统性错误。所以,"投射主义"显然可以被用作不同种类的理论的标签。我引用了理查德·乔伊斯近期区分并阐述的以下四种在元伦理学中经常与投射主义观点相联系的命题:

(1) 我们将道德不正当性体验为,(比如)世界的一个客观特征。

(2) 这种体验源自一些非感官能力;特别是,在观察到一些行为或品格(等)时,我们会产生一种情感态度(比如一种"不认可"的情绪),这种情感态度带来了(1)中所描述的那种体验。

(3) 事实上,道德不正当性并不存在于世界中。

(4) 当我们说出一个具有"x在道德上是不正当的"这种形式的句子时,我们在错误地描述这个世界;我们处在错误之中。(Joyce 2009: 56)

让我们简要地评论一下命题(1)—(4)。第一个命题涉及道德**现象学**。首先需要注意的是(1)中"体验"一词应该被理解为非事实性动词(non-factive verb)。我们可能会体验到作为世界的客观特征的道德属性,即使道德属性并不存在。我预设,当我们说我们体验到的道德属性 4
是世界的客观特征时,这意味着我们将这些属性体验为独立于心智的属性。说特征F是心智依赖的,也就是说一个客体x是否拥有F,建构性地依赖于真实或理想的观测者现有或将有的对于x的心理反应。说F**建构性地**依赖于真实或理想的观测者现有或将有的对于x的心理反应,也就是说x具有F意味着x是真实或理想的观测者的某些心理反应的对象。例如,有这样一种主张"道德不正当性依赖于心智"的观点:道德不正当性这个属性仅是一个唤起公正旁观者的"不赞成"情感的属性。说特征F是心智独立的,意味着说一个客体x是否具有F,并不建构性地依赖于真实或理想的观测者现有或将有的对于x的心理反应。我将把主张"道德属性依赖于心智"的各种观点当作不同版本的主观主义,并将主张"道德属性独立于心智"的各种观点当作不同版本的客观主义。[3]

第二个命题是**心理学**上的,这个命题为道德现象学提供了一个因果解释。第三个命题关涉道德**本体论**。第四个命题关涉道德**语义学**,这个命题告诉我们,当我们在做道德判断时,我们是在做出一个断言的言语行为。这是因为,为了能够描述世界(即使是错误地描述),主体不得不对这个世界做出一些断言。对命题(4)的一个自然而然的解读是,当我们说出一个具有"x 在道德上是不正当的"这样形式的句子时,我们所说的句子为假。正是在这个意义上,我们陷入了错误之中。

但是"我们陷入了错误之中"还具有另一种含义,根据这种含义,即使我们说出的这些句子本身并不是一个错误,但当我们说出这些句子时我们却陷入了一种错误之中。这种含义是这样的:具有"x 是道德上不正当的"这种形式的句子可能有时为真,但当我们(真诚地)说出这样的句子时,我们或隐晦或明晰地相信的关于 x 的内容却为假。因此,(真诚的)道德判断可能包含假信念,但并不使道德判断一致为假。我主张这两种观点都符合"错误论"这个标签。我们会在下一个子节再回
5 到关于不同种类的道德错误论的区分问题。并且,下一个章节将证明,这一区分与我们对于休谟的不同解读有关。

乔伊斯把现象学命题和心理学命题的合取(conjunction)称作"最低限度的投射主义",他继而根据其所包含的不同本体论、语义学主张区分了不同版本的投射主义。[4] 我不会严格遵从这个分类。我把投射主义简单地理解成(1)、(2)命题的合取。因此,我把投射主义当作一种关于道德判断的现象学与心理学的观点。这种观点主张某种"内部的"东西(譬如情感,或更广泛而言的情感态度)被体验为对于某种"外部的"东西(譬如一个独立于心智的属性)的感知。投射主义是许多版本的错误论、非认知主义以及主观主义的共同基础。

这种对于投射主义的认识以及命题(1)—(4)的四向度划分是有用的,因为这使我们能够知晓如何,以及为何能用投射主义的比喻去描述不同种类的元伦理学理论。举个例子,这种认识能够使我们知道为什么所有的非认知主义、主观主义以及错误论都能被理解为某种投射主义的观点。非认知主义能够(并且特别能够)接纳命题(1)—(3)的某些版本。但非认知主义将命题(4)替换为如下命题:当我们说出一个

类似于“谋杀是不正当的”这样的句子时,我们并不(主要)是在描述任何事情。[5] 由于根据非认知主义的观点,道德句子习俗性地表达了非认知的态度,因此在说出这些句子时,我们并没有在错误地描述世界。特别是,作为当代非认知主义者的表达主义者强调说,根据表达主义的观点,日常的道德思考和道德判断并不涉及系统性的错误。

然而,“非认知主义能够(并且特别能够)接纳命题(1)”这一断言,看起来似乎使表达主义者承认道德现象是误导性的。而“道德现象是误导性的”这一点可能反过来又意味着道德思考毕竟还是由于涉及了假信念而包含了错误。我们将在第三章中看到,一些非认知主义者认为日常的道德思考确实包含了关于“当我们在做道德判断时,我们在做 6
什么”的系统性的假信念。然而正如我提到的,许多表达主义者并不想接受这一点。毕竟,接受这一点不就意味着表达主义者拒绝命题(1)吗?

并不是这样的。首先,我们体验到某事以某种方式存在,并不意味着我们相信此事以此种方式存在。比如说,许多人相信穆勒-莱尔错觉中的两条线长度不等。但是一旦这个错觉被指出来了,我们就不会再相信这两条线长度不等,尽管我们的感官依旧体验到它们的长度是不等的。同样,我们可能会把不正当性这个属性体验为世界的一个客观特征,但是表达主义者可以坚持认为我们并不这样相信。[6]

其次,我们前面对于客观性和心智独立性的讨论与一种亲近表达主义的解释是相容的。根据这种解释,我们对作为世界的一个客观特征的不正当性的体验并不是误导性的。当我们体验到用脚踢狗的不正当性独立于心智时,我们仅仅是在如下意义上体验到不正当性独立于我们的态度:无论我们对于踢狗的态度是或者将是怎么样的,踢狗都是错的;即使是在人们对于踢狗的态度改变了以及没人反对踢狗的反事实(counterfactual)状态下,我们依旧反对踢狗。[7] 表达主义者承认许多人都有这样的态度,而这并不需要涉及任何错误。

如果表达主义者认为“世界上存在道德不正当性”在最弱意义上为真,那么他们可以拒绝命题(3)。例如,他们可能会说,“谋杀是不正当的”(在最弱意义上)是真的,由此他们可以说,这意味着道德不正当性是存在于世界上的。说道德不正当性存在于世界上,仅意味着像“谋杀是不正当的”这样的句子是真的。

主观主义者可能主张不正当性只是被投射的态度,而道德判断的含义可以被还原到对态度的判断——要么是对说话者态度的判断,要么是对说话者的社群的态度的判断,要么是对某些理想主体的态度的判断。因此,他们可以接受投射主义而拒绝本体论命题。[8] 他们可以要
7 么完全拒绝语义学命题并坚持道德思考和话语并不包含系统性错误,要么坚持主张我们日常说话者关于道德属性与道德事实的本质的看法是错的,但这并不致使道德判断本身一致为假。我们将在下一章中看到,休谟可能支持这种观点的某个版本。支持这种观点的另一位学者是哲学家、社会学家爱德华·韦斯特马奇,他支持对于道德判断的相对主义分析,但坚持认为日常说话者处在典型的关于“道德判断可能并在某些时刻客观地为真”的幻象之中。这个幻象来源于如下事实:道德判断建立在对情感的客观化之上。[9]

作为对比,道德错误论者接受(1)—(4)的所有命题。但是,我们需要留意一些复杂情况,我们将在下一个子节中讨论这些复杂情况的某些部分。在讨论休谟观点的第二章中,我们将看到错误论可能会与主观主义者的实在论相容;在讨论哈格斯多姆观点的第三章中,我们将看到道德错误论可能与非认知主义相容。

1.3 不同种类的道德错误论

投射主义和道德错误论是一对天生的搭档,但正如我们之前提到的,投射主义可以与各种不同的元伦理学理论相结合。那么,错误论的

定义是什么？通常我们把关于一些思考和话语领域D的错误论定义为如下观点：D包含系统性错误的信念，并且由此所有关于D的判断或D判断中的一些重要的部分皆为假。[10] 因此，道德错误论通常被定义为如下观点：道德思考中包含了一些有系统性错误的信念——特别是关于道德属性与事实的信念——由此，所有的道德判断或其中一些重要的部分皆为假。[11] 对我而言，上面两个定义分别可以成功地定义**标准错误论**和**标准道德错误论**。但是我们还需要容纳一些错误论的非标准版本。 8

根据一些错误论者的理论，一些思考和话语领域D涉及的系统性错误的信念相当于一种预设上的错误，因此所有关于D的判断皆为非真非假。比如，一些道德错误论者认为道德思考和话语预设了道德属性和事实的存在。不过由于这个预设是不可能被满足的，因而道德判断没有真值。[12] 这种复杂情况能被轻松地囊括进来。我们可以定义这样一种关于D的错误论，以便容纳那些非标准版本的错误论。D涉及系统性错误的信念，由此，所有关于D的判断也都是非真的：要么是在所有这些判断都为假的含义上是非真的，要么是在所有这些判断都非真非假的含义上是非真的。

然而，正如我在1.2节中提及的，我相信存在另一种重要的非标准错误论。我将通过讨论道德思考和话语来阐明这一点。我们可能会犯下关于道德属性和事实的本质的系统性错误，但是道德属性和事实可能依旧存在。我们犯下的关于道德属性和事实的系统性错误并不必然影响到道德术语的含义，并且也不必然导致道德判断皆为假或非真。即使它们并不是我们所设想的样子，我们依旧可能在某些时刻正确地赋予道德属性以及正确地报告道德事实。[13] 正如我已提及的，我将在第二章中论证，休谟可能支持这样的观点。根据这种观点的另一种说法，道德思考包含了关于道德属性和事实的系统性错误的信念，并且当我们做道德判断时，我们对于我们正在做什么的认识是有误的。根据这种观点，所有的道德判断都是非真的，但其原因并非我们关于道德属性和事实的信念是错的，而是由于如下事实：道德判断本身并不表达信念。我将在第三章中讨论早期的非认知主义者阿克瑟尔·哈格斯多姆
9 对于这种观点的论证。

这样的观点被称作**温和的道德错误论**。亦如我们之前看到的那些标准或非标准的道德错误论，温和的道德错误论将系统性错误的信念归因于日常的道德思考。这种观点更温和，在于它既不主张关于信念的错误能导致所有道德判断或其中一些重要部分皆为假，也不主张关于信念的错误能导致关于预设的错误。

一个可能的批评是，我称之为温和的道德错误论的理论过于温和，以至于不配有“错误论”这个标签。如果认为只要一种道德思考包含系统性错误的信念，它就配得上“错误论”这个标签，那么（道德）错误论的范畴就要变得比人们通常所认为的宽泛得多。

作为回应，我承认，与标准道德错误论相比，温和的道德错误论极大地拓宽了（道德）错误论的范畴。但是，一个哲学范畴（比如道德错误论）究竟应该多宽泛，似乎并不是一个在哲学上有意义的问题。真正有意义的问题是这个范畴是否标记出了一个在哲学上有意义的区分。在下面两种元伦理学观点中，确实存在一个哲学上有意义的区分：一种元伦理学观点主张日常道德思考包含了那些具有系统性错误的信念，另一种元伦理学观点主张日常道德思考并不包含那些具有系统性错误的信念——这要么是由于普通人关于道德属性和道德事实的元伦理学信念大体上是正确的，要么是由于普通人没有或只有极少的关于道德属性和道德事实的信念。我主张通过将第一种观点归为道德错误论来标记这一区分。

然而，让我再加上一点：如果一种理论要成为一种温和的道德错误论，那么它赋予日常道德思考的信念错误就必须足够深入，而不能只是表面的。我不能提供一种理论去说明什么样的错误算作足够深入的错

误;我只能提供两个观点作为例子(在接下来的章节中会仔细讨论这两个观点)。第一个观点主张,道德思考中包含的关于道德属性和事实的信念是客观的,即使这些信念实际上依赖于心智。第二个观点主张,在日常道德思考中,我们认为道德判断的意图是赋予客观道德属性以及报告客观道德事实;然而实际上,道德判断只表达了非认知的态度。
对于我而言,这两种观点都能作为这个论点的清晰事例,即什么样的将 10
错误赋予日常道德思考的观点是足够深入的,足以配得上"(温和的)道德错误论"这个标签。

正如我们即将在 2.3 节中看到的,麦凯支持标准道德错误论。[14] 由于麦凯的理论以及对其的辩护与批评是本书第二部分及第三部分的中心话题,我将在那些部分重点关注标准道德错误论。然而需要注意的是,许多温和的道德错误论都依赖于一些诸如"源自古怪性的论证"这样的论证,因为这些理论都声称日常道德思考和话语包含了关于道德属性和事实的本质的系统性错误。对第二部分的讨论也因此同等程度地涉及了对温和的道德错误论以及标准道德错误论的讨论。

标准道德错误论:如何论述的问题

现在让我们来考虑一下关于如何论述标准道德错误论的问题。根据道德错误论,所有的一阶道德陈述皆为假。一个一阶道德陈述蕴含着如下一些含义:某行动者道德上应该做或不应该做某行为;存在对某行动者而言去做或不去做某些行为的道德理由;某些行为在道德上是被允许的;一些机构或行动者的性格特征等在道德上是好的或坏的,等等。举例来说,"折磨是不正当的"这一陈述为假。这里存在这样一个问题:如何判断一个否定形式的一阶道德陈述,比如"折磨不是不当的"的真值?这是一个道德陈述,但它同时也是一个否定形式的陈述,它否定了一个被标准道德错误论判定为假的陈述。那么,标准道德错误论似乎应该将这个否定陈述判定为真。然而,根据标准道德错误论,我们知道所有的道德判断都应该为假。

这就导致了两个问题。第一个问题是：标准道德错误论是一个融贯的理论吗?[15] 第二个问题是：道德错误论不具有任何的一阶道德含
11 义,这一点合理吗? 显然,道德错误论的标准论述对一阶道德理论而言是有含义的,因为道德错误论蕴含了一阶道德判断均为假。但此处我们关注的问题是,道德错误论的标准论述所具有的含义本身是否是道德相关的。

麦凯坚持认为他的错误论是一个纯粹的二阶道德观点,就此而言,他的理论独立于所有的一阶道德观点。[16] 但是这一看法是值得质疑的。根据对麦凯的错误论的标准解读,诸如"折磨在道德上是不正当的"这样的一阶道德陈述为假。根据排中律,这意味着这个陈述的否定形式,即"折磨在道德上不是不正当的"这一陈述为真。而如果我们同意折磨在道德上不是不正当的,这似乎就意味着折磨在道德上是被允许的。因此,大体上讲,不同于麦凯的想法,我们可以得出一个明显的结论,即道德错误论确实具有一阶的道德含义。对此,一个更粗鄙的解读是：如果道德错误论是正确的,那么任何一个行为在道德上都将被允许!

但我们似乎也可以推论出一个相反的结论。根据道德错误论,"折磨在道德上是被允许的"这个陈述为假。而根据排中律,我们可以就此得出结论：折磨在道德上并不是被允许的。这似乎又蕴含着"折磨在道德上是不被允许的"。因此,大体上讲,我们可以得出的一个明显的结论就是,任何一个行为在道德上都将是不被允许的! 这也许不是一种粗鄙的一阶道德含义,但它显然是荒谬的。这些讨论揭示出一个问题,即道德错误论的标准论述会产生直接的逻辑矛盾。这是因为,从道德错误论中,我们既可以得出陈述"折磨在道德上是被允许的"为真的结论(因为所有行为在道德上都是被允许的),也可以得出陈述"折磨在道德上是被允许的"为假的结论(因为所有行为在道德上都是不被允许的)。

摆脱此困境的一个方法是采纳一种非标准版本的道德错误论，这种版本主张，由于有预设上的错误，所有一阶道德陈述都非真非假。但这种非标准版本的道德错误论也是值得质疑的。大体而言，我认为那些宣称“某个个体或群体具有某种不可被实现出来的属性”的主张皆为假。[17] 例如，如果一个陈述宣称某人是女巫（“某人是一个女巫”意味着 12
“某人是一个拥有魔法的女人”），那么这个陈述是假的。在同样的意义上，如果一个陈述宣称折磨行为在道德上是不当的，那么这个陈述也为假。

而且，根据道德错误论者的理论，以下陈述似乎是真的：“折磨在道德上是不正当的”这个观点不正确。毕竟，根据道德错误论，没有任何事物具有“道德不正当性”这个属性。与此相反，“现今法国国王是个秃子”这个陈述的否定形式就是非真非假的。这揭示了如下观点：关于现今法国国王的主张**预先假设**了现今存在一位法国国王，而一阶道德陈述（如“折磨在道德上是不正当的”）**蕴含**了存在道德属性。[18]

瓦尔特·辛诺特-阿姆斯特朗为道德错误论提供了另一种摆脱困境的方法。这种方法通过限制道德错误论的范围，使得只有**肯定形式的**一阶道德陈述才被错误论认定一致为假。[19] 一个肯定形式的一阶道德陈述被定义为一个蕴含了有关以下内容的陈述：行动者在道德上应该或不应该做的是什么、行动者去做或不去做某事的道德理由是什么等等；或者，什么是道德上好的或坏的、什么是道德上可欲或不可欲的等等。最重要的是，这种陈述不讨论任何有关纯粹的许可性的内容。

将道德错误论的效力限定在肯定形式的一阶道德陈述内，这种做法既使道德错误论摆脱了缺乏融贯性的问题，也使其摆脱了“任何行为在道德上都是不被允许的”这个荒谬的含义。但是，有人可能会反驳说，根据此观点，一个否定形式的一阶道德陈述，如“折磨不是不正当 13
的”，依然可以蕴含“折磨是被允许的”。原因在于，根据常识，任何一个不是错误的行为就是一个可以被允许的行为。也就是说，道德错误论依然蕴含着一种粗鄙的一阶道德虚无论。根据这种一阶道德虚无论,所有行为都可被允许。但是麦凯的论点(即他的错误论是一种纯粹的二阶观点,并在逻辑上独立于任何一阶道德观点)必须包含一个一阶道德观点:所有行为在道德上都是可被允许的。换句话说,麦凯的道德错误论支持这样一种观点,即所有的一阶道德主张都是假的,关于道德许可性的主张也不能例外。

一种摆脱困境的更好方法是,否认从“可被允许的”中推出的“不是错的”这个含义,以及从“不是被允许的”中推出的“不正当的”这个含义是概念性的;而是主张这些含义是会话中普遍的隐含意义。具体而言,“不是不正当的”在会话中的隐含意义是“可被允许的”;因为一般而言,当我们说什么事物不是不正当的时候,我们是从一个道德规范体系(或简称“道德标准”)的角度来言说的。而根据大多数道德标准,对于那套标准而言“不是不正当”的任意一个行为就是对于那套标准而言“可被允许”的行为。[20] 出于对格莱斯准则的遵从,我们做出了相关但并不含有丰富信息的陈述;而这使我们通常不会清晰地表明,当我们说什么是不正当的时候,我们是从道德标准的角度来言说的。[21] 但是,从“不是不正当的”推出的这个“可被允许的”的隐含意义是可被取消的。错误论者可宣称“折磨并非不正当的”,并提示她不是从道德标准的角度来说的。例如,她可以做出如下陈述:“折磨不是不正当的。但是折磨也是不被允许的。由于不存在道德属性和道德事实,没有任何一种行为具有道德地位。”这样,从“不是不正当的”推出的“可被允许的”这个隐含意义就被取消了。(一个类似的思路可以展示为什么当一个错误论者宣称折磨不是道德上被允许的时,并不使她具有“折磨是道德上不被允许的,因此是道德上不正当的”这个观点。)根据这个观点,错误论
14 既没有主张“任何行为都是被允许的”这样的粗鄙含义,也没有主张“任何行为都是不被允许的”这样的荒谬含义。

但是,有人可能会反驳说问题依然存在。根据排中律,如果“折磨

是不正当的”为假,那么“折磨不是不正当的”就为真。如果后一个陈述是一个一阶道德陈述,那么道德错误论的标准论述依然含有那些根据道德错误论的主张而为假的一阶道德含义。

我们可以这样回应,根据上述定义,一阶道德陈述是那些蕴含下述内容的陈述:行为者在道德上应该或不应该做某些道德行为;某行为在道德上是被允许的;或者,一些机构或行为者所拥有的道德特征等特质在道德上是好的或坏的;等等。现在,根据上述观点,一个否定陈述,如“折磨不是不正当的”,并不**蕴含**折磨是被允许的,它只会在会话中暗示折磨能被允许;这是因为从“不是不正当的”到“可被允许的”的暗示是可被取消的。类似地,“折磨不是道德上可被允许的”并不蕴含折磨不被允许并因此是错的;前者只是在会话中暗示折磨是不被允许的并因此是错的。因此,包含道德术语的否定性原子陈述,严格来讲并不蕴含一阶道德陈述,而只是一些会在会话中暗示一阶道德陈述的陈述。[22] 因此,即使“折磨不是不正当的”这样的陈述为真,我们也不能由此得出结论说这些陈述的否定形式(比如“折磨是不正当的”)为真。这使道德错误论的标准论述既免于不融贯的危险,也免于推出不合理的一阶道德陈述的危险。因此,我可以继续主张根据标准道德错误论,一阶道德陈述皆为假。

可推出道德错误论的其他路径

正如我在第一部分的目标不是给道德错误论及其支持者们列一个详尽的历史清单,我在第二部分的目标也不是要为所有能算作道德错误论的观点给出一个详尽的解释。正如我已提及的,第二部分的重点是论述麦凯的源自古怪性的论证。当然,这并不意味着不存在其他可以推出道德错误论的论证。

有人可能会提出这样的论证:关于道德正当与不正当、义务与责任等等的判断预设了行动者有自由意志。但是,鉴于行动者并没有自由 15

意志,也就不存在任何可以为真的道德判断。有几种可能的支持自由意志不存在的论证,它们要么被当作关于所有道德概念都有错误的错误论,要么被当作仅限于某些道德概念有错误的错误论。例如,有人可以论证说,对于道德责任的归因预设了行动者是他们自己行为的根本原因。然而,许多哲学家认为"行动者因果论"(agent-causation)这个概念在形而上学上是站不住脚的,并认为它并不存在。[23] 由此,这个论证会说,对道德责任的正确归因并不存在,但是其他道德判断(诸如道德上的好与坏)依旧可能为真。

另一种可以推出道德错误论的路径沿用了尼采对道德的批评。根据这种观点,道德是劣等人群的发明;或者还可以采取马克思对资产阶级道德的批评。但是,首先,尼采或马克思对道德的批评可能是一种实质性的规范伦理学观点,而非元伦理学观点。尼采的理论通常会涉及对广受认同的价值做二次评估,具体来讲是颠覆基督教道德并将其替换为一个更适合超人(Übermensch)的价值体系。这一理论似乎明显是一种实质性的规范伦理学观点,而非元伦理学观点。同样,马克思批评的也是那些在资本主义社会中流行的道德观,这些批评建立在诸如"剥削和异化被公认为在道德上是不正义的或坏的"这样的观点之上,而这似乎也明显是一个一阶道德观点。

另一方面,尼采确实有一些更像元伦理学观点而非实质性的规范伦理学观点的论证,这些论证有时的确暗示了道德错误论。但是,尼采研究者们对尼采的元伦理学立场是什么有争议。[24] 类似的,相较而言,一些版本的马克思主义比另一些版本更排斥"正义"这个概念,并不主张剥削是非正义的或共产主义社会是正义的要求。[25]

我提及这些同样可以推出错误论的路径只是为了将它们放在一边。与我之前所做的一样,我需要在内容上做出选择。对自由意志问题的全面讨论以及对这个问题与道德错误论的关系的讨论超出了本书

16 范围;现存着大量关于尼采和马克思对道德的批评的文献,在这些文献

的基础上，想对这个问题有所贡献所需的学术能力是我不具备的。

最后，让我做一点关于全书结构的注解。许多为某一个具体的元伦理学立场辩护的著作都采取了如下方式：排除其他观点并最终辩护一个从排除过程中幸存下来的、被认为是唯一可信或最可信的观点。或者用大卫·伊诺克的话来说，一个能在可信度上得最高分的观点。[26]本书的结构并不是这样。本书中主要的争论存在于道德错误论与非自然主义的道德实在论之间。我不会在驳斥其他观点（如道德自然主义和非认知主义）上花费过多口舌，这些问题需要另外一本书来讨论。我十分愿意提供一个对这些观点的决定性驳斥，但我怀疑这一壮举的可行性。

然而，我确实讨论并发展了一些麦凯驳斥道德自然主义和非认知主义的论证。我倾向于相信道德错误论是一种比其他元伦理学理论更可信的理论；我确信它比普遍认为的更可信。我希望第二部分和第三部分能证明道德错误论是可信的，并且希望能改变现有的如下观点，即道德错误论是一个缺乏吸引力的最后手段，只有当其他所有观点都失败后才值得被严肃对待。 17

注　释

1 Mackie 1977：108—114。在这段文本中，麦凯也提到了休谟、普罗泰戈拉，以及 G. J. 沃诺克。正如我提到的，休谟的元伦理学是下一章的主题。根据普罗泰戈拉的寓言，道德规则是由神给定的，其功能在于促进人类合作与人类社会的和谐（柏拉图，《普罗泰戈拉》和《米诺》）。这个关于道德规则的功能的观点与道德错误论者（如麦凯）的想法一致。关于沃诺克对人类困境及道德具有促进合作的功能的解释，参见 Warnock 1971：Ch. 2。

2 对于霍布斯理论中的投射主义的讨论，见 Darwall（2000）。

3 此处我遵循迈克尔·韦默关于什么是主观主义、什么是客观主义的特征的解释(Huemer 2005：2—3)。例如,主张“道德属性依赖于反应”的观点是一种主观主义的观点。

4 Joyce 2009：57. 同样的区分也可见于 P. J. E. 凯尔最近对**特征性投射**和**解释性投射**的区分中(Kail 2007：3—4)。凯尔并没有只关注元伦理学中的投射主义。但是在这个语境中,解释性投射大体能对应到(1)、(2)两个命题,特征性投射大体能对应到命题(1)—(4)。

5 一种将命题(1)与表达主义理论相融合的理论可参见 Horgan and Timmons 2007。

6 Joyce 2009：58—59 也有类似的观点。

7 Blackburn 1984：217—220.

8 由于投射主义只包含了现象学和心理学命题,投射主义并不在逻辑上与客观实在主义相容。然而,投射主义与客观实在主义的结合可能不会是一个令人愉快或吸引人的选项。

9 Westermarck(1932). 麦凯对韦斯特马奇著作的赞扬可参见 Mackie 1977：105,241;1985a。

10 参见,比如 Daly and Liggins(2010)。

11 下文会更多地讨论这个观点。

12 Sobel(ms,Ch. 13)为这种版本的道德错误论做了辩护。同样可见 Joyce 2001：6—9。

13 一位匿名审稿人建议用如下这个非规范性的例子来阐释这个观点：物理学家曾一度相信电子是最小的负性带电粒子。虽然它们最终被证明并不是最小的负性带电粒子,但这并不影响到这一点,即物理学家对电子的属性所做的陈述为真。

14 关于一种不同于大多数解读的对麦凯的解读,参见 Sobel(ms,Ch. 13)。根据索贝尔的解读,麦凯提出了这样一种错误论,即道德判断并不都是错的,而是既非真也非假。

15 关于此问题的讨论可参见 Pigden(2007), Sinnott-Armstrong(2006), Sobel(ms), Tännsjö(2010)。皮格登将关于如何论述道德错误论的难题称之为“分身难题”(Doppelganger Problem)。他对于这个问题的解决方案在许多方面与我即将提供的解决方案有相似之处。

16 Mackie 1977：15—17.

17 我采取了一种更宽泛的对属性的解释：如果存在某些自然语言,这些语言含有能有意义地挑出属性 F 的谓词,那么属性 F 存在(Schiffer 1990)。谓词“道德上是不正当的”满足这个描述,因此道德不正当性这个属性是存在的。但是错误论者认为这个属性是不可被实现的。我认为大多数道德错误论者主张道德属性是必然不可被实现的,原因在于这些属性太过古怪以至于它们不能在任何一个可能世界中被实现出来。一个在理论上更有说服力的理由是,基础的道德事实(比如制造痛苦,一定程度上讲在道德上是不正当的)是必然事实。但是因为在现实世界中并没有这样的事实,在任何一个可能世界中也就不具有道德事实。与此相关的是,也就没有任何一个可能世界能有被实现出来的道德属性。一个类比的例子是这样的:无神论者可以主张“作为上帝”的属性是存在的,并且这个属性涉及一个“作为全知全能全善并创造世界的必然存在”的属性。但是,由于无神论者认为在现实世界中上述属性不能被实现出来,因此也就不存在任何一个能使上述属性实现出来的可能世界。这里的重点是,“不存在能使上述属性实现出来的可能世界”这一点反驳了克里斯蒂安·库兹最近试图建立“至少一些道德事实是存在的”的尝试(Coons,2011)。库兹的论证包含一个关键的前提,即存在一个具有道德事实的可能世界。但由于道德错误论者主张在现实世界中道德属性不能被实现出来,并且道德事实是必然事实;因此,他们也主张不存在任何一个具有道德事实的可能世界,也就是没有任何一个可能世界具有实现了的道德属性。Wielenberg(ms)更清晰地论述了这个支持道德错误论的观点。

18 参见 Lycan 2000:166。

19 Sinnott-Armstrong 2006:34—36.

20 一些道德标准允许出现道德二难困境,即同样一个单一行为可以既“不是不正当”的,又是“不被允许”的,或同时为“不是不正当”的和“不正当”的。

21 见 Grice 1989:26ff.。

22 只是某些否定性原子陈述是这样,并非所有否定性原子陈述都是如此。比如,这个陈述,即“迪克相信折磨是错误的”这个观点不正确,并不在会话中暗示一个一阶道德陈述。

23 比如,见 Pereboom(2005)和 Strawson(1994)。

24 将尼采理解为道德错误论者和虚构主义者,见 Hussain(2007)和 Pigden(2007)。对侯赛因的回应,见 Leiter(2011)。

25 一种对此观点的介绍性讨论,见 Kymlicka 2002:Ch. 5。

26 Enoch 2011.

第一部分

历　史

第二章

休谟：投射主义者、实在论者、错误论者

评论家们将各种形而上学观点都归于休谟本人。本章要考虑的主要问题是，休谟本人是否是道德投射主义者以及他是否是道德错误论者。我将论证休谟是一个道德投射主义者，并且我将指出在哪两种意义上休谟可能被视为道德错误论者。这一点涉及区分休谟的**描述性**元伦理学和他的**修正性**元伦理学。前者是他对现存的或通俗的道德思想和言说，也就是普通百姓的道德思想和言说的解释；在后者中，他讲述如何改革现存的或通俗的道德思想和言说以使其不再包含错误。所以我们可以说，在描述性元伦理学中，休谟确实是一个投射主义者和错误论者，而在修正性元伦理学中，休谟是一个投射主义者和主观实在论者，但不是一个错误论者。[1]

在上一章中，我们考察了通常与道德投射主义相关的四个命题。我在下一节中将讨论哪一些命题是休谟支持的，并论证休谟在描述性元伦理学中是一个道德投射主义者和错误论者，而在修正性元伦理学

中是一个投射主义者但不是错误论者。尽管多年来将休谟解读为错误论者的观点得到了一些支持,但是这样的观点在当下并不受欢迎。我将在2.1节和2.2节中考虑为什么会这样,并对那些反对将休谟解读为错误论者的观点做出回应。我在2.3节中比较了休谟和麦凯的道德错
21 误论。

在继续展开我的论证之前,我要提醒读者注意以下事项。由于本章的目的是将休谟的著作带到现代元伦理学的论辩中来,因此显然存在做出时代错置的解读的风险。对此,首先我们要注意到,与十八世纪的论辩相比,现代元伦理学的论辩更多地关注道德判断的语义学分析。休谟和他的同时代人只是顺带讨论道德语义学,他们更感兴趣的是道德认识论、心理学和本体论。然而,重要的是,这些问题中有许多仍处在伦理学论辩的最前沿。因此,我们可以用现代元伦理学的术语和现代元伦理学的范畴来对休谟的观点进行讨论,并希望可以通过这样的方式来增进我们对休谟观点的理解。这样做能使我们理解休谟如何可能既接受关于道德差异和道德属性的实在论,又坚持认为普通人的道德判断包含系统性错误。

我们还要注意的是,尽管上一章中讨论的四个命题是理解道德投射主义及其与道德错误论关系的有用工具,但它们在阐释休谟的语境中还需要进一步的说明。回忆一下,这四个命题是用"不正当"来表述的,我们最初的担心是,这些表述在解释休谟伦理学时是有问题的。休谟主要关注美德和邪恶,而不是正当与不正当,并且,休谟把人的品格视为道德属性的主要载体。有人可能还会质疑,关于正当与不正当的元伦理学问题是否也会随着关于美德与邪恶的元伦理学问题而出现。

我将依次回答这两个担忧。首先,为了消除关于时代错置的担忧,需要注意的是,尽管休谟主要关注美德和邪恶,但他偶尔也会讨论正当与不正当。例如,休谟在《第二问询》的开头说,"为了让一个人的敏感

性变得非常强，他必须时常被关于正当与不正当的图景所打动”，[2] 然后
他谈论了“正当与不正当的情感”。[3] 与此类似，当休谟批评《人性论》中 22
的道德理性主义时，他沿用了作为他的反对者的理性主义者的讨论，并用“正当与不正当”来讨论问题。[4]

其次，需要注意的是，与休谟同时代的一些理性主义者也对美德和罪恶进行了理论化分析。例如，根据约翰·巴尔盖和理查德·普莱斯为之辩护的理论，美德和罪恶是具有心智独立性的属性，而关于它们的真理则可以通过理解或仅仅通过抽象推理来获得。[5] 这意味着，本书所关注的元伦理学问题，是那些无论我们关注的是正当与不正当或是美德与邪恶，都会出现的问题。无论我们是将正当与不正当，抑或美德与邪恶当作中心道德概念，我们都可以询问道德属性是否（在 1.2 节所述的意义上）具有心智独立性，以及大众是否将道德属性视为心智独立的。

根据上面这些以及之前提及的评论，现在我们可以重新论述乔伊斯的命题（1）—（4），以使它们更适用于休谟的道德理论。

现象学的　我们将道德属性，例如行为的正当与不正当或人的美德与邪恶，体验为心智独立的。

心理学的　这种体验源自一些非感官能力；特别是，在观察到一些行为和品格等时，我们会产生一种情感态度（例如赞赏或厌恶的情绪），这些情感态度会引起上述体验。

本体论的　事实上，道德属性并不存在于世界中。

语义学的　当我们说出“x 在道德上是正当/不正当的”和“x 在道德上是有美德的/邪恶的”这样的句子时，我们意图将属性归于 x，但我们关于这些属性的信念有系统性的错误，这些错误可能
会导致道德判断一致为假。 23

2.1 休谟的元伦理学：描述性的和修正性的

休谟对现象学命题和心理学命题的看法

我的解释的一个重要基础是休谟对感官特质与道德属性、审美属性的著名比较。休谟在《人性论》[6] 中做出了这个比较，并在《怀疑论者》[7] 和《品味的标准》[8] 两篇文章中重复了这一比较。仔细研究这个比较可以帮助我们弄清休谟究竟接受这四个投射主义命题中的哪一个。有证据表明，休谟接受现象学命题，他认为这个命题是对道德现象学的准确描述。休谟在《人性论》中指出，“美德与邪恶[……]可能可以与声音、色彩、热和冷相比较。根据当代哲学，这些都不是物体的特质，而是头脑中的感知”，他随即补充说，“道德上的这一发现，与物理学中的其他发现一样，被认为是思辨科学（speculative science）的一个相当大的进步”。[9]

道德上的这一发现是一个重大进步，表明这不是一个大多数人已经理解的论点：它之所以是一个进步，恰恰就是因为大多数人未经反思地相信道德属性存在于外在对象中，而不是存在于他们头脑里的感知中。[10] 也就是说，日常的道德现象学是这样的：道德属性被体验为（如在 1.2 节中解释的那样）存在于世界中的独立于心智的特征，正如现象学命题所述。而这一点导致人们对道德属性持有错误的信念。[11] 有证据表明这是休谟的观点。在《怀疑论者》中，休谟写道：

> 即使当一个人独自思考并感受到去责备或去赞赏的情绪时，
> 这个人也能宣称一个对象是丑陋而令人生厌，而另一个对象是美
> 24 丽又可亲的；我认为，即使在这种情况下，这些特质也并非真正存
> 在于对象中，而完全是属于那个产生责备或赞赏情绪的个人。我
> 承认，[……]要使这一主张对那些疏忽大意的思想家而言变得显

而易见、易于接受，是困难的。(EMPL 163)

为什么这一主张对那些疏忽大意的思想家而言很难变得显而易见、易于接受呢？这大概是因为疏忽大意的思想家太依赖于他们将道德属性体验为心智独立的特性的经验。需要注意的是，在我的这种解读中，休谟并没有否认大众认为道德属性在这种意义上依赖于心智，即一个行动者或行为是否是有美德的或是邪恶的取决于行动者的心智特性或品格。休谟认为，大众理解的道德美德与邪恶的心智依赖性，符合1.2节中给出的定义，即心智依赖性是那些不依赖于评价性观测者的心理回应的属性。

在几页之后，休谟给出了更多相似的观点："关于美，无论是自然的或是道德的，[……]令人满意的特性被认为存在于[被评估]的对象之中；而不是存在于[给出评价的观察者]的情感(sentiment)之中。"[12] 尽管休谟没有直接和明确地讨论日常道德现象学，但这些段落支持我们认为他认同现象学命题。[13]

休谟认同心理学命题，这一点应该是不容置疑的，即休谟也认同，我们将道德属性体验为独立于心智的这个经验，是由情感态度(affective attitude)引起的，因此可以用情感态度来加以解释。上面讨论过的段落表明他接受这一点。在《第二问询》的开篇，休谟对比了对道德的理性主义和情感主义的解释，并最终支持后者，反对前者。[14] 当然，这也是他在《人性论》第三卷中的主要关注点。在这里，休谟提出了一 25
个著名的论证，他让读者仔细考虑蓄意谋杀，然后问他(读者)是否"能发现被[他]称为邪恶的事实，或任何被称为**邪恶**的真实的存在物"。[15] 休谟预测说，这样做会使邪恶完全从读者的手中逃脱，直到读者转向他内心的反思，并发现"[在他心中]涌起的对这种行为的一种不认可的情绪"。[16] 事实上，休谟认为"认为客体具有美德不过是从对某个品格的沉思中感受到的一种特殊的满足感"。[17] 这种满足的感觉被误认为是对客观道德特征的一种感知,“因为[这种满足的感觉]并没有那么汹涌和剧烈,以至于我们并不能将它,以一种明显的方式,与对客体的感知区分开来”,[18] 这也是由于“我们的惯习是将所有具有任何相似之处的东西都看成是一样的”。[19] 在那些我们由于其美德(例如仁慈或机智)而称赞客体的情况中,我们认可他们的情绪经常也并不是汹涌或剧烈的,因此,它们在现象学上几乎与我们对品格特征的感知相似。因此,我们所认为的对独立于心智的道德特征的感知,其实是一种道德情感。这些是休谟关于情感态度如何解释道德现象的说明。

目前为止,我论证了休谟支持投射主义(见 1.2 节)。重要的是,我们要注意这一点并没有使他认可错误论、主观主义、表现主义或其他一些与此竞争的元伦理学观点。一个更具争议性的问题是休谟是否接受本体论命题和语义学命题。

休谟对本体论命题和语义学命题的看法

现在让我们先暂时搁置对本体论命题的讨论,考虑一下语义学命题以及休谟是否接受它。我前面提到的支持休谟接受现象学命题的大部分理由也可用于支持休谟接受语义学命题。我们注意到,休谟多次将道德属性与感官特质进行比较,在当代哲学中,感官特质就是心灵的感知。我们还看到,休谟认为这些学说是在道德和物理学上相当大的
26 进步,而如果大众一直以来都接受这些学说,那么它们将几乎不是进步。在对托马斯·里德作品的评论中,休谟指出,否认大众确实相信感官特质是存在于物体中而不是感知者的心中,就是在想象“普通人从婴儿期起就是哲学家和小体论学家(Consciularians)”。[20] 休谟强调“马勒伯朗士和洛克花了很大力气去建立这个原则,即[感官特质并非]真正存在于物体里”,接着他指出,“在人们眼中,哲学提出的一个最大的悖论莫过于它肯定了雪既不冷也不白;火既不热也不红”。[21]

休谟对道德属性与感官特质的比较,以及他关于普通人如何看待

后者的主张，给下面这一点提供了证据，即他认为普通人相信道德属性存在于被评价的对象中，而不是存在于感知者的头脑中。然而，我承认，说休谟认为普通人有关于道德属性的错误信念，这个说法是有争议的。另一种可能的解释是，休谟认为大众没有关于元伦理学的信念，包括大众没有关于道德属性是否有心智独立性的信念。尽管休谟的文本最终并未排除这种可能性，但我提到的那些文本证据使我的解释更为合理。[22]

有人可能会辩称，如果休谟认为普通人相信道德属性是独立于心智的，那么他同样也会认为这种共同的信念会影响道德术语的含义，其后果是，在表达道德信念时，日常说话者会做出一种赋予物体独立于心智的道德属性（比如人的某种品格）的断言。但是，由于这样的属性不存在，所以当日常说话者在做出这些道德判断时，他们的确在系统性地误解世界；在他们做出了错误判断的意义上，他们处于错误之中。这些解释将赋予休谟一种我们称之为标准道德错误论的理论（见 1.3 节）。 27

然而，还存在另一种可能性，这种可能性能使我们理解语义学命题中强调的那种错误的本质，以及标准道德错误论与温和的道德错误论之间的区别（见 1.3 节）。当一个日常说话者开始相信西塞罗有美德时，她会有一种愉悦的赞赏之情，她会把这种赞赏之情误认为一种独立于心智的属性。这种情感的复制品引起了她的“西塞罗有美德”的观念，因此，当她有一个关于西塞罗有美德的生动的观念（即信念）时，她相信西塞罗具有一种独立于心智的美德属性。道德属性独立于心智这一普遍信念是假的，但它并不会影响道德术语，例如“美德”和“邪恶”的含义。因此，当日常说话者声称西塞罗有美德时，她所说的话语的**含义**可能不会涉及任何与“西塞罗具有一种独立于心智的美德属性”有关的东西。根据这种观点，道德属性独立于心智这一假的普遍信念并不导致道德判断也是假的。因此，它是一种温和的道德错误论。

这种观点与马克·塞恩斯伯里对休谟的解读类似。[23] 塞恩斯伯里论证道，在提出一阶道德主张时——例如，在宣称西塞罗有美德或蓄意谋杀是邪恶的时——我们使用了美德和邪恶的概念，然而我们并没有对美德和邪恶概念进行反思。因此，塞恩斯伯里说，根据休谟的观点，日常道德话语中并没有“一阶”错误。[24] 所有发生了的错误都是二阶的，并且与日常道德术语的含义无关。与此类似，詹姆斯·贝利论证道，休谟认为，人们不会仅仅因为使用了道德概念就犯下本体论错误。[25] 但是，他补充说，“当我们戴上哲学家的帽子来对道德本身**进行理论化**时，我们就会陷入一种深层错误的（可避免的）风险，例如错误地假定这些独立于心智的道德属性存在”。[26]

我上面概述的观点，与塞恩斯伯里和贝利的观点之间，有两方面的不同。首先，塞恩斯伯里和贝利似乎都认为，根据休谟的观点，“道德属性独立于心智”这个错误信念来自哲学的理论化。尽管这也是一种可
28 能的解释，但我为之辩护的解读是这样的，即休谟认为，这个错误信念来源于普通人，即大众，未经反思地将道德属性视为独立于心智的以及非关系性的（non-relational）。这种信念是暗含在日常的道德思维中的，就像下面这个信念，即颜色这个性质存在于物体中而不是感知者心中，也是暗含在日常关于颜色的思考中的。根据这种解释，道德属性独立于心智的概念并不是哲学家的奇思妙想。它根植于日常的道德思考中，或如休谟可能会说的，是“由天性植入的”。对道德属性的本体论地位的哲学理论化，可以帮助揭穿这个错误，而不是导致错误。

其次，虽然按照这种观点，大众对道德属性的假信念不会使道德判断为假，但这种说法仍应被称为（温和的）道德错误论。毕竟，它坚持主张的是，当日常说话者判断一个人的品格是善是恶，或判断一个行为正当或不正当时，他们相信该品格或行为具有独立于心智的为善或为恶的、正当或不正当的属性。因此，对于日常说话者而言，当他们谓述（predicate）一个客体的道德属性时，他们身处系统性的错误之中，因为他们对客体持有假信念。因此，日常道德思考包含了系统性错误，但这

些错误可能并不会使日常说话者的道德断言系统性地为假。

下面这个比喻意在阐明这个想法：在爱因斯坦之前，许多人认为运动是绝对的，而不是相对的。换句话说，他们对运动持有假信念。然而，坚持说在爱因斯坦之前人们关于运动的断言（例如，关于地球运动的断言）全都是假的，这是不可信的。相反，我们可能会说，人们有关于运动的假信念，在这个意义上说他们系统性地身处错误之中，但是这些假信念并不能决定“运动”一词的含义。这一点允许我们这样说，即他们关于运动的某些断言，例如地球运动，的确为真，尽管这些断言伴随着假信念。

因此，根据这一点，即关于道德属性的背景信念是否以及如何能影响道德术语的含义，我们有两种可赋予休谟的道德错误论：标准道德错误论和温和的道德错误论。标准道德错误论主张，“道德属性是独立于心智的”这个普遍信念会影响道德术语的含义，从而导致道德判断皆为假；而温和的道德错误论则主张，这种普遍信念不会影响道德术语，因 29
此也就不会导致道德判断皆为假。这两个版本中哪一种对休谟的解读更能站得住脚呢？这是一个棘手的问题，我在此将不予回答。如果我们想要在两者之间进行选择，那么首先我们需要决定，关于道德属性本体论的背景信念，是否以及在多大程度上能影响道德术语的含义。[27] 这一任务本身就已经足够困难了，我对休谟在这个问题上的看法没有任何推测。如前所述，休谟及其同时代学者并未提供任何关于道德语义学的详尽理论。[28]

许多评注者都想抵制这种主张休谟将错误归因于日常道德思考或话语的观点。[29] 例如，瑞秋·柯亨对《第二问询》的评论是这样的：当休谟说，“品味”负责镀金以及“给所有的自然事物染上颜色，这是借用源自内部的情感，并以一种新的方式［出现］的新事物”[30] 时，休谟并没有明晰地将错误归结于日常说话者。[31] 相反，在这段话中休谟并不是在给错误归因，这一点是毫不奇怪的，因为他在这里关注的既不是道德话语

的语义学，也不是我们对道德属性本体论的未经反思的信念；他在此处
30 讨论的是一种心理机制，即品味的功能，他将其与理性的功能进行了对比。[32] 柯亨还指出，投射主义的解释（她似乎认为投射主义蕴含了错误论）常常依赖于休谟对因果性的投射隐喻（即大脑“将自身延展到其他物体中的倾向”），[33] 而不是依赖于休谟对道德做出的明晰主张。[34] 然而，我的解释并不依赖于休谟关于因果关系的主张，而是依赖于他对感官特质和道德属性的比较。

柯亨承认，在《怀疑论者》中，休谟做出了我们讨论过的那种对错误的归因，也即自然和道德的美通常被认为存在于客体之中，而不是存在于情感之中。但她指出，“这仅仅是一种将关系属性误认为内在特质的错误”。[35] 然而，我们可以补充说，如果我们前面的讨论在正确的路线上行进，那这同样也是一个将依赖于心智的属性误认为独立于心智的属性的错误。柯亨似乎认为这些错误可以忽略不计，但是“一种品格或行为有非关系性的和独立于心智的道德属性”这个信念是真的，当且仅当这种品格或行为确实具有这种属性。根据休谟的观点，事实并非如此。因此，一个合理的结论是，休谟将系统性错误归因于日常道德思考或话语，这种系统性错误要么以假的道德判断的形式出现，要么仅仅以关于道德属性的本体论的假信念的形式出现，伴随着一些可能为真的道德判断。

在一些著名的段落中，休谟似乎认可了一种主观主义的自然主义解释。这种解释也是实在论的，因为这种解释主张道德判断有真值，并且有些道德判断是真的。这些段落似乎很难与任何错误论的解释相吻合。在《第二问询》中，休谟说：“我们接受的这种假说是显而易见的，即道德是由情感决定的。情感把美德定义为**精神行为或特质给旁观者带
31 来的愉悦的赞赏之情**；而邪恶的定义则刚好相反。”[36] 然而，很难说休谟此时在做一个语义学上的主张。虽然他确实在这个段落里使用了“定义”一词，但该段落出现在一个特定语境中，在这个语境中他反对理性

主义的观点，即存在着理性能发现的独立于心智的道德关系；因此，在这个语境中他自然要给出真正的定义，即提供那些能告诉我们什么是美德和邪恶的定义，而不仅仅是提供词语的定义来告诉我们“美德”和“邪恶”这些术语是什么意思。[37] 休谟的假说，即道德——诸如正当与不正当、善良的或邪恶的之类的道德属性——是由情感决定的，关乎本体论。拥有一种道德属性，就是作为一个客体，即公正旁观者的一种独特的赞赏或厌恶的道德情感的对象。重要的是，休谟在这里没有提出任何关于日常道德话语的语义学假说。

我们上面讨论的内容回答了以下问题：休谟是否接受本体论命题，即休谟是否认为道德属性（例如不正当性和邪恶）在世界上并不存在。根据这种解释，休谟认为道德属性确实存在于世界上，但是它们并不是日常说话者和思考者所认为的那种存在。人们通常认为的那种道德属性在世界上并不存在，但是考虑到休谟的“道德由情感决定”的假说，休谟认为道德属性确实存在于世界上。我们将在2.3节中回到休谟的道德本体论。

在另外一个著名的段落中，休谟似乎认可了一种主观主义。这些段落就是休谟所说的，“当你说某个行为或品格是邪恶的时，你的**意思**不过是说，从你天性的构成来看，你通过思索它而有了一种去责备的感受或情感”。[38] 在此处，休谟似乎清晰地做出了一个关于道德判断的含义的主张。但是，他可能持有的这种最简版本的主观主义对日常道德判断的含义给出了一个不可信的解释。出于宽容的目的，评论者并不愿意把这种最简版本的主观主义观点归于休谟。在这种情况下，皮特 32
森认为休谟在此处运用了修辞上的夸大其词。[39] 有人可能会认为皮特森的解读能够得到休谟给哈奇森的那封著名信件的支持，在那封信中，休谟询问他对此论点的表述是否“有些太强了”。[40] 但是在那封信中，休谟宣称他对他在智识上不得不接受的结论感到不舒服。他并没有表明他在修辞上有夸大其词，无论是有意还是无意的。因此，我们最好避免以一种认为他在修辞上夸大其词的方式来解读休谟。根据我的解释，休谟讨论的是在一种修正的道德话语中，“邪恶”可以是，或者应该是什么意思。[41]

这段文字的语境是这样的，休谟让读者考虑一些恶行，比如蓄意谋杀，然后问读者是否能够找到被他称为“恶”的事实。休谟说，只要他只考虑客体，“恶”就将完全从他手中逃脱。他不能发现恶，“直到他转向他自己心中的反思以及发现在他心中涌起的一种对这个客体的厌恶的情感”。[42] 休谟随即做出了如下主张：“因此，当你宣称任何行动或品格是邪恶的时，你的意思不过是……”，这里的“因此”是重点，因为它意味着关于含义的主张根植于前面的心理主张以及本体论主张之中。这使我们可以很自然地将休谟解读为说了类似这样的话：“当你说或相信‘什么不是假的’时，你的意思不过是……”所以，休谟在此处给出了一个道德判断的心理解释，并在此基础上提出了一种修正性的、无错误的对道德思考和话语的解释。[43] 这里的修正可能只涉及了揭穿那个普遍但为假的信念，即道德属性是独立于心智且非关系性的信念。但是，如
33 果这种信念部分地决定了道德用语的含义，它也要求我们修正我们的道德话语。[44]

对休谟而言，基本的元伦理学主张是，道德是一种关于情感的事物。我们如何用语言来口头表述这些情感是一件偶然的事情。根据休谟的描述性元伦理学，大众要么通过赋予客体独立于心智的道德属性来做到这一点，而这正如我们看到的那样，是一个错误；要么通过赋予客体那些他们相信是独立于心智的属性来做到这一点，而这也同样是一个错误。或者，我们可以通过表达它们，或如我主张的，休谟认为我们可以通过**报告**它们来表述这些情感。由于道德判断在因果上是通过情感得到解释的，因此休谟可能会假设，由此过渡到主观主义话语（在其中道德判断报告情感），是自然而顺畅的。至于休谟稍后会说些什么，[45] 我们可以认为他会主张在一种改良了的道德话语中，道德主张将

报告那些特别是关于道德的赞赏和厌恶的情感，部分是因为，只有当我们将自己置于公正的、同情的旁观者位置时，我们才会具有这些情感。[46] 34

休谟清晰地表达了这一点，即道德属性（就像感官特质）依赖于心智的发现“对实践几乎没有影响或完全没有影响”；[47] 它“从[道德属性]的事实中能获得的好处，不会多于它从[感官特质]的事实中获得的好处”，并且它“不会给道德主义者或其批评者任何庇护”。[48] 这是因为“没有事物能比我们自己的情感更真实，或者更关乎我们自身”，[49] 也因为“人类的感官和感觉具有足够的统一性，[以便]对生活和举止产生最大的影响”。[50] 我们对恶行（例如蓄意谋杀）的负面情绪不会因为我们发现我们对这些情绪的口头表述或关于恶的本体论的信念是错误的而受到影响。在改良了的、没有错误的道德思考和话语中，同类型的品格和行动会受到同样的谴责和赞扬，正如它们在日常的、充满错误的道德思考和话语中所受到的一样。这很可能是假设从日常的充满错误的道德思考和话语可以顺畅地转变到主观主义道德思考和话语的另一个原因。由于转变期不需要我们做出实质性不同的道德判断，因此错误可以被平和地揭穿。[51]

2.2　两个反驳：休谟对美德的友善态度与道德判断的驱动力

我归于休谟的用于解释他对美德的友善态度的那个观点，并不是
对错误论解读的一个很强的反驳。[52] 误认为这是一个反驳的想法（也 35
许）是由于加入了如下观念，即错误论者必须在某种程度上反对道德，或是至少反对进行错误的道德思考和使用错误的日常道德话语。[53] 但这是一种误解，而且休谟并不是这样的。毕竟，休谟认为道德属性是存在的；[54] 只是它们并不像普通人所认为的那样存在于客体中，而日常道德思考包含了错误，这是一个偶然的事实，它可以被平和地揭穿。

尼古拉斯·斯特金认为,如下观点"没什么值得挑战的",即当休谟在《人性论》中给出一个主观主义定义时,他是在做一个改良的提议。[55]然而斯特金拒绝了投射主义式的错误论解读,这既是因为这种解读与非认知主义的解读在容纳"休谟对于道德事实是关于我们情感的事物的建议"这一点上,有同样多的困难,也是因为这种解读与斯特金自己偏爱的还原主义实在论解读在容纳休谟"坚持认为道德判断自身就是有驱动性的"[56]这一点上,有同样多的困难。第一点对我们的解读而言不是问题,根据我们的解读,休谟认为道德事实是那些依赖于心智的、关于关系性属性的事实,然而普通人错误地认为道德事实是那些关于独立于心智的属性的事实。第二点似乎是一个更严重的担忧,因为在我们的解读中,道德判断表达了信念,并且根据一种对休谟的普遍解读,信念在驱动性上是无效的。

"信念在驱动性上无效"这个主张有强弱两个版本。两个版本都同意驱动性需要一对适当的信念和欲求的组合;信念自身不具有驱动性。
36 不同的是,弱版本承认信念[休谟称之为**观念**][57]可以产生欲求[休谟称之为**印象**]。根据这种观点,信念并没有直接的驱动性,但是信念可以以引起欲求的方式间接地具有驱动性。强版本则否认了信念直接和间接的驱动有效性:信念既不能有直接的驱动性,也不能引起欲求。有证据表明,休谟支持弱版本但反对强版本。[58]例如,这是休谟关于享乐主义信念,即享乐或痛苦的观念如何产生欲求的简要论述:

> 印象首先触及感官,使我们感知到某种形式的热或冷、口渴或饥饿、愉悦或痛苦。头脑会制作一个这个印象的复制品,这个复制品在印象停止后仍然存在;这就是我们称之为观念的东西。这种关于享乐或痛苦的观念,当它回归灵魂时,会**产生新的关于欲求和厌恶、希望和恐惧的印象**,后者可以被适当地称为反思印象(impressions of reflection),因为它们源于反思。[59](T 1.1.2.1; SBN

7—8，休谟加的强调）

关于道德，休谟可能会给出类似的主张：通过观察或考量某个行为或品格，我们会得到关于美德或邪恶、赞许或责备的印象。拥有这样的印象就是体验令人愉悦的道德赞赏之情，或者体验令人不快的道德厌恶之情。在这些印象中，有一些复制品，被我们称为美德或邪恶、赞许或责备。这些令人愉悦和不快的观念产生了新的欲求。因此，关于某些行为或品格是善良或邪恶的信念可以产生执行或不执行该行为、模仿或不模仿该品格的欲求。[60] 要注意的是，当休谟说一个行为主体的善与恶、赞许与责备的观念，是关于他自己的愉快或痛苦的观念，并且这些观念是那些产生新欲求的观念时，他的立场看起来像是一种心理利己主义。对此一个可信的解读是，休谟的意思是说，这些观念**本身**，或拥有这些观念，是令人愉悦或令人不快的。关于美德和邪恶、赞许和责备的观念的对象，是某种行动和品格，而不是愉悦和痛苦。产生欲求的是对美德和赞许的**愉悦想法**（或对邪恶与责备的**不快想法**），而不是对快乐和痛苦的想法。 37

但是，即使我们最终证明了对休谟的最合理解读是他拒绝接受道德信念能产生欲求，关于道德判断驱动力的这个论点依然是一个对错误论解读的弱反对。休谟似乎并没有承认如下观点，即在做出道德判断与被驱动去照此行动之间存在必然联系。[61] 因此，他事实上说的是诸如"道德激发激情，并且产生或阻止行为"[62] 之类（而不是道德**必然**会如此），以及"人**时常**受其义务支配"[63] 之类。这很容易被错误论者的解读解释，回想一下，心理学命题的内容是，情感态度可以在因果上解释我们的"道德属性独立于心智"这个体验，再回想一下前面提到的这个建议，即美德与邪恶的观念是愉悦的道德赞赏之情以及不快的道德厌恶之情的复制品。换句话说，驱动有效性态度能在因果上解释道德判断。因此，在"做出道德判断"与"被驱动去行动"之间的联系很强，但这个联系却是偶然的。这种观点承认在某些情况下，一个关于某个行动是善是恶的明确的观念，未能产生一个欲求或某些其他的驱动性态度。
38 鉴于后者的推论本身是可信的，并且鉴于这个普遍观点，即道德判断与动机之间的联系虽然很强却是偶然的，能与休谟立场的其他方面吻合，因此将其归于休谟是合理的。

2.3 道德错误论：休谟与麦凯

在上一节中，我们论证说，休谟认为道德属性是存在的。这在某种程度上证实了对休谟的实在论解读是对的。[64] 但重要的是，这并不以“错误论解读有问题”为代价。休谟是关于道德属性的实在论者，因为他认为确实存在依赖于心智的道德属性；正如我们看到的，休谟认为，拥有一种道德属性，就是作为一个客体，即公正旁观者的一种独特的道德赞许之情或厌恶之情的对象。根据这种解释，道德属性是关系性属性，因此，这种解释否定了休谟的这个主张，即道德属性是感知者脑中的感知。[65] 根据这种解释，感知者脑中的是一个关系因，而不是道德（关系性）属性自身。[66] 尽管存在这种不匹配，但总的来说，这仍然是对休谟观点的最好解释。[67] 有两个考虑能支持这一点。首先，休谟最主要的关切是一个消极主张，即否定道德属性存在于外部客体中；而不是一个积
39 极的主张，即肯定道德属性是脑中的感知。因此，当他声称道德属性是感知者头脑中的感知时，他可能是在不严谨的意义上这么说的。其次，我们的解释与休谟的其他主张十分吻合，比如“[道德]属性**源自**人类情绪和感情的特定构成与结构”，[68] 以及“客体从审视它们的心智的特定品格和构成中**获得**[道德]特性”。[69]

因此，根据我的解释，休谟既是一个主观主义实在论者，也是一个错误论者，因为他认为日常道德思想包含了错误。一个普遍而自然的假设是，投射主义的和错误论的解读与主观主义实在论的解读相冲突；

但我提出了一种可以调和这些解读的方式。[70] 错误论的解读合理地解释了休谟关于日常道德思考和话语的理论，是关于他的**描述性**元伦理学的合理解释；而主观主义的解读合理地解释了休谟关于道德本体论的积极主张（他以这个主张为基础提出了关于道德思考和话语的改良建议），是关于他的**修正性**元伦理学的合理解释。

将休谟的错误论和他整体的元伦理学观点与麦凯的观点进行比较，具有启发性。他们之间一个显著的不同点是，麦凯认为道德判断必然为假，因为道德属性必然不存在，[71] 而我们认为休谟主张道德属性是存在的，虽然日常说话者以使他们的道德判断一致为假的方式犯下了关于它们的系统性错误。他们在本体论上的差异反映了他们关于如何决定道德属性本质的不同看法。麦凯认为道德属性的性质由日常说话 40
者的道德属性概念决定。他认为，对这一共同概念的反思告诉我们，道德属性和事实是客观（独立于心智）的规定性和内在驱动性，它们随附于其他属性和事实之上，我们只有凭借直觉才能了解它们。[72] 简而言之，麦凯认为像塞缪尔·克拉克、理查德·普莱斯、G. E. 摩尔和 W. D. 罗斯那样的客观直觉主义者关于道德属性的本质和道德判断的语义学的观点基本是正确的，但他拒绝了他们关于存在任何道德属性或道德事实的观点。

相反，休谟认为道德属性的本质是由能在因果关系上解释我们的道德判断的心理态度所决定的。大众通常未经反思地以为的那种道德属性是不存在的，但是一旦我们适当地反思一下当我们在做道德判断时发生了什么，我们就可以看到道德属性的真实本质，并且确定道德属性是存在的。与麦凯相反，休谟对他同时代的直觉主义者们关于道德属性的概念并没有太多同情。休谟可能想到了类似克拉克对道德合适性（moral fittingness）的观点（克拉克认为道德合适性是一个最基本的和不可分析的关系），休谟评论说，“直到某人能够很好地给我说明这种新关系是什么”[73] 之前，他不知如何回应这种观点。克拉克很可能会回应说休谟在要求一件不可能的事情；因为只有当它能够被直觉到时，合适性关系才能够被说明。麦凯很可能会接受这种回应，同时指出一个重要的事实，即此处没有什么可以被直觉到的东西。

休谟与麦凯之间的最后一个区别关涉的是，日常道德思考和话语是否**在本质上**都是充满错误的。[74] 麦凯坚持认为，它们是充满错误的，因为他认为道德判断的本质关乎客观规定性、内在驱动性、随附性属性，而这些都能凭直觉知道。那么，他可能会认为休谟对道德思考和话语做出的主观主义式的修正建议，是一个对（一种特殊类型的）情感思考和话语的建议，而不是对公认的道德思考和话语的建议。[75] 相反，休
41 谟坚持认为，对道德判断的本质而言，至关重要的并不是其内容。这种判断的本质是，它们是由一种独有的关于赞赏和厌恶的道德情感引起的。正如我们已经提到的，这就是为什么休谟认为日常道德思考和话语中所包含的错误是偶然的。

我们可以得出的结论是，不同于麦凯，休谟不是道德怀疑论者。根据休谟的观点，道德属性是存在的，我们可以做出真的道德判断，并且拥有道德知识。[76] 与此相反，麦凯认为道德属性是不存在的，道德判断（必然）为假，因此我们不能拥有道德知识。

让我们总结这一章。在本章中我论证了，在解释休谟的元伦理学时，我们应该区分描述性项目和修正性项目。休谟的描述性元伦理分析能被合理地理解为是错误论的。归于休谟的道德错误论有两个版本：标准道德错误论和温和的道德错误论。根据标准道德错误论，日常说话者错误地相信道德属性是独立于心智的和非关系性的，这使得道德判断一致为假；而根据温和的道德错误论，这种普遍但为假的信念不会决定道德术语的含义，因此不会使道德判断一致为假。

与当代道德错误论者不同，休谟并不是一个关于道德属性本体论的反实在论者，也不是一个关于道德知识的怀疑论者。基于他对道德属性的主观实在论观点，休谟提出了对道德思想和话语的修正性解释，

根据这种解释，道德判断报告了态度。因为我们能够知道这些态度是什么，所以我们能够拥有道德知识。这种解释具有重要的含义，即错误论者、主观主义者、实在论者和非怀疑者对休谟伦理学的解读都是可以被调和的。 42

注　释

1 我说休谟关于道德属性的论断是主观主义的，意思是，按照 1.2 节中的定义，他认为道德属性是依赖于心智的。我并不是要否认休谟会预言当我们采取公正旁观者的视角时，我们的道德意见会趋于一致。

2 EPM 1.2；SBN 170. 在提及休谟的著作时，我遵循期刊《休谟研究》所采用的格式。当我提及“论文”时指的是休谟的《人性论》，由大卫·费特·诺顿和玛丽·J. 诺顿编辑（New York：Oxford University Press，2000），以下简称为“T”，其后为卷数，第几部分，章节数和段落号；也指《人性论》，由 L. A. 塞尔比-比奇编辑，P. H. 尼迪奇修订，第二版（Oxford：Clarendon Press，1978），以下简称为“SBN”，后接页码。“Abs”即摘要。我所提及的《第二问询》指的是休谟的《关于道德原则的问询》，由 T. L. 波尚编辑（Oxford：Oxford University Press，1998），以下简称为“EPM”，后接章节数和段落号；也指《关于道德原则的问询》，由 L. A. 塞尔比-比奇编辑，P. H. 尼迪奇修订，第三版（Oxford：Clarendon Press，1975）。此后是“SBN”，后跟页码。“App”代表附录。提及的“休谟的散文”指的是休谟的《散文、道德、政治和文学》，由 D. F. 米勒编辑（Indianapolis：Liberty Fund，1985），以下简称为“EMPL”，后接页码。

3 EPM 9.10；SBN 276，另参见 T 3.2.2.23；SBN 498。

4 参见，例如 T 3.1.1.4，3.1.1.14，3.1.1.18；SBN 456，460，463。

5 参见 Raphael（ed.），1991：387—408，esp. 392—396；Price（1948/1758）：esp. 15—17，233—236。

6 T 3.1.1.27；SBN 469.

7 EMPL 163—165.

8 EMPL 230，233—234.

9 T 3.1.1.26；SBN 469.

10 麦凯在一个脚注中也提出了同样的观点(Mackie 1980: 158n5)。

11 参见第2节和1.2节。我最终将论证,休谟认为道德属性是依赖于心智的,因为他认为道德属性取决于观察者的心理反应。要注意,休谟的这个观点,即精神客体(比如人的品格)是道德属性的主要载体,并没有使他承认道德属性是心智依赖的。"品格是道德属性的主要载体"这个观点,与"道德属性不取决于**观察者**的心理反应"这个观点是相融贯的。

12 T 3. 1. 1. 27;SBN 469.

13 有证据表明,休谟同时代的哲学家同盟亚当·斯密认可一种类似的道德现象学图景。当我提到亚当·斯密时我主要参考的是他的《道德情操论》,由D. D. 拉斐尔和A. L. 麦克菲编辑(Indianapolis: Liberty Fund,1982),被引作"TMS",后跟第几部分,节数(在适当的情况下),章数,段落编号。斯密曾说,当我们完全同情另一行动者时,"[他的]行动似乎……是在**要求**,以及是在……**大声呼吁**一个合乎比例的赔偿"(TMS 2. 1. 4. 2,我加的强调)。斯密意图用"要求"和"大声呼吁"来描述对客观的、独立于心智的道德关系性属性的体验,这一点是合理的。

14 EPM 1. 1;SBN 169.

15 T 3. 1. 1. 26;SBN 468,休谟加的强调。

16 T 3. 1. 1. 26;SBN 469.

17 T 3. 1. 2. 3;SBN 471.

18 EMPL 165.

19 T 3. 1. 2. 1;SBN 470.

20 Wood 1986: 416. 类似论点参见 T 1. 4. 2. 12—13(SBN 192—193)。

21 Wood 1986: 416.

22《人性论》的一个总体目标是追溯人类思维的核心观念的起源,例如关于因果、自我认同、物质客体的持续性、道德等观念的起源。在休谟看来,这些观念中的很多都不具有普通人认为它们所具有的起源。我对休谟元伦理学的解读与这个总体目标以及休谟对它的追求是一致的。但是,在这本书中我不准备评论以下观点,即休谟是否对道德以外的领域也持有错误论的观点。

23 Sainsbury(1998).

24 Sainsbury 1998: 141—142.

25 Baillie(2000).

26 Baillie 2000: 15(贝利加的强调)。

27 参见 Joyce 2010：53 中的总结性讨论。

28 根据沃尔特·奥特的说法，休谟并不讨论关于指涉的话题（Ott，2006：242）。这与我们对下面这一点的观察是一致的，即休谟并没有太多关于道德语义学或道德术语的指涉问题的讨论。奥特的积极提议是，休谟将词语（至少是名词、形容词和动词）的含义理解为它们的功能，即表明说话者的某个观念以及使听者回想起某个观念的功能（Ott，2006：245）。这种解释得到了一些文本证据的支持（例如，参见 T 1. 1. 7. 7—1. 1. 7. 15；SBN 20—24）。按照这种观点，真值的主要承载者不是言语或单个句子，而是词语和句子所引起的生动观念（即信念或判断）。对休谟关于意义的看法的这个解读，与将温和的错误论归于他的想法是一致的：由于许多人有关于道德属性的错误背景信念，道德术语和句子会引起错误的信念，但它们不必是**皆**为假的。它们不会在那些相信道德属性（如感官特质）依赖于心智的人身上产生错误的信念。应当指出的是，评论者对于如何解释休谟关于意义的观点有很深的分歧。奥特的文章开篇就指出："那些解读休谟语言哲学的文本，几乎都是错误的。"（233）这在某种程度上表明了不同解释的差异有多大。

29 凯尔辩护了一种投射主义错误论的解读。他注意到这种解读并不是一种流行的解读（Kail 2007：148）。其他值得注意的对这种解读的辩护，可在 Stroud（1977）和 Mackie（1980）的文本中找到。我在 2. 2 节中讨论了两种对错误论解读的批评。

30 EPM App. 1. 21；SBN 294.

31 Cohon 2008：123.

32 但是，与其早期著作相比，休谟在《第二问询》中明确归于道德思考和话语的错误确实是少了。霍华德·索贝尔给出了一个有趣的提议，即休谟这么做是出于实用主义的考虑，以避免宣传"对社会**有害**的真相"，以及避免打击对社会"有益且**有用**的错误"（EPM 9. 14；SBN 279，休谟加的强调）。参见 Sobel 2009：98—101。所以，虽然突出和修正普通人道德思想和话语中的错误**在哲学讨论中**是重要的，但是这可能并不是一个**在实践上**值得被践行的方法。

33 T 1. 3. 14. 25；SBN 167.

34 Cohon 2008：122.

35 Cohon 2008：123.

36 EPM App. 1. 10；SBN 289，休谟加的强调。有两点需要澄清：提及"旁观者"时，休谟指的是一个公正的旁观者；提及令人"愉悦的赞赏之情"时，休谟指的是一种特定的赞美(T 3. 1. 2. 4;SBN 472;EPM 5. 1n17;SBN 213n1)。

37 为了支持这一解读,在这里值得注意的是休谟对分析定义的贬低态度。休谟说,给出“一个同义的术语**而不是**一个定义”(T 1. 3. 2. 10;SBN 77,我加的强调)在哲学上是没有启发性的。另参见 T 1. 3. 14. 4(SBN 157)。

38 T 3. 1. 1. 26;SBN 469,我加的强调。

39 Pitson 1989: 66.

40 Greig 1969: 39—40.

41 麦凯还建议我们将休谟解读成“休谟的意图是说这就是‘你应该’所表达的含义,因为经过反思,这就是所有你可以坚持认为的东西”(1980: 58)。但这引出了一个问题:在麦凯看来,休谟在这里所说的“应该”是什么意思?我认为麦凯的意思是说,在休谟看来,这就是你可以在不说或不相信任何为假的事物的情况下,所有你可以坚持认为的东西。

42 T 3. 1. 1. 26;SBN 468—469.

43 值得注意的是,与表面上休谟对主观主义的自然主义承诺类似的主张在亚当·斯密那儿也能找到。举个例子,斯密说,“作为感激或憎恨的一个**恰当的**和被认可的对象,仅仅意味着作为那些**看起来自然是**恰当的以及**被**认可的感激或憎恨的对象”(TMS 2. 1. 2. 1,斯密加的强调)。就像在前面讨论休谟在《第二问询》中的主张那样,我们有理由认为斯密给出了一个真正的定义,也就是说,一个解释了什么是感激或憎恨的恰当对象的定义。斯密还说,“这些词语,即‘正当的’‘不正当的’‘适合的’‘不恰当的’‘优美的’‘卑鄙的’,它们仅意味着能使那些[即道德]官能满意或不悦的事物”(TMS 3. 5. 5)。和休谟一样,斯密在这里关注的是揭示道德判断的心理现实,因此,一个可能的合理解读是斯密在此处给出一个对日常道德话语的修正性解释。但是,要在斯密自己的文本中找到证据支持他认为日常道德思考和话语涉及系统性错误则更加困难,因此在斯密这里,这种解释缺乏强有力的文本支持。

44 但是,我并没有发现休谟建议我们要从日常的、充满错误的道德思考和话语转变为经过修正的、不含错误的道德思考和话语。根据我的解读,休谟的目标仅仅是勾勒出不含错误的道德话语可能是什么样子,即在改良了的、没有错误的道德思考和话语中,同类型的品格和行动会受到同样的谴责和赞扬,正如它们在日常的、充满错误的道德思考和话语中会受到的一样。参见注释 31 和 9. 2 节。

45 例如,T 3. 1. 2. 4,3. 3. 1. 15;SBN 472,581—582。

46 为了进一步支持我们的解释，我们可以看到，在 T 3. 1. 1. 26（SBN 469），休谟并没有谈论“邪恶”在**实际**道德话语中的含义，因此值得我们考虑的是他在《人性论》的摘要中对力和能量做的注解：“我们要么对力和能量完全没有概念，并且这些词语完全不重要；要么它们**只能意味着**，通过习惯而获得的思想的决定力量，它从起因传至其结果。”（T Abs. 26；SBN 657，我加的强调）我们可以认为休谟在此处做出了一个我认为与他在 T 3. 1. 1. 26（SBN 469）提出的观点类似的论证，即在一种改良了的关于力和能量的话语中，“力”和“能量”将被用于表示“通过习惯而获得的思想的决定力量，它从起因传至其结果”。这是因为，在经过反思后，我们会意识到这就是这些词可以表示的所有含义。但是，我们不能认为这是对我们如何在实际话语中使用“力”和“能量”所进行的分析。另参见 Craig（2007）。

47 T 3. 1. 1. 26；SBN 469.

48 EMPL 166n3.

49 T 3. 1. 1. 26；SBN 468.

50 EMPL 166n3.

51 此处论述类似于日常思考和话语中对感官特征（例如颜色）的论述。根据休谟的观点，普通人认为颜色是独立于心智的物体的属性。但是这样的属性并不存在，因此，要么普通人的颜色判断为假，要么当他们接受这样的判断时所相信的东西是假的。但是，大众对颜色术语的使用，其外延与启蒙“哲学家 & 小体论者”使用这些术语的外延相等同（Wood，416），然而后者已经看到了错误并将颜色视为第二属性（即心智的力量或属性）；大众和启蒙哲学家都认为天空是蓝色的，草是绿色的，成熟的西红柿是红色的，等等。因此，不必推翻关于颜色的日常思考和话语。这个错误也可以被平和地揭穿。

52 凯尔指出，这个考虑有时被用来反驳对休谟的投射主义和错误论的解读（Kail 2007：148）。但是，正如已经指出的那样，凯尔本人赞成投射主义解读的一种变体。

53 参见第九章。

54 当休谟罗列那些否认“道德差异现实存在”的“异质争执者”时（EPM 1. 1；SBN 169），他想到的是像霍布斯和曼德维尔这样的哲学家，他们否认人类能真诚地被道德的或有关道德的关注和情感而不是利己的或自我中心的考虑所驱动。在 TMS 7. 2. 4 中也有类似的对斯密道德哲学中的“许可系统”（licentious system）的批评。

55 Sturgeon 2001：7—8.

56 Sturgeon 2001：69n33. 斯特金还说，投射主义和错误论的解读经常从休谟关于“是与应当”的文段中获得支持，斯特金认为这个支持会被他对“是与应当”文段的解读削弱，并且他认为其他解读与他的还原现实主义解读更匹配。

57 根据休谟关于信念现象学的看法，“信念不过是一种观念，它与小说的不同之处不在于它的本质，也不在于其部分的顺序不同，而在于其被构想的**方式**”（T 1. 3. 7. 7；SBN 628，休谟加的强调）。另参见 T 1. 3. 7. 2—8（SBN 94—98）。

58 关于与此相似的观点，参见 Cohon 2008：18—19，42—43；Kail 2007：181—182，190—192；Sturgeon 2001：21—22。

59 休谟随后在《人性论》中说：“通过经验，我们发现，关于这些客体的观念，即关于那些我们相信已经存在或将要存在的事物的观念，与印象产生了程度更小但种类**相同的效果**，即那些会立即呈现在感觉和感知中的效果。因此，信念的作用是将一个简单的观念提升到与我们的印象相同的品质，并对其产生一种类似激情会产生的影响。”（T 1. 3. 10. 3；SBN 119，休谟加的强调）

60 参见 Garrett 1997：202。

61 有人可能会认为，当休谟论证道，对于那些坚持认为道德事实是“永恒且不变的”的道德理性主义者而言，他们必须要说明“这些（关系）相较掌控我们这个种族的有理性和美德的人而言，并不更少，甚至是更多地影响了神圣意志”（T 3. 1. 1. 22；SBN 465）时，休谟确实认为在“做出道德判断”和“被驱动去照此行动”之间存在必然的联系。但是他在这里并没有主张在做出道德判断与被驱动去按此行动之间有必然的联系。值得注意的是，他只讨论了道德上正义的个体，例如神，以及有理性和美德的人。他反对存在道德理性主义者所假设的那种可以通过理性发现的独立于心智的（关系性）道德事实。这种事实存在的前提是，这样的（关系性）道德事实必然会影响道德上正义的个体的意志，而休谟的观点是“在考察理解力时，我们已经看到，不存在任何能被经验以外的方式发现的因果联系（比如‘理应是这样’），也无法通过最简单的对客体的考虑来假装因果联系确实是存在的”（T 3. 1. 1. 22；SBN 466）。除此之外，正如休谟所说，“了解美德是一回事，使意志与美德相符是另外一回事”（T 3. 1. 1. 22；SBN 465）。

62 T 3. 1. 1. 6；SBN 457.

63 T 3. 1. 1. 5；SBN 457，休谟加的强调。

64 当然，这种实在主义的解读绝不能使心智独立性成为实在主义的必要条件，因为正如我们看到的那样，休谟认为道德属性是依赖于心智的。一个颇具影响的对休谟的实在主义解读，参见 Norton(1982)。

65 T 3. 1. 1. 25；SBN 469.

66 从某种意义上说，这两种关系因都在休谟的考虑之中，因为他认为精神特质是道德属性的主要载体：“如果任何**行为**是有美德的或邪恶的，那它只能是某种[精神的]特质或品格的标志。”(T 3. 3. 1. 4；SBN 575，休谟加的强调)但这当然并不意味着两种关系因都在感知者的脑海中(尽管可能是这样，例如，当某人为自己的精神特质感到骄傲时)。

67 休谟并没有以完全一致的态度对待道德属性的本体论。例如，他声称“就我们的精神特质而言，这两种东西被看作等同的：**美德**和产生爱或骄傲的**能力**，**邪恶**和产生谦卑或仇恨的**能力**”(T 3. 3. 1. 3；SBN 575，我加了第二和第四个强调)，但是正如我们已经看到的那样，他还“将美德定义为**任何一种精神行动或特质，这些精神行动或特质给一个旁观者带来愉悦的赞赏之情**；而邪恶则相反”(EPM App. 1. 10；SBN 289)。在《人性论》中，他还指出，“**痛苦或愉悦**，即由对精神的任何行动或品质的一般考察或观点而产生的痛苦或愉悦，**构成了**它的邪恶或美德”(T 3. 3. 5. 1；SBN 614，我补充了强调，休谟加的强调被省略了)。在正文中，针对休谟关于道德属性本体论的明显相互矛盾的主张，我试图提供一种总体上似乎是最一致、最忠实的解读。

68 EMPL 162，我加的强调。

69 EMPL 171，我加的强调。

70 一种对休谟元伦理学的调和式解释，见 Garrett 1997：Ch. 9。我对休谟元伦理学的解释与加勒特的解释有一些相似之处，但我们调和的目的有所不同。加勒特的主要目标是提供一种解释，以调和对休谟的认知主义和非认知主义(或“命题性的”和“非命题性的”)解读(Garrett 1997：199—204)，而我的主要目的是调和错误论的和主观实在主义的解读。

71 我理解的麦凯的观点是，不存在实现了的道德属性，并且这不仅仅是一个关于现实世界的偶然真理：一个实现了的道德属性在形而上学上是不可能的。这源自一种我认为麦凯会支持的强道德随附性，它具有独立的合理性。参见 1.3 节和 5.1 节。在说麦凯认为道德属性不存在时，我是说他的观点是，道德属性被实现出来，这在形而上学上是不可能的。应当明确的是，在说休谟认为道德属性存在时，我不仅是说他认为道德属性可能被实现出来，我也是在说他认为道德属性能在现实世界中被实现出来。

72 Mackie 1977：Ch. 1.

73 T 3. 1. 1. 20；SBN 464. 对于塞缪尔·克拉克的观点，参见 Raphael 1991：197—199。

74 参考 Joyce 2010：53；Sobel 2009：51—52。

75 霍华德·索贝尔指出，如果麦凯的观点是道德话语本质上是充满错误的，那么麦凯就不应该说这个他显然曾说过的话，即"[一个]人[可以]持有强有力的**道德观点**……同时相信它们只是有关行为的态度和策略"。见 Sobel 2009：52，引用自 Mackie 1977：16，索贝尔加的强调。为了在这里给出一个可辩护的观点，我们可以认为麦凯说的是一个人可以认同这两种观点，但他不能同时参与这两种观点。他必须将他的思想分隔化，并避免在同一个时间点同时思考这两种观点。参见 9.2 节。

76 因此，我对休谟的解读能够容纳诺顿的观点，即休谟认为我们有道德知识，因此不必"屈从于道德怀疑论者"(Norton 1982：150)。

第三章

哈格斯多姆：投射主义者、非认知主义者、错误论者

瑞典哲学家阿克瑟尔·哈格斯多姆是一个在元伦理学的许多方面的先驱。他是最早阐述和捍卫非认知主义理论的先驱之一，他的一些论点和主张早于或预见了那些几十年以后其他元伦理学家提出的，具有高度影响力的论点和主张。在二十世纪初，哈格斯多姆是斯堪的纳维亚哲学和法学领域的重要人物，他的著作在学术界和公众知识领域都产生了相当大的影响。尽管如此，在当代讨论中，哈格斯多姆的著作仍然鲜为人知。这主要是由于他用瑞典语和德语写作，同时也由于他的著作对读者不太友好。C. D. 布罗德指出，哈格斯多姆“沉迷于德国哲学家和哲学法学家的作品”，并恰当地评论道，“他的职业文风[……]已被他们传染，以至于就像是用木屑增稠的胶水一样”。[1] 尽管如此，布罗德仍然认为哈格斯多姆在斯堪的纳维亚学派中享有卓越声誉是当之无愧的，他显然认为将哈格斯多姆的作品介绍给英语哲学界是值得的。[2]

哈格斯多姆的著作对我们而言很有意思,因为他支持各种结合了非认知主义的道德错误论。除了出于纯粹的对哲学史的兴趣,研究他
43 的作品也会有利于我们增进对道德错误论的理解,以及知晓如何将其发展与其他观点结合起来。哈格斯多姆的某些想法和论点——特别是他对我们如何以及为什么相信客观道德属性的社会心理学解释——让人联想到几十年后麦凯和其他错误论者提出的论点和解释。此外,一位哈格斯多姆的同事和评论者,瑞典哲学家和社会学家爱因·特根写了一篇关于哈格斯多姆著作的重要文章,讨论哈格斯多姆为今天我们所知的道德错误论观点提供的早期表述和辩护。

在他的职业生涯中,哈格斯多姆对其元伦理学理论进行了诸多修正。某些修正可以在他去世后出版的手稿和讲座中找到,而其他修正则仅在未出版的手稿中可见。但是,一些有用的评论使我们得以追踪他理论的发展轨迹。[3] 在这一章中,我们将研究两种不同版本的非认知主义元伦理学理论,一种是"纯的"非认知主义,另一种是"混合的"非认知主义,两者都涉及错误论的要素。

3.1 背景介绍

哈格斯多姆对非认知主义最著名的辩护是在乌普萨拉大学的教授就职演讲中做出的。该演讲于 1911 年发表,大约比艾耶尔和史蒂文森的情感理论第一次印刷出版要早四分之一世纪。[4] 艾耶尔和史蒂文森的元伦理学理论建立在不同的含义理论之上,艾耶尔是基于逻辑实证主义,史蒂文森是基于描述性含义和情感性含义之间的区别。相比之下,哈格斯多姆则采取了更偏向心理学的方法去对待非认知主义,在他的早期作品中,他只是偶尔提及了道德语义学。毫无疑问,这是受到弗朗
44 兹·布伦塔诺及其奥地利和德国追随者影响的结果。

在这里我们不会详细探讨哈格斯多姆关于哲学心理学的复杂理

论,但是为了更好地理解他的元伦理学理论,一些关键的概念和区别需要得到解释。[5] 理解哈格斯多姆的元伦理学的一个基础是理解他对**观念**(ideas)和**感受**(feelings)的区分。这是两种根本上截然不同的心理状态,或者像哈格斯多姆所说的那样——考虑布伦塔诺和美农给出的提示——是两种截然不同的**心理行动**。观念和感受的基本区别在于它们的内容。就前者而言,观念的内容具有或可以具有真实的存在。说某物具有真实的存在,就是说某物的存在能独立于心智。观念只涉及具有或可以具有这种真实存在的事物,这种事物的存在与能否被心智体验到无关。在说观念的内容涉及那些可以拥有真实存在的事物时,这里的"可以"应该被理解为认识论而不是形而上学上的可能性。观念可以涉及那些缺乏真实存在的事物,例如半人马和没有实体的心灵,以及那些在形而上学上不可能真实存在的事物,例如一个宇宙创造者,一个隔离于时空领域,但依旧能干预时空领域的必然存在者不可能真实存在。这种观点所涉及的内容的本体论地位在哈格斯多姆的著作中常常是不清楚的。我们不打算深入研究这个问题。

我们需要注意的是,根据哈格斯多姆关于判断的理论,要判断某物确实是这样,就要具有"另一个观念的内容是客观真实的"这样的观念。[6] 要判断我的办公桌上确实有一个咖啡杯,就要有"我桌上的一个咖啡杯"这个观念的内容是客观真实的这样一个观念。相反,要判断我的办公桌上没有咖啡杯,就要有"我桌上的一个咖啡杯"这个观念的内容不是客观真实的这样一个观念。在前面提到的一个例子,即"作为宇宙创造者的必然存在物"这一观念中,哈格斯多姆似乎认为它缺乏确定的内容。他认为实际上,这个观念是许多独立且不相容的观念的"同时联合"(simultaneous association),例如一个与时空领域相隔离的实体或存在物,以及一个可以干涉时空领域的实体或存在物的同时联合。[7] 因此,
被无神论者判断为不是客观真实的东西,不是一个观念的内容,而是当 45
有神论者在使用诸如"创造宇宙的必然存在者"或"上帝"之类的表达

时，由所表达的观念联合起来的不同观念的聚合内容。哈格斯多姆很可能认为，构成有神论者关于上帝的观念的“同时联合”缺乏确定的内容，因此它既不是真实的也不是虚假的，相应地，表达这种同时联合的陈述也非真非假。因此，无神论者似乎会判断有神论者关于上帝的观念，不仅不是在客观上真实的，而且由于其太过令人迷惑，人们无法谈论其真假。我们即将回到这一点，因为它与哈格斯多姆关于道德判断的一些主张是一脉相承的。

现在先让我们回到观念和感受的对比上来。感受的内容，例如愉悦、痛苦、饥饿、口渴、恐惧、悲伤等等，其本质是现象的，即它们仅作为体验性特质而存在。因此，一个感受内容的存在，取决于一个体验到了这个感受内容的心智。我们当然可以有一个对诸如饥饿之类的感受的观念，但是正如其他所有心理行动一样，该行动（在这种情况下是感受）不同于其内容，即体验性特质。[8] 感受的内容甚至无法被想象成观念的内容。换句话说，对于一个感受的内容来说，成为一个观念的内容在认识论上是不可能的。这是与理解哈格斯多姆的元伦理学有关的另一个论点，我们现在将回到这一点上来。

现在我们对于哈格斯多姆对观念、判断和感受的概念有了一些基本的了解，我们可以开始讨论他对道德判断的论述，并研究这个论述是否涉及我们在第一章中提到的命题（1）—（4）。

3.2 哈格斯多姆的早期和后期元伦理学观点

哈格斯多姆对现象学命题和心理学命题的看法

哈格斯多姆主要关注关于应当的判断和关于义务的判断，有时还涉及对善（goodness）的判断。这样的判断既不是关于客观真实事物的纯粹观念，也不是纯粹的感受。道德判断是复杂的心理行动。正如“上帝是创造宇宙的必然存在”这个观念是不同观念的同时联合，“某个行动是一个义务”的观念也是一个同时联合，它联合了一个关于行动的观念和一个关于意动冲动感受的观念。“某行动是一个义务”的判断同样也是关于某行动具有或被认为具有某真实属性的判断，以及一个意动冲动感受的同时联合。比如，某人拥有的这个判断，即她有义务将借来的书还给图书馆，就是关于以下内容的一个同时联合：一个“还书”的观念（可能还有一个“故意不还书就是偷盗”的观念），以及一个实际去还书的意动冲动感受。

我们到目前为止所说的内容引起了一些术语上的尴尬。我们已经说过，哈格斯多姆将道德判断视为心理行动，这种心理行动是观念和感觉的同时联合，但是根据哈格斯多姆关于判断的理论，这些同时联合严格来讲并不是判断。因此，在这个意义上，哈格斯多姆认为道德判断是不存在的。但是为了简单起见，我将继续讨论道德判断。从现在开始，当我讨论哈格斯多姆关于道德判断的观点时，我认为他讨论的是什么行动过程被当作好、坏、义务等这样的观点。

观念或判断与意动冲动感受之间的联合性联系的本质究竟是什么？这一点并不清楚。正如彼得森指出的那样，对于道德判断，一种自然的解释认为判断是感受的心理原因。[9] 但他同时也指出，将心理与行动之间的所有联合都解释为因果性关联是成问题的。在“上帝”观念这个例子里，“一个与时空领域相隔离的存在者”这个观念，似乎并不是“一个可以干涉这个领域的存在者”这个观念的原因，而后者似乎也不是前者的原因。[10] 然而，一种解释的可能性是，联合性联系可以被理解为特定道德判断中的因果关系，尽管这并不是对普遍而言的心理行动之间的联合性联系的本质的合理理解。

显然，哈格斯多姆认为我们体验到并认为道德属性是存在于现实中的一个独立于心智的特征。他认为这反映在道德语言的使用中。当我们使用道德语言时，我们把诸如“义务”和“不正当”这样的道德术语 47
当作能将属性赋予客体的谓词应用于推理之中。[11] 我们还将看到，他对客观道德属性的观念如何产生并如何扎根于人类思考这个问题进行了详细的揭穿性解释。[12]

我们因此可以很快地得出一个结论，即哈格斯多姆认可现象学命题和心理学命题。回忆一下，现象学命题说的是我们将道德属性，例如行为的正当与不正当或人的美德与邪恶，体验为独立于心智的；而心理学命题则是说这种体验起源于一些非感官能力，尤其是，在观察到某些行为和性格等时，我们会拥有一种情感态度，这种情感态度能引起我们“道德属性独立于心智”这个体验。

我认为尽管这个草率的结论中关于现象学命题的部分是合理的，但是它关于心理学命题的部分是否合理则很难判断。哈格斯多姆认为，情感态度或意动冲动的存在是解释的一个组成部分，但它显然不是唯一的组成部分，并且还可以说它不是最核心的组成部分。为了理解哈格斯多姆对道德现象学的解释，我们需要重新审视他的这一理论，即道德判断是一种判断和意动冲动感受的同时联合。

该解释既涉及个人内部方面，也涉及人际或社会方面。哈格斯多姆从后者着手，并让我们思考一个试图培养学徒的师傅的角色。师傅的目标是通过使学徒内化某些规范和价值观来影响学徒的行为。在这样做时，师傅声明某些行动是**一定不能**做的，而其他的是**可能可以**做的，并且她在这些声明之上附上了她将惩罚违规行为的制裁宣言。这些命令旨在引起学徒去做某些行动并避免另一些行动的意动冲动。[13]这里的考虑是，在做出她的命令宣言时，师傅“拥有一种意动冲动感受，这种感受联合了关于接受者一方的行动的观念”，[14]并且这种言语行为
48 “有效地使命令的接受者产生了相应的意识状态”。[15]这种关于命令陈述含义的双重角色的理论预见了 C. L. 史蒂文森对道德术语的情感含义的解释，根据史蒂文森的解释，道德判断报告或表达了某些赞同或不赞同的态度，并鼓励其他人也拥有这些态度。[16]

师傅意识到她可能迟早会失去对学徒的权威影响，因此她**引入了**

关于超自然力量或上帝(他宽恕并谴责相同类型行为)的观念。这种教育能够带来的心理结果是,学徒最终将某些行为过程与“命令图景”联合起来;学徒最终将**看到**某些类型的行动是“不能做”的而某些行动是“必须做”的。权威命令的观念已被具体化,并转化为关于“必须做”或“不能做”的客观特征的观念。[17] 当这种情况发生时,师傅以及关于超自然力量或上帝的观念就变得多余了。但这实际上是师傅预期目标的一部分。确保学徒坚持某种行为的最可靠方法,就是让她相信,具体化的命令短语指出了行动的客观属性。[18]

需要注意的是,如果我们不把师傅当作一个在有意图地行动的行动者,而是当作社会习俗或自然选择的发展过程以及它们对道德信念的塑造,那么哈格斯多姆对道德现象学的揭穿性解释的这一方面,就与当代对道德的揭穿性解释在一些重要的方面是一致的。还需注意的是,“关于某些行动模式的观念,与这种‘必须做’**在它们的本质上**就是绑在一起的”,[19] 这与麦凯的下列说法高度相似,即麦凯认为,根据日常的道德思考,某些行为具有“嵌在[它们]之中的要被完成”的属性。[20]

哈格斯多姆对道德现象学关于个人内在方面的揭穿性解释,与他的道德心理学有关。正如我们已经看到的,他的道德心理学观点是,道德判断是观念和意动冲动感受的同时联合。这些同时联合的自然表达 49
并不出现在命令性或选择性陈述中,而是出现在断言中,即指示性句子的表达中。[21] 这是因为,“认知要素在决定表达的过程中占主导地位,并迫使对感受的表达成为对被呈现对象的客观属性的表达之一”。[22]“同时联合表达的指示性形式[是]客观化的基础”,[23] 这引起了关于客观道德属性的观念。通过这种方式,道德语言的表面语法所暗示的内容,特别是道德句子的指示形式,部分地激起了关于客观道德属性的观念,以及道德判断是对这些属性的真诚判断,而非观念和感受的同时联合,这样的观念。

更普遍地说,哈格斯多姆认为,“所有可理解的具有指示形式的句子，如果它不仅仅是单纯的词语组合［……］那么它还带来了［……］一种对于判断的实际体验”。[24] 但是，道德判断没有确定的内容。道德属性被体验为“某种被认为存在于某人正在思考的某事物或行动中的东西，但他无法形成这个属性是什么的清晰观念”。[25] 但是，缺乏清晰的观念并不能阻止我们将道德术语用作指示性句子中的谓词。这足以使我们合理地对“哈格斯多姆是否认可心理学命题”这一问题做出肯定的回答。我们已经看到，他对道德现象学的解释不仅涉及如下主张，即我们将一种感受误认为对独立于心智的属性的感知；它也涉及对个人内部和人际两方面的广泛的语言学考虑。既然我们已经看到哈格斯多姆认可现象学命题，我们可以认为他也认可道德投射主义。现在让我们进行下一个讨论：哈格斯多姆是否也认可本体论命题和语义学命题，以及
50 他是否因此是一个道德错误论者。

哈格斯多姆对本体论命题和语义学命题的看法

回忆一下，根据本体论命题，道德属性和事实在世界上并不存在。由于哈格斯多姆对元伦理学的研究采取了心理学研究路径，关于道德属性和事实的本体论问题就不在他讨论的视野之中。哈格斯多姆提倡自然主义本体论，而他对道德本体论的看法可能是，如果我们能够确立道德判断是前面描述的那种同时联合，并且如果我们可以从心理学上解释它们是如何产生的，那么我们就无须假设道德属性和事实。尽管如此，哈格斯多姆确实提出了一些直接针对道德属性的论证。特别是，他论证说，“道德属性是客体的客观属性”这一观念是毫无道理的。

考虑一下像“苏格拉底是个好人”这种陈述中的谓词“好”。哈格斯多姆问读者，“好”在这里是否指称对象的客观属性，就像他认为在例如“苏格拉底是高个儿”和“苏格拉底性情温和”这样的陈述中，“高”和“性情温和”这些词能够指称对象中的客观属性。他回答说，每当我们判断某人或某物是“好的”时，我们都会想到一些客观属性，这些属性使

她或它成为好的，或使我们认为她或它是好的。例如，我们可能会因为苏格拉底性情温和而判断他是个好人。如果苏格拉底的好是一个客观属性，那么我们将判断苏格拉底性情温和，并且他还具有一个额外附加的独特属性：是好的。[26] 但是哈格斯多姆声称，说像“好”这样的评价性属性是某些属性所具有的，但前者区别于后者并且附加于其上，这是毫无道理的。他还拒绝了这样的观点，即一个人或物品的好可以等同于她或它的属性，因为我们可以想象一个人或物品拥有一些属性，却缺乏“是好的”这个属性。

这与 G. E. 摩尔的开放性问题论证有些相似。[27] 但是，作为道德属性（如“好”）并不等同于自然属性这个观点的论证，它并不比开放性问题论证更具说服力。这个事实，即我能想象或相信我能想象一个人具有某些自然属性却缺乏“好”这个属性，可能仅仅是由于我对“好”的信念有误。而且，“好”可能并不等同于一个人或一件物品被认为是好的属性，而是等同于某些自然属性，例如我们欲求去欲求的东西或一个自然的、指定的理想观察者会欲求的东西。哈格斯多姆的论证并不能有力地反对这种对“好”的自然主义解释。[28] 然而，我们在这里的主要目的不是评估哈格斯多姆论证的效力，而是要说明他认同本体论命题。 51

有趣的是，哈格斯多姆关于好及其对自然属性的依赖的谜题使人想起了摩尔在其文章《内在价值的观念》中的挣扎。[29] 在这篇文章中，摩尔试图阐明内在好的属性以何种方式依赖于自然属性而不等同于自然属性。

许多当代非自然主义者会说，解决谜题的方法是，诸如“内在的好”之类非自然属性随附于自然属性之上。当然许多当代非自然主义批评家会回应说，调用随附性无法解决这个谜题，并且或许还会引入一个新的谜题。我们将在 5. 1 节中考虑此类担忧的某些形式。然而，哈格斯多姆认为，此处的困难引起了一种针对“存在客观道德属性”这一观点的不可解决的二难困境。我们可能假设“好”是一种客观属性，但是我们最终会发现，在事物已经具有的属性之外，再确认一种独特的“好”属性，是不可能的。“苏格拉底性情温和”这个陈述“决定”了苏格拉底是一个性情温和的人，但“苏格拉底是个好人，因为他性情温和”这个陈述不能进一步决定苏格拉底的任何方面，因为我们无法理解这种与“性情
52 温和”区别开来的“好”。[30] 这个二难困境是，我们无法将道德属性与它们所依赖的属性区分开来，但是道德属性也不等同于它们所依赖的属性。[31] 哈格斯多姆一定认为，只有当我们认真反思道德属性的本质时，这种二难困境才会显现出来，因为他还认为，通常当我们做出道德判断时，我们意图谓述客观的道德属性。这使我们回到他对语义学命题的看法，回忆一下，他认为当我们说出“x 在道德上是正当/不正当的”和“x 在道德上有美德的/邪恶的”这样的句子时，我们意图将属性归于 x，但我们关于这些属性的信念有系统性的错误，这些错误可能导致道德判断一致为假。

比起前面讨论的关于哈格斯多姆是否认可本体论命题的问题，他是否支持语义学命题这个问题需要一个更为复杂的回答。这是因为哈格斯多姆在 1911 年就职演说中首次提出该理论后，他对这个理论进行了一些修正。这些修正涉及道德判断的本质。其中一些修正仅在未出版的手稿中有最清晰的论述，但它们可以在博·彼得森有关哈格斯多姆理论的著作中找到。在 1952 年出版的 1917 年、1921 年和 1930 年的手稿集中也有一些修正。让我们先来关注哈格斯多姆的早期观点。

我们已经看到，根据哈格斯多姆关于道德判断的心理学理论，道德判断是一种心理行动，这种心理行动包含着一个关于某些行动过程的观念和一种意动冲动感受的联合。重要的是，道德判断不是谓述物体的道德属性的信念。道德信念不存在，道德属性也不存在。在就职演讲中，哈格斯多姆由此得出结论，由于观念和感受的这种同时联合既非真也非假，因此道德判断缺乏真值。[32] 然而，社会因素和道德话语的表
53 面特征引发了“某种所谓的道德权威”的观念，该观念解释了为什么日

常说话者和思考者倾向于相信道德信念、道德属性和道德事实是存在的，以及为什么他们倾向于相信道德判断可以是真的或假的。[33]

当我们做出一个道德判断时，我们头脑中实际发生的事情，即关于一个行动过程的观念与一种感受的联合，是我们没有办法通过内省触及的。我们将观念和感受的同时联合理解为对一个客体的客观道德属性的感知。[34] 彼得森得出的结论是，哈格斯多姆的早期理论认为我们这样的日常说话者持有假信念，这个假信念是关于当我们在做出道德判断时我们在做什么的信念；我们错误地认为，在做出一个道德判断时，我们是在将道德属性赋予对象，而实际上我们并没有这样做。[35] 换句话说，哈格斯多姆的早期理论是一种错误论式的非认知主义。[36] 多年后，艾耶尔提出并认同了一种类似的观点。他认为，尽管道德判断实际上并不是对信念，而是对非认知态度的表达，但是“许多人确实相信，（在做出道德判断时），他们是在报告客观的道德事实”。[37]

早期理论就是这些了。哈格斯多姆在他 1911 年后的作品中提出了“**一级的**”和“**二级的**”道德判断的区分。[38] 前者通常会出现在一种参与性的情况下，即出现在当我们正在考虑要去做什么以及要采取什么行动的情况下，而后者则通常会出现在抽离的和沉思的情况下。我们可以用前面提到的一个例子来说明这种区别：设想一下这个情景，即我从办公桌上拿起一本逾期未还的图书馆的书。我在衡量是要去还书还 54
是留着它。正如我们看到的，我“留着这本书”的这个观念，以及可能还有“这样做就是偷窃”的观念，与一个“去还书”的意动冲动相联合，构成了“我应该归还这本书”（或者是“不这么做是不正当的”或“我有义务去还书”）的道德判断。这是一个一级的道德判断。和之前的观点一样，哈格斯多姆认为这些判断是观念和感受的同时联合。

但是他现在将其与人们在更加抽离和沉思的情况下可能做出的道德判断相对照，例如这类普遍或一般的判断：幸福是美好的，偷窃通常是错误的，有义务信守诺言，苏格拉底是有美德的，等等。这样的判断不需要涉及任何意动冲动感受，而这正是使得它们可以成为抽离的以及不参与的判断的原因。这些是二级的道德判断，或道德规范。需要注意的是，一级的和二级的道德判断之间的区别不是一阶道德判断和二阶的或元伦理的判断之间的区别。一级的和二级的道德判断是不同种类的一阶道德判断。与一级的道德判断不同，二级的道德判断不是同时联合，而是将属性，也即我们在做出一级的道德判断时错误地认为我们赋予客体的那些属性，赋予客体的真诚的判断。[39] 哈格斯多姆在1913 年的手稿中提到：

> 因此，如果二级的价值评估是一种真实的价值判断，在该判断中我思考了客体的价值，并且它也宣告了理论上的真理。那么，（它）就包含在了“现实”这个概念中。就是这样，尽管在所有价值决定中我们都不是在思考什么是什么，而是在思考什么应该是什么。**因此所有的二级价值评估均为假**，即使我们做出这些二级价值评估是出于某种心理必然性。这是由于，如果不将其包含进“现实”这个概念，我们就不可能思考其所涉及的价值。而避免思考这些价值是不可能的。[40]

这段话似乎可以证实本章开篇所引用的布罗德对哈格斯多姆文风的描述。目前尚不完全清楚“心理必然性”指的是什么，但下面是一种
55 解释：为了更好地阐述，请回到我衡量是否归还逾期未还的书的那个例子，在正常情况下，当我做出“我应该还书”的一级价值评估时，我不可避免地（潜在地或明确地）也做出了一个更具反思性的二级价值评估，即偷窃通常来说是不正当的，或我们有义务归还借来的物品，等等。称其为“心理必然性”可能是夸大其词，但这似乎是对通常情况下进行一级价值评估时的情形的一种合理概括。

因此，哈格斯多姆的后期理论是非认知主义和错误论的混合体，因

为这个理论既认可关于一级道德判断的非认知主义，又认可关于二级道德判断的错误论。[41] 在随后的著作中，哈格斯多姆以各种方式使他的理论变得更复杂，例如，区分不同种类的二级道德判断：关于具体内容的二级道德判断和关于抽象内容的二级道德判断。然而，我们不必停留在这些精细的区分上。[42] 与我们关注的话题最为相关的论点是，哈格斯多姆著作中出现的两种版本的道德错误论以及它们与非认知主义结合的两种不同方式。正如我们看到的，第一个版本是一种错误论式的非认知主义，根据这种理论，我们这样的日常说话者在关于当我们做出道德判断时我们在做什么这个问题上，犯下了系统性的错误。第二个版本是一种混合理论，即认为某种道德判断（即二级判断）一致为假。[43]

不用说，这两种理论都不是我们在麦凯的作品中所熟悉的那种形式的道德错误论，尽管我们看到哈格斯多姆的一些论点和主张与麦凯的论点和主张有些相似。然而，正如我们接下来将要看到的，哈格斯多姆的批评者之一，瑞典哲学家爱因·特根确实预见了麦凯版本的道德错误论。

3.3　特根的批评

特根的《价值理论中的基本问题》一文于 1944 年发表。标题中提到的问题是，价值似乎既是客观的又是主观的。[44] 特根同意摩尔和罗斯 56
的观点，即我们倾向于仿佛客观价值存在一样去说话、思考和争论。[45] 他还同意他们的这一观点，即价值在概念上具有不确定性。但是，对于我们（包括道德判断在内的）评价性判断，最好的解释不是我们在理解客观的评价性属性。我们对客体进行评价，是只有当我们对客体的感知或想法引起我们的某些反应或兴趣时才会有的回应。特根并没有具体说明这些反应和兴趣是什么。他相当隐喻化地说，当我们观察到某些事物、事件、人等等时，我们会体验到某种“感觉色彩”。[46] 体验到这种感觉色彩的经验会被理解为对客观评价性属性,即一种"可以争论"的属性的感知。[47] 这就是他在对价值的分析中提及的"主观要素",并且他得出结论:

> 不存在这种(作为客观价值)的事物。但是价值在即时意识中**似乎**是客观的。[……] [但是]价值只是[……]被转移到我正在关注的对象上的主观特质,但是我并不知道或并没有识别出这个事实。因此,它们显示出了客观性。(1944: 44,特根加的强调)

特根在这里勾勒的是关于道德信念的投射主义理论,这是我们在第二章对休谟的讨论中所熟悉的那种理论,在后面的章节中我们将再
57 次讨论这个理论。

正如我们看到的,投射主义理论同样也出现在哈格斯多姆的著作中,并且和哈格斯多姆一样,特根也强调社会因素有助于塑造并实现评价性道德属性的表面客观性。[48] 因此,特根和哈格斯多姆有相当多的共识。但是,他们之间也存在显著的分歧。特根在文章的结尾处给出了一个替代哈格斯多姆理论的选择,他声称这个替代选择"显然是一个更自然、直接和简洁明了"的对评价性道德属性的表面客观性的解释。[49]

回忆一下哈格斯多姆的早期观点,即严格意义上的道德**判断**不存在。像"这是一个好人"或"这个行动是一种责任"等想法,都是观念和感觉或意动冲动的同时联合。正如哈格斯多姆有时说的那样,拥有这样的同时联合,就是在观念和感受之间"滑行";这个同时联合并不能被明确区分为两种截然不同的心理行动。[50] 对于一个人被理解为一个好人这样的同时联合,根据哈格斯多姆的说法,最自然的表达就是用像"哦,这是一个多么高尚的人!"这样的感叹式。[51] 但是,由于各种原因——由于认知要素"占了主导地位",[52] 由于我们受社会条件制约而将道德属性视为客观的,以及由于我们需要对价值和道德进行推断和

争论等等——我们用于评价的语言表达就是以陈述性/指示性的形式，而不是以感叹性的形式。

特根反驳说，我们从未观察到哈格斯多姆理论所涉及的那种观念和感受之间的滑行。[53] 哈格斯多姆可能会回应说，这并不奇怪，因为这种滑行通常是内省触及不到的；我们系统性地误解了当我们在做道德判断时我们在做什么。但是特根很可能反驳说，一旦理论被提出并得到了合适的解释，所谓的滑行就应该能够被内省识别到。我所理解的特根的替代理论是这样的，评价性术语被用作表示客观评价属性的谓词，并且严格来讲，这些评价是我们以陈述性形式表达的判断，这是由
于我们错误地认为某些感受是对客观的评价性道德属性的感知。该理 58
论相对更简洁明了，因为它没有预设一种在截然不同的心理行动之间的“滑行”，并且这种“滑行”还无法被内省识别到；该理论也没有那么复杂，因为我们以陈述性形式表述出来的确实是合适的判断。[54]

所以我们是对客观的评价性道德属性做出了判断。但是，正如我们已经看到的，特根认为不存在这样的属性。其推论是，“所有对价值做出的（肯定的）价值判断均为**假**”。[55] 这可能是第一个以我们在当代元伦理学讨论中所熟悉的那种道德错误论形式发表的声明，这种形式的道德错误论首次出现并贯穿在两年后出版的麦凯的著作中。[56] 特根认为只有肯定的评价性道德判断才为假，这个限制表明他意识到了如何准确论述标准道德错误论的逻辑问题（见 1.2 节）。除了对这个难题的简短讨论之外，特根提出了自己的结论。比如，他似乎并不担心道德错误论所蕴含的激进且违反直觉的推论会带来什么不良后果。

最后，让我们点评一下特根立场的论证力度。像哈格斯多姆一样，特根并不主要关注道德本体论，但他显然认为道德属性不存在。我在前面推测过，哈格斯多姆很可能有这样的想法，即一旦他给出了为什么我们倾向于仿佛客观道德属性存在那样去说话的心理学和社会学解释，那么我们显然就没必要将客观道德属性囊括进我们的本体论中。

特根很可能有类似的想法,而这也许可以解释为什么虽然他没有给出反对客观道德属性的直接论证,却依然自信地声称道德属性不存在。哈格斯多姆和特根的投射主义理论可能的确可以使客观道德属性在解释我们的道德判断时变得多余,但我们并不能因此说客观道德属性不存在。我们已经在1.2节和第二章中看到,投射主义和实在论是相容
59 的。因此,能使特根这一类理论立场变得更有效力的,是那些直接指出客观道德属性的具体问题的论证。这是麦凯的古怪性论证所要完成的任务。我们将在第二部分中研究这些论点,但在那之前,我们将先在第
60 四章中讨论道德错误论在二十世纪的其他先驱。

注 释

1 Broad 1951: 99.

2 布罗德发表了一份关于哈格斯多姆的元伦理学理论的研究(Broad 1951),他还翻译了哈格斯多姆的一些作品(Hägerström 1953)。

3 哈格斯多姆于1939年去世。关于未发表遗作,参见Hägerström 1952,1953,1987。有关评论,参见Petersson 1973和2011,以及Mindus 2009。彼得森的著作极大地帮助了我理解哈格斯多姆的元伦理学。

4 Ayer 1946[1936]: Ch. 6;Stevenson 1937. 哈格斯多姆是早期的非认知主义者,但非认知主义的历史至少可以追溯到由弗朗兹·布伦塔诺开创的传统,例如克里斯蒂安·冯·埃伦费尔斯、阿列克修斯·美农和安东·马蒂。哈格斯多姆读过许多这些哲学家的作品,并深受其影响。然而,在区分主观主义和非认知主义方面,他们并不都像哈格斯多姆那样仔细。有关非认知主义的历史,参见Satris(1987)。

5 参见Petersson 1973: 30—72对哈格斯多姆心理学理论的概括性讨论。

6 Petersson 1973: 50.

7 Hägerström 1953: 142. 参见Petersson 1973: 54。

8 Petersson 2011: 56.

9 同上。

10 Petersson 2011：57.

11 Hägerström 1953：136.

12 参见 Hägerström 1987(1911)：34—46；1952(1917)：48—54，120—123；1953：153—156。

13 Hägerström 1952：48；1953：124—125.

14 Hägerström 1953：124.

15 Hägerström 1953：125；参见 1952：48。

16 根据一种著名的对史蒂文森分析的理解，“某行为在道德上是好的”这样的陈述，意味着“我喜欢这样的行为，我也要这样做！”。参见 Stevenson 1937 和 1944。

17 参见 Hägerström 1952：49—51；1953：153—155，以及 Broad 1951 的讨论。

18 Hägerström 1952：53. 这使我想到了一个我们将在第四章和 6.2 节中回到的论点。

19 Hägerström 1953：155，强调属于原文。参见 Hägerström 1953：158。

20 Mackie 1977：40.

21 说哈格斯多姆理论的这一方面完全是关于个人内部的，这也许有点误导性，因为使说话者自然地以陈述性形式表达她的判断的，是说话者所属的“社会语言共同体”的惯例(1953：138)。

22 Hägerström 1953：138.

23 同上。

24 Hägerström 1953：141；参见 159。

25 Hägerström 1953：141.

26 Hägerström 1952：114.

27 Moore 1903. Petersson (2011：67—68，n4)也提及这一点。

28 就我所知道的而言，哈格斯多姆从未考虑过如此复杂的主观主义解释。他的确考虑过主观主义解释的个人自传版本和公共版本，根据前者，道德陈述报告了说话者的态度；根据后者，道德陈述报告了说话者所处社会的普遍态度。他迅速拒绝了这种解释，他说这显然不是当我们做出道德判断时的意思(1952：116，124)。他很可能会对主观主义的自然主义的更复杂版本说同样的话。

29 Moore 1993(1922).

30 Hägerström 1953：123. 参见摩尔：“[自然的内在属性]似乎以一种价值

的谓词永远做不到的方式**描述**了具有这些属性的事物的内在本质。”(1922：274，摩尔加的强调)摩尔在他的著作(1942：585)中重复了这一主张，并接着说“那些是内在属性但**不是**自然属性(例如，作为内在好的属性)的属性，与自然的内在属性不同，这是由于如下事实：在将前一种属性赋予某物时，你**完全**不是在对其进行描述，然而，在将后一种属性赋予某物时，你**在某种程度上**总是在描述它”(1942：591，摩尔加的强调)。摩尔在这里似乎认可了某种非认知主义。但是他实际认可什么，严格来讲是未定的(参见1942：554)；在摩尔去世后，A. C. 尤因发表了一条注解说摩尔撤回了他对非认知主义的认可。尤因说摩尔的声明表明“他仍然坚持他的旧观点(即非自然主义的实在论)，并且进一步说，他无法想象世界上有什么东西能引诱他说他几乎有同样的倾向去持有另一种观点(比如史蒂文森的非认知主义)”(Ewing 1962：251)。

31 Hägerström 1953：116.

32 Hägerström 1987：45—46.

33 Hägerström 1987：46.

34 Petersson 1973：123—124. 参见2. 2节对休谟的讨论。

35 Petersson 1973：125；2011：57—58.

36 彼得森说：“[哈格斯多姆]1911年的著作中似乎没有包含错误论。”(2011：58)但这是因为彼得森假定，根据道德错误论，道德判断皆为假(1973：131)。这种道德错误论的概念比我对道德错误论的定义狭窄。当然，如何使用“道德错误论”一词完全是一个人为约定的问题，并且彼得森建议的用法显然并非不是惯例。但是，正如我在前面的章节中建议的，我们有理由拓宽该术语的常规用法，并且我们应该像认可标准道德错误论那样也认可温和的道德错误论。在我看来，休谟和哈格斯多姆的理论都说明了为什么这样做是恰当的。哈格斯多姆的早期元伦理学理论是温和的道德错误论的一种版本。

37 Ayer 1984：31.

38 彼得森称它们为“一级和二级价值评估”(2011：59，还可参见他的1973：132—162)。我将道德判断作为价值评估的一个子类别。

39 Petersson 2011：59. 值得注意的是，哈格斯多姆所说的二级判断是一种一阶道德判断，它们并不是二阶或元伦理的判断。

40 前四个句子引用自Petersson(2011：60，彼得森的翻译和他加的强调)。最后两个句子引用自Petersson(1973：130，我的翻译)。

41 就我所知的而言，Petersson(1973)是第一个强调哈格斯多姆后期理论混合性的人。

42 关于对此问题的详细讨论，参见 Petersson 1973：126—163 和 2011：59—66。也可参见 Mindus 2009：Ch. 3。

43 哈格斯多姆元伦理学研究的其他两个一般特征也值得我们注意。首先，哈格斯多姆认为，拥有“存在一个唯一的道德真理”的信念容易导致狂热主义（1987：47—48）。他似乎认为或希望，他对（一级）道德判断非真非假（以及二级道德判断一致为假）这个事实的揭露，能够促进一种人文主义的解放，因为这些揭露能促进我们对他人信念的宽容和对其他习俗的理解。因此具有讽刺意味的是，其反对者认为哈格斯多姆的理论有着引人拒斥的相对性，而这是对人文主义价值观的严重威胁。尽管如此，哈格斯多姆对他的元伦理学理论的解放效果抱有乐观态度，而这一点很可能也为其他二十世纪的非认知主义者和错误论者所分享（见 9.1 节）。其次，哈格斯多姆认为，他的观点的一个推论是，道德哲学家的任务是研究规范性和评价性判断的逻辑、概念、心理学、社会学和历史的各个方面。但是重要的是，规定人们应该如何行动并不是道德哲学家的任务，因为在这个领域内，没有可以被发现的真理（1987：48—50）。这种观点，与其对规范性伦理的轻视态度一道，因逻辑实证主义者和其他非认知主义者的研究而被人熟悉，并为许多二十世纪分析的道德哲学定下了基调。

44 Tegen 1944：37—38. 类似的是，哈格斯多姆在某个地方曾说，日常的评价性判断表明“好是一种非客观的客观属性”（1952：120，我的翻译）。

45 Tegen 1944：36.

46 Tegen 1944：38—39.

47 Tegen 1944：39.

48 Tegen 1944：44—45，48—49.

49 Tegen 1944：49.

50 参见，例如，Petersson 1973：56。

51 Hägerström 1952：35.

52 参见 3.2 节。

53 特根批评的对象是哈格斯多姆的早期理论。特根没有提到哈格斯多姆在一级道德判断和二级道德判断之间做的区分，也没有提到他的混合理论。

54 特根也批评了哈格斯多姆关于感受的概念。但是，我将暂且搁置这个批评，因为对我们的目标而言，这个批评不如我在正文中所讨论的那个批评那么值得注意。此外，有学者论证说，特根在这方面的批评是基于对哈格斯多姆理论的误解(Petersson 1973: 38—40)。

55 Tegen 1944: 50,特根加的强调。

56 Mackie(1946).特根和麦凯的观点之间的相似之处在彼得森的著作中(1973: 164)有所提及。

第四章
道德错误论的其他先驱

二十世纪早期,道德错误论在世界的不同区域传播。我们在前面的章节看到,瑞士哲学家阿克瑟尔·哈格斯多姆辩护了道德错误论的一个变种,并且这可能是对道德错误论的第一次辩护,而我们在当代的元伦理学讨论中熟知的这种道德错误论,第一次出现在爱因·特根的文章《价值理论中的基本问题》中。在这一章,我们将考虑一些其他的道德错误论的著名先驱,这些先驱的理论都早于麦凯在《伦理学:发明对与错》中对道德错误论的正式陈述和辩护。特别是,我们将看到伯特兰·罗素、路德维希·维特根斯坦和理查德·罗宾森在不同时间段均采用了与麦凯的理论相当类似的论证并为元伦理学理论做出了辩护。在同一时期,道德实在论的辩护者也开始认真对待道德错误论,并给出了反驳道德错误论的论证。

我们将看到,促使一些二十世纪早期和中期哲学家为道德错误论吸引的原因,是一个共同主题的不同变体,即一种对摩尔和罗斯的非自然主义理论中的本体论和认识论承诺的普遍不满。在 4.4 节中,我们将考虑麦凯自己在他的文章《一种对道德的反驳》(1946)中给出的对道德错误论的早期陈述和辩护,这些陈述和辩护在一些方面不同于他在
61 《伦理学:发明对与错》中做出的陈述和辩护。

4.1 罗 素

伯特兰·罗素在许多方面都可算是一个元伦理学的开拓者和叛变者。在二十世纪早期,他被摩尔《伦理学原理》(1903)中的观点说服,但是随后他开始认可一种情感主义。在观点的转变之间,他简要地阐释和捍卫了一种道德错误论。[1] 他在讲座《存在绝对的善吗?》中辩护了一种道德错误论,这个讲座于 1922 年举办,他生前并没有出版这个讲座的讲稿。[2] 罗素预见了麦凯的理论,他认为"伦理的判断要求客观性;但是在我看来,这个要求使这些判断均为假"。[3]

受到摩尔观点的启示,罗素重点关注谓词"好的"[4] 以及"好"[5] 这个属性。[6] 根据罗素的观点,当我们判断某个事物是好的时,我们判断这个事物具有一个属性,这个属性是所有好的事物所共有,而所有不好的事物都缺乏的。罗素认为这样的判断涉及了一个对客观性的要求,因为他同意摩尔的观点,即当我们判断什么事物是好的时,我们不仅仅是在报告我们对那个事物的正面态度。[7] 因此,我们意图赋予所有好的事物一个共同的、客观的——独立于心智的——属性,这个属性是所有不好的事物都缺乏的。

罗素坚持认为,当我们使用"好的"这个术语时,我们意图赋予的属性,即一种所有好的事物所共有的,并且也只有好的事物才有的属性,是不存在的。罗素对此给出了一个投射主义的解释,这个解释说明了我们如何开始错误地相信这样一种属性存在。我们判断为好的事物,是那些我们对其有正面的认可情感的事物。我们错误地将我们对这些事物的情感的相似性,当作对这些事物共有的,并且也只有这些事物才

有的一个客观特质的感知，然后我们称这个属性为“好”。[8] 这种关于我们如何以及为什么开始相信客观道德属性存在的投射主义观点，与我 62
们在第二章中认为休谟所持有的观点以及在第三章中看到的哈格斯多姆和特根的观点惊人地相似。

值得注意的是，罗素并没有明确地论证说，好的事物共有的，并且也只有好的事物才有的属性是非自然的以及简单的。在罗素那里并不存在明确的论证说明道德属性在形而上学上是古怪的。罗素反驳好的事物共有并且也只有好的事物才有的属性，诉诸的是一种理论简洁性。[9] 更精确地说，罗素主张这样一种属性在解释上是多余的，因为我们可以解释“这些事实”——比如，道德分歧的持续性以及在人们对好和坏的判断与他们去行动的动机之间的可靠联系——而不用假设存在一种我们意图用术语“好”挑出来的属性，以及一种相对应的，我们意图用术语“坏”挑出来的属性（这种属性是所有坏的事物共有并且也只有坏的事物才有的属性）。罗素得出结论说，“奥卡姆剃刀要求我们应该避免假设（这些属性）”。[10]

道德实在论者可以这样回应，即承认道德属性的解释力在罗素所说的那种意义上确实是多余的，但是，我们毕竟还是能够证成我们假设存在（实现出来了的）道德属性的做法，因为道德判断一致为假这个结论是如此违背直觉。[11] 这是一种针对道德属性的摩尔论证，我们将在本书后面回到这个论证中来。正如我们即将在第七章中看到的，罗素做出的一种休谟式的投射主义叙事，即他关于我们如何以及为什么会相信客观道德属性的概述，在某种程度上削弱了摩尔论证。

然而，要对客观的道德属性提出严重的怀疑，还需要进一步的论证。道德实在论者可能会质疑，为什么仅仅假设我们误把自己积极或消极的态度当作对客观道德属性的感知这样的理论，比如下理论更简洁，即我们持有的是对实体化的客观道德属性的感知，特别是当我们考
虑到某些道德判断似乎明显为真的时候。作为回应，道德实在论的批 63

评者需要指出一些有问题的特定道德属性的特征。换句话说,他们需要诉诸道德属性和事实的古怪性。

4.2 维特根斯坦

维特根斯坦的《伦理学讲座》创作于1929年或1930年,但直到1965年才出版。它包含了一些晦涩的论证和主张,但有趣的是,它也包含了一些与麦凯在1977年提出的古怪性论证在某种程度上具有相似性的论证。同样有趣的是,维特根斯坦最终主张的是这样一种理论,即道德判断皆是毫无意义的,而不是皆为假的。

维特根斯坦接受了摩尔把伦理学这个学科刻画为"对什么是好(善)的普遍探索"[12] 的做法。接着,维特根斯坦区分了对术语"好的"("善的")这个词的赋予式用法(attributive uses)和谓述式用法(predicative uses)。"好的"在类似于"幸福是好的"这样的句子中,是谓述式的用法;而在类似于"x是一把好椅子"或"x是一个好哲学家"这样的句子中,是赋予式用法。维特根斯坦将后者称为关于"好的"这个词的"相对意思"。说某个客体在相对意义的层面上是好的,仅仅是说它满足了"某个预先定下的标准"。[13] 维特根斯坦认为这样的陈述在哲学上是没有问题的。[14] 但是对"好的"这个词的赋予式用法,或相对用法,在道德话语中并不占据中心地位。维特根斯坦用一个故意打不好球的网球运动员的例子来说明这个论点。当有人向网球运动员指出他的表现不好而他回答说他不想打得更好时,根据维特根斯坦的观点,在
64 这种情况下,其他人就没有什么可说的了。一个相反的例子是,一个人说了一个荒谬的谎言并因此受到批评。维特根斯坦想象这个说谎者这样回答:

> "我知道我表现得不好,但我并不想表现得更好",[他的批评

者]会说"啊,那就没事了"吗?肯定不会;批评者会说,"你**应该**想要表现得更好"。在这里,你有一个绝对的价值判断,[而不是]一个相对的判断。(1965:5,维特根斯坦加的强调)。

这段话表明,维特根斯坦接受了我们将在第六章看到的"概念性主张",即道德事实蕴含了关于不可还原的规范性理由的事实,并且相应地,道德主张蕴含了关于不可还原的规范性理由的主张。[15] 只要维特根斯坦认为不可还原的规范性在形而上学上是古怪的,他的观点就与我们将在第六章讨论的麦凯的第四种古怪性论证相似。然而,正如我们将在本节看到的,当维特根斯坦解释为什么不存在并且也不可能存在道德事实时,他关注的是驱动性(motivation)而非规范性(normativity)。正如我们将在下一章中看到,当麦凯在讨论为什么道德事实是古怪的时,他倾向于在关于驱动性的问题和关于规范性的问题之间摇摆不定。

根据维特根斯坦的观点,关于绝对价值的判断不可能从非评价性判断或关于相对价值的判断中推衍出来。[16] 这一观点自然会让人联想到休谟法则,并且,当维特根斯坦想象一本包含了对世界的过去、现在和未来的全面描述的书时,与休谟观点的更多相似之处就显现出来了。这样一本书将不包含任何道德判断。举个例子,对谋杀的描述只会描述这个事件中涉及的生理和精神过程。这让人联想到休谟的主张,即当我们仔细思考一个蓄意谋杀的事例时,在所有能被我们的知觉和智识官能识别的方面,我们都找不到任何与"邪恶"一词相对应的东西。[17] 65

根据维特根斯坦的观点,不可能存在关于伦理学的书。[18] 我们在这里必须假设的是,当我们说维特根斯坦认为不可能存在关于伦理学的书时,我们指的是他认为不存在真正的、关于实质性的伦理学的书。这是因为,我们可能都会同意,有一些书是关于伦理学的,比如摩尔的《伦理学原理》,但它属于现在被我们称为"元伦理学"的分支。维特根斯坦相当戏剧性地说："如果一个人可以写一本关于伦理学的书，而这本书确实是关于伦理学的，那么，这本书将用爆炸的方式毁灭这个世界上其他所有的书。"[19] 这个主张是从维特根斯坦讲座的晦涩内容中整理出来的。为什么一本关于伦理学的书会有如此灾难性的影响？

让我们反过来问一下，为什么维特根斯坦认为他所想象的世界之书里可以包含对世界的全部描述，却唯独不包含关于伦理学的命题。有人可能会认为，这是由于维特根斯坦被某种关于伦理学的非认知主义所吸引，而根据这种非认知主义，不存在任何伦理学命题。但是，维特根斯坦的演讲中并没有太多证据表明这是他的理论根据。当维特根斯坦解释为什么不存在并且也不可能存在道德事实时，他是这样说的：

> **绝对的善**，如果它是一个可描述的事态，那么它将是一个这样的事态，即每个人，无论他的品味和倾向如何，都**必然**会引起它，而如果没有引起它，这个人**必然**会感到内疚。并且，我还想说，这样一种事态是一种幻想。任何一个事态就其自身而言，都不具备我会称之为"一个绝对判断的强制力"的力量。[20]（1965：7，维特根斯坦加的强调）

道德判断是"明喻"，因为它们表面上与那些涉及对"好的"（"善的"）、"正当的"等词的赋予式或相对用法的判断相似。[21] 正如我们看到的，维特根斯坦认为后面这种类型的判断是没有问题的。但当我们放下明喻，试图直接描述道德事实时，我们发现这是不可能完成的任务，因为"［道德］事实不存在"。[22] 维特根斯坦的结论是，"那些第一眼看起来像是明喻的东西（例如一个日常的道德判断），现在看来似乎不过是

66 无意义的胡话"。[23]

为什么他的结论是"道德判断是无意义的胡话"，而不是"道德判断

有意义，但为假”？对此的解释似乎是，当我们在使用道德语言时，我们试图“**超越**世界，也就是说要超越有意义的语言”。[24] 我们只能有意义地谈论世界上存在或可能存在的事物这个观点，自维特根斯坦的《逻辑哲学论》(1922)以来为人所熟悉，根据这个观点，我们通过言说句子所表达出来的思想就是事实的图景。因为既然不存在也不可能存在道德事实——也就是每个人，无论他的品味和倾向如何，都必然会引起它，或必然对没有引起它感到内疚，这样的事实不存在——那么也就不存在关于道德事实的图景，因此我们也就不能有意义地谈论这样的事实。这就是为什么维特根斯坦想象的世界之书里不会包含任何道德命题的原因。

最后值得注意的是，这是一个进一步的证据，它表明当维特根斯坦声称想象中的世界之书将不会包含任何伦理学命题时，他并没有潜在地依赖一个非认知主义的观点。因为，如果道德判断不是意图描述事实，而是表达非认知主义的状态，那么就很难看到在什么意义上我们试图用道德语言超越世界。在大喊“嘘！”或“万岁！”时，我们十分牢固地粘在这个世界之中。

因此，维特根斯坦的理论认为，日常道德语言包含了这样一个错误，即试图通过描述某个不存在也不可能存在于这个世界上的东西来超越这个世界。根据维特根斯坦的观点，这是在讨论一个毫无意义的东西。但是，需要注意的是，这个元伦理学理论与不存在也不可能存在道德事实这一主张共进退。关于这个论点，维特根斯坦在这个演讲中提出的唯一一个论证包含了如下前提：道德事实是这样一种事实，即每个人，无论他的品味和倾向如何，都会必然引起它，或必然被驱动去引起它，或至少必然对没有引起它感到内疚。正如我们将在对麦凯的驱动古怪性论证的讨论中看到的，维特根斯坦的这个论证能否与出现在日常道德思考和话语中的、对道德事实的日常感知相融贯，是高度可疑的。 67

4.3 罗宾森

理查德·罗宾森在1948年的一次关于情感主义(emotivism)的研讨会上阐述了一种道德错误论。罗宾森的主要关切是澄清我们所说的"伦理学的情感理论"应该是什么意思。他将情感意义(emotive meaning)定义为"一个词语表达和唤起感受,而非引发对客体的想法的能力"。[25] 很明显,罗宾森对伦理学的情感理论的看法与我们今天的看法不同。今天的情感主义通常被认为是与W. D. 罗斯的道德实在论以及麦凯的道德错误论相对立的观点。但罗宾森认为,伦理学的情感理论既与类似罗斯所持的理论兼容,也与类似麦凯所持的理论兼容。[26] 因为伦理学的情感理论必须告诉我们一些关于道德术语的描述性功能的东西,而描述性功能可能会赋予一种善或正当的非自然属性。在这一点上,对于情感理论的支持者来说,另一种可能性是说——就像几年后R. M. 黑尔所做的那样——道德术语的描述性功能,就是指涉这样一些(自然的)属性,这些属性是一个事物或一个行为被称赞的基础。[27]

事实上,罗宾森认为罗斯关于伦理术语的描述性功能的观点几乎是正确的。[28] 然而,不同于罗斯的观点,罗宾森认为非自然属性是不存在的,因此伦理术语的描述性功能使我们犯下了系统性的错误。[29] 如下见解,即对错误的归因(attribution of error)可能是伦理学情感理论的一个组成部分,是将罗宾森所阐述的情感主义与今天我们所知道的情感主义区分开来的另一个方面。正如我在1.2节中提及的,当代情感主义者和非认知主义者(表达主义者)通常否认道德思考和话语会使我们犯下系统性错误。[30]

根据罗宾森的情感理论,诸如"x是好的(善的)"这样的道德判断有两个功能。第一,它们发挥了**情感的**作用,它们表达了对x的支持态度,并邀请他人也分享这种对x的评价;第二,它们发挥了**描述的**作用,

68

它们将一个关于"好"("善")的非自然性质赋予 x。[31] 罗宾森指出,道德判断包含系统性错误这个观点并非没有先例。他提到了麦凯 1946 年的文章,并且强调了一个不太为人所知的事实,即罗斯捍卫了一种关于审美判断的观点,根据这种观点,审美判断包含系统性错误。罗斯认为,一个事物所具有的"美"的属性,是这个事物所具有的一个依赖于心智的属性,即这个事物有让感知到它的人产生美学享受的能力。然而,当我们判断"x 是美的"的时候,我们就赋予了 x 一种**独立于**心智的属性:

> 当(我们)说"美"时,我们并不**认为**这是一个(……)与心智相关的属性,而是认为它是某种完全存在于客体之中的、与心智毫无关联的东西。(……)我们错误地认为,那些美的东西在能引起我们的美学享受之外,还具有这样一种共同属性。[32] [Ross 2002 (1930): 128n,罗斯加的强调]

与罗斯同为直觉主义者的 E. F. 卡里特在批评艾耶尔的情感主义时也提出了类似的观点,只是这个观点显得更犹豫、更具试验性:

> 美学判断或断言,即"这些事物是美的",它们(……)通常**意味着**赋予事物一个独立于任何人想法和感受的特质。但是只要人们这样断言,我们就有理由认为他们之中也许没有一个人就他们所意味的事情而言是正确的。但是,无论这些否认美学判断真实性的理由(除了作为对感受的陈述)是否可靠,它们都不适用于道德判断。(1932: 132,卡里特加的强调)

同样,罗斯也没有将这类分析用于道德判断。然而,在他后期的著作中,他认为一种错误论式的分析是非自然主义道德实在论最合理的竞争者。[33] 然而,正如我们即将看到的,他很快就否定了这种理论。 69

罗宾森推测了一下如果他的理论被广泛接受可能会产生什么后果。人们对道德的关心会减少吗？罗宾森理论的倡导者是否必须拒绝所有价值观并停止做出道德判断？然而，罗宾森最终并不很担心这些问题。和休谟一样，他认为“一个人从客观主义的观点转变到主观主义的观点，这个转变对他的道德感受以及他的道德服从性的影响，似乎是非常轻微的”。[34] 他还对道德心理做出了乐观的推测：“当这样的影响发生时，似乎也总是会伴随那些被认为与同情和仁慈一致的道德感受的轻微加强。”[35]

罗宾森坚持认为他的分析是元伦理学的，不应该被“误认为那种蕴含了拒绝所有价值观的特殊评价”。[36] 他认为，对于这种分析的倡导者而言，不存在停止做出一切道德判断的命令。罗宾森关心的是如何促进道德感受，比如增加对讲真话和真诚的承诺。他认为，得益于道德的“实用力量”，即道德判断的情感功能，人们可以期望通过做出道德判断来达到这个目的。[37] 我们将在第九章回到类似的观点。

我们已经知道，罗宾森接受罗斯对道德判断的描述性功能的分析。但是，我们如何知道这种描述性功能使我们犯下错误？罗宾森说，在某种程度上，我们“并没有证据”证明非自然属性存在。[38] 这一点其实有些奇怪，因为他实际上考虑了两种存在这种属性的论证。第一种论证是他在罗斯和尤因的著作中发现的，这种论证是这样的：我们不能形成对诸如好（善）或义务这类不可分析的概念的观念，除非我们在经验中遇到过这类概念。[39] 既然我们有这些观念，那么我们意识到的这种关于
70 “好的”（“善的”）或“义务的”的不可分析的属性就一定存在。[40]

罗宾森对此的回应是，他认为这种论证“依赖于一种错误的经验主义”。[41] 在第二章中，我们看到休谟给出了一种关于这样的观念如何产生的解释：一种感到满意的感受被误认为是一种对某个客观道德特征的感知，“因为（满意的感受）不够汹涌和强烈，我们并不能以一种明晰的方式将它与我们对事物的感知区分开来”。[42] 罗宾森同时还接受了麦

凯的论点，即关于“存在非自然属性”的错误信念有助于道德判断更有效地改变人们的态度，从而影响他们的行为。如果我们不仅仅把道德判断视为报告或表达了说话者的态度，如果我们认为道德判断还报告了独立于心智的不可还原的规范性事实，那么道德判断将在上面提到的这个方面更加有效。这是因为，“客观性语言有更重大的权威性”。[43]这就是为什么我们的错误会持续以及为什么这种错误难以被发现的部分解释。

罗宾森考虑的第二种关于非自然属性的论证出现在罗斯对道德错误论的迅速否定中。罗斯考虑了这样一种可能性，即只存在支持的态度或不支持的态度，比如认可或不认可，并且在这些态度的基础上，我们错误地将非自然属性赋予了事物。[44] 他回应道，存在一些**值得**被认可的事物。他承认：

> 没有人可以**证明**它们确实值得，但是这样的话，除非存在这样一些真理，即除非有不用经过证明就可以被理解的事实存在，否则**没有**什么事情可以得到证明；并且，我们对“责任心或仁慈是好的”这一点的理解，就像我们对其他任何事情的理解一样，是完全确定、直接和自明的。（1939：262，罗斯加的强调）

我们可以把这种论证思路理解为一种摩尔论证（见第七章），即“责任心或仁慈是好的”这个命题比它的否定命题更加可信。我们用直觉**先验地**意识到这一点。然而，罗宾森将否认所有这类观点。对罗宾森而言，相信伦理学中的直觉主义是“令人反感的”。[45] 他并不反对基于感知的非推理（non-inferential）的信念和知识，或是基于逻辑规则和语言学定义的先验信念和知识。但是，他拒绝承认不基于前面提到的任何 71
一种事物之上的伦理直觉。在这一点上，非自然主义者可以通过诉诸同罪伙伴来回应。我们将在第六章中考虑这种论证。

罗宾森反对非自然属性的积极论证是什么？此处唯一的论证似乎是，罗宾森的情感理论在本体论上更简洁。[46] 如果我们可以解释为什么存在像道德思考和道德话语这样的事物，而无须诉诸非自然属性以及我们对这些属性的理解，那么我们就不需要假定非自然属性存在。也就是说，为了解释我们的道德思考和道德话语，我们唯一需要的只是人类认可或不认可的态度以及社会运行所需的协作行为，那么假定实体化的非自然属性就是多余的并且因此是不可信的。值得注意的是，罗宾森并没有指出非自然属性和事实中有任何独特的古怪特征。在这里，潜在的假设似乎是，因为这样的属性和事实与自然主义的本体论相冲突，并且因为它们在解释上是多余的，因此它们可以被奥卡姆剃刀剔除。正如我们即将在第五章中看到的，在各种不同领域里的错误论通常都是基于这种推理。

4.4 麦凯 1946 年的论证：源自相对主义的论证

麦凯以古怪性反对道德实在论的论证已经占据元伦理学论辩的中心超过三十年了。麦凯第一次讨论道德事实的古怪性是在他的文章《一种对道德的反驳》中，但是直到他的《伦理学：发明对与错》出版，关于古怪性的论辩才开始流行起来。麦凯在那篇文章里的主要论点与他书中的主要论点是一样的，即道德话语并不是荒谬的，但是，作为对感受和非认知态度的投射主义的结果——或如麦凯有时倾向于说的，作为“客观化”的结果——道德话语包含了不可信的本体论承诺，而这些不可信的本体论承诺使我们的道德判断一致有误。[47]

虽然麦凯主要的元伦理学论点并没有改变，但是他对源自古怪性的论证的地位确实改变了看法。在早期的文章中，他认为另一个论证，
72 即源自相对性的论证是“更可信的”，[48] 然而在书中，他将源自古怪性的

论证描述为“更重要”以及“自然更能被普遍应用”的。[49] 我们将在第五章和第六章仔细讨论源自古怪性的论证;此处将重点讨论源自相对性的论证。

我们所熟知的源自相对性的论证始于一个经验性的主张,即在时间、地理和社会上被隔开的人群之间,不同群体的道德观点有显著差异;并且在群体和社会内部,道德观点也有显著差异。有人可能会认为,道德实在论者可以质疑这个前提中已经存在的问题,并最终否认道德观点的显著差异具有任何重要性(无论这些差异到底意味着什么)。但是,我将搁置这一回答,因为反实在论者可以很容易地回应说,由于人类的生物学、心理学和社会条件——简而言之,人类的困境——是一致的,因此足以产生一些跨越文化和时代的统一的道德观点。在某些基本层面上重要而广泛的道德共识未必有利于道德实在论更甚于反实在论。[50]

论证的下一步是询问如何能更好地解释道德观点的差异。根据反实在论者的观点,对此最好的解释是,道德观点的差异是生活环境和行为文化模式差异的结果。正是这些差异解释了道德观点的差异,而不是相反。[51]

那么为什么实在论者不接受这个解释性的假设呢?反实在论的解释究竟为什么更好呢?根据麦凯的说法:“如果我们有一种道德官能,那么它一定是一种极其有缺陷的能力,它不仅像视觉一样容易产生暂时的幻觉,而且还会产生巨大而持久的错误。”[52]

但是,认为所谓的“道德官能”存在,是极其有问题的。正如麦凯在他后期的著作中指出的,我们无须把道德官能看作头脑中一个独立的器官,而只需把它当作一种思考和掌握某些必然真理,并从这些必然真理和相关的非道德真理中做出推论的能力。[53] 大多数哲学家都同意我们具备这些能力,并且同意这些能力有高度的易错性。几乎存在于所 73
有哲学分支中的深刻而普遍的分歧证明了它的易错性。既然道德理论是一门哲学学科，我们发现其中存在深刻而普遍的分歧也就不足为奇了。此外，由于日常道德观点是由前哲学的道德观点理论化而成，而这种前哲学的道德观点自然会受到生活环境和行为文化模式差异的高度影响，因此，在群体和社会内部发现显著的道德观点差异也就不足为奇了。也许道德真理也是存在的，就像哲学真理存在一样，只是它们很难获得。道德真理可能尤其难以获得，因为我们的道德思考容易受到来自文化或社会准则等方面的偏见的影响。

通过这种方式，道德实在论者可以解释为什么大多数人大多数时候关于道德事实的观点都是错误的。考虑到这些因素，反实在论是否处在解释道德观点差异的最佳位置，就不再是显而易见的了。麦凯认识到，道德实在论者可能会采取这种策略来回应源自相对性的论证。[54]在论辩的这个节点上，麦凯认为我们可以“合理地[……]受到所谓的道德事实‘古怪性’，也即它们与其他知识和信念对象之间的显著区别的影响”。[55]

涉及在认识论上证成道德信念时，道德观点之间的显著差异自然是一个挑战，但是对于道德实在论的本体论观点，即道德属性和事实存在这个观点来说，这似乎并不是一个不可逾越的挑战。[56]而本体论的观点，才是麦凯在他的文章以及他后期关于元伦理学的著作中主要驳斥的观点。源自相对性的论证自身似乎并没有在这一点上取得太多成
74 功。也许正是因为意识到了这一点，麦凯最终认为源自古怪性的论证是更为重要且更能被广泛应用的论证。

* * *

我们已经看到，道德错误论的先驱和早期支持者倾向于关注现象学和心理学问题，他们论证道，日常的道德判断以这样或那样的方式包含了对态度的投射。但是正如我们从第一章中看到的，道德投射主义虽然与道德错误论意气相投，却并不蕴含道德属性不存在，也不蕴含日

常道德思考和话语含有系统性错误。个体之间、群体之间和群体内部的道德判断差异也不能使这些结论成立。

道德错误论的一些先驱和早期支持者给出了一个粗略的论证：既然道德投射主义是正确的，那么关于道德判断问题的最佳解释就不需要道德属性和事实作为其组成部分，即我们如何以及为什么做出道德判断这个问题不需要用道德属性和事实来解释。因此，道德属性和事实可以被奥卡姆剃刀剔除。但是，如果我们难以证明由于道德属性和事实在本体论上是有问题的或是神秘的，因此认识它们需要付出很高的理论代价，那么，一种诉诸本体论最简性的论证就不会十分有力。因此，一个在早期道德错误论论证中缺失的部分，就是通过解释道德属性和事实以什么方式在形而上学上是神秘的，而不只是说它们在“解释道德判断”这个目的上是多余的，来直接攻击道德属性和事实的论证。这样一种论证还必须同时确立下面这一点，即日常道德思考和话语包含了对神秘属性的赋予以及对神秘事实的报告。麦凯的古怪性论证旨在满足这一要求。本书第二部分致力于对这些极具影响力的论点进行评论。 75

注　释

1 对罗素在不同时期所主张的元伦理学立场的阐释，以及对其观点转变的原因的一些推测，参见 Pigden 1999：8—23。

2 这个简短的讲座可以在 Pigden（1999）的文献中查阅。

3 Russell 1999：123. 罗素明确地将他对道德判断的分析与他著名的“当今的法国国王是个秃子”陈述进行了比较。参见 Russell（1905）。

4 或“善的”。——译注

5 或“善”。——译注

6 皮格登指出，罗素相当令人困惑地称属性为“谓词”（Pigden 1999：119）。

摩尔偶尔也在《伦理学原理》中这样做过。

7 Russell 1999：123.

8 同上。

9 罗素也指出，他论述的理论并不受制于摩尔在《伦理学原理》中提到的来自其对立观点的那些反对意见（Russell 1999：123）。然而，为了坚持他的理论并不受制于这些反对意见，罗素必须持有这样一种观点，即我们意图赋予所有好的事物并且仅仅赋予好的事物的属性是非自然的。否则，他的立场将受到摩尔的开放性问题论证的攻击。然而，开放性问题论证是不是一个强有力的论证，这是另一个问题。

10 Russell 1999：124. 参考 Pigden 1999：117。

11 参阅第五章。皮格登推测，罗素最终放弃错误论的一个原因可能是，他发现这个理论与他强烈坚持的道德和政治观点格格不入，这令他无法容忍（Pigden 1999：20）。

12 Wittgenstein 1965：4. 同时参见 Moore 1903：Ch. 1。

13 Wittgenstein 1965：5. 几乎在同一时间，W. D. 罗斯也同样区分了“好的”（“善的”）这个词的赋予式用法与谓述式用法［Ross 2002（1930）：65—68］。不同于维特根斯坦，罗斯当然认为那些包含了对“好的”这个词的谓述式用法的判断是完全有意义的，并且有时是正确的。P. T. 吉齐有一个著名的论断，即“好的”的谓述式用法是不合法的，或者是没有意义的。正如我们即将看到的，维特根斯坦认可的对“好的”这个词的谓述式用法，在吉齐看来似乎是某些哲学家（那些被吉齐称为“客观主义者”的哲学家）的发明。维特根斯坦似乎认为“好的”的谓述式用法在日常道德话语中占据中心地位（参见 Geach 1956：35—36；Wittgenstein 1965：5—6）。

14 Wittgenstein 1965：5.

15 “不可还原的规范性”这个概念将在第六章中得到详细探讨。

16 Wittgenstein 1965：5. 事实上，维特根斯坦似乎认为关于相对价值的判断并不是真正的评价性判断（1965：5—6）。

17 “考虑任意一个被认为是邪恶的行为，例如‘蓄意谋杀’。从各个角度审视它，然后看看你是否能发现任何被你称为‘**邪恶**’的事实或是任何相关的真实存在。无论你以何种方式审视它，你都只会发现某种激情、动机、意志和思想。在这里不存在任何的事实。只要你只考虑事物本身，邪恶就将完全从你手中逃脱。”（T 3. 1. 1. 26；SBN 468）

18 Wittgenstein 1965：7.

19 同上。

20 参照麦凯的说法："一个客观的'好'会被那些已经具备它的人追求，这不是因为任何偶然的事实，即这个人或每个人的构成决定了他欲求这个目的，而仅仅是因为这个目的有某种嵌在其中的'必须去追求'的属性。"(1977：40)同样的论点还可参考3.2节对哈格斯多姆的讨论。

21 Wittgenstein 1965：8.

22 Wittgenstein 1965：10.

23 同上。维特根斯坦认为，这样的观点也适用于宗教话语(1965：9—12)。

24 Wittgenstein 1965：11(维特根斯坦加的强调)。

25 Robinson 1948：79.

26 Robinson 1948：84，86.

27 Hare(1952)，参考 Robinson 1948：91。

28 Robinson 1948：83—84.

29 Robinson 1948：84.

30 我们将在第七章中简要地回到这个论点上来。参考第三章中对哈格斯多姆后期元伦理学观点的讨论。

31 Robinson 1948：94. 值得注意的是，A. C. 尤因在他后期关于元伦理学的著作中，为一种混合的观点做了辩护，根据这种观点，道德判断表达了非认知态度，并将"值得"或"证成"这样的非自然属性归因于非认知态度。罗宾森经常提到尤因的作品，但在1948年，尤因还没有发表他称之为"伦理学的折中方案"的"二次思考"。参见 Ewing(1953，1959)。与罗宾森不同的是，尤因并不认为道德判断涉及系统性错误。参见 Olson and Timmons(2011)对尤因观点的讨论。在这里，我们论证了尤因的"折中方案"观点很难避免对错误论的认可。

32 参照第二章中我们认为休谟所持的那种对道德判断的分析。

33 Ross 1939：261. 罗斯在这里用来表示主观主义的术语是"相对的观点"。

34 Robinson 1948：98. 参考2.2节对休谟的讨论。

35 Robinson 1948：98.

36 Robinson 1948：93.

37 Robinson 1948：89—90，93，98.

38 Robinson 1948：96.

39 Ross 2002（1930）：82；Ewing 1944：135.

40 然而值得注意的是，我们需要加上额外的前提才能得出这个结论，即这些属性是不可分析且**非自然的**。

41 Robinson 1948：100.

42 EMPL 165，参见 2.2 节。

43 Robinson 1948：102；Mackie 1946：82. 参考 3.2 节中对哈格斯多姆的讨论。我们将在接下来的 4.4 节以及第六章、第七章中回到这个论点。

44 Ross 1939：261. 因此罗斯描绘的是一种投射性错误。

45 Robinson 1948：103.

46 同上。

47 Mackie 1946：90.

48 Mackie 1946：78.

49 Mackie 1977：38.

50 用麦凯的话说就是，“也许有一些感受对于一个人而言是如此自然，以至于这些感受随处可见”（1946：78）。

51 Mackie 1977：36.

52 Mackie 1946：78.

53 Mackie 1980：147；参见 5.2 节。

54 Mackie 1946：85—86.

55 Mackie 1946：86.

56 值得注意的是，实质性的道德分歧不需要损坏“存在道德属性和事实”这个信念的认知正当性。人们可能普遍同意道德属性和事实是存在的。实质性的道德分歧可能会损坏的是一阶道德信念的认知正当性。可以肯定的是，对于元伦理学中关于道德分歧的问题，我们还有很多话可说。对于一种不同于麦凯，但同样源自道德分歧的论证的详细论述，见 Schiffer（1990：608—609）。Tersman（2006）近期用整整一本书的长度，基于道德分歧现象来挑战道德实在论和认知主义。关于近期针对这些挑战而对非自然主义的道德实在论所做的辩护，见 Enoch（2011：Ch. 7）。

第二部分

批　判

第五章

如何理解麦凯源自古怪性的论证(一)

尽管源自古怪性的论证为人所熟知,但是人们并不总能充分理解它,并且时常因为一些不充足的理由而舍弃它。部分原因无疑是麦凯自己的表述不够清晰,而这些表述被压缩在不足四页的篇幅内。我在本章及第六章的目的是澄清如何最好地理解源自古怪性的论证,并公正地评估其优缺点。这样做不仅仅是为了给出一些注解。同时也是要在**源自古怪性的论证**和**古怪性论证**之间做出区分。

总共存在四种不同的古怪性论证,分别着重于随附性(supervenience)、知识论(knowledge)、驱动性(motivation)和不可还原的规范性(irreducible normativity)四个方面。[1] 本章将处理前三种论证。我认为,这三种论证最终都是不成功的,因此本章的结论都是否定性的。第四种关于不可还原的规范性的古怪性论证更为有力,这个论证是第六章的主题。

在区分古怪性论证和源自古怪性的论证的过程中,我会讨论为什么关于所谓的道德属性与事实的问题是值得担心的。但是,首要问题是**谁**需要担心道德属性与事实的问题。也就是说,本章的首要任务是厘清源自古怪性的论证的目标所在。这最终将帮助我们解释为什么现
79 存的那些众所周知的回应是不够的。

麦凯的驳斥目标

麦凯认为像理查德·普莱斯、G. E. 摩尔和 W. D. 罗斯那样的直觉主义的非自然主义者关于日常道德对话的语义学看法本质上是正确的,但是这些看法在形而上学以及认识论上的承诺是不可信的。根据麦凯的观点:

> 摩尔说"善的"是一个非自然属性的名称,这太言过其实了。但是,以下说法并不是太有问题:在道德语境中,"善的"似乎能被当作一个所谓的非自然属性的名称,这样,"非自然的"这个描述就能给这种属性所特有的一种评估性的、规定性的、本质上指导行动的方面留下空间。[2](1977:32)

关于非自然属性的讨论是哲学家对于日常道德对话的重构。[3] 麦凯认为非认知主义者和自然主义者的分析在许多方面都没能成功地重构日常道德对话。麦凯反对非认知主义者和自然主义者的观点,他主张"日常道德语言的使用者在言说那些被他们刻画为道德的东西时,并不是在表达他们或其他人的态度或同它的关系"。[4]

不用说,麦凯的这个断言做得太过仓促以至于无法成为对非认知主义的严肃质疑。但是麦凯简短的讨论依旧使人想起一个古老但最近又流行起来的,用于驳斥非认知主义的论证。这个论证主要关注这一点:非认知主义不能恰当解释日常说话者如何使用或意图如何使用道德术语。[5] 其大概的想法是,当日常说话者使用道德词汇时,他们的意图

是做出道德断言,即将道德属性赋予物体或个体。如果这一点是正确的,那么如下想法就是合理的:日常说话者相信这就是他们正在做的事情。但是,如果非认知主义是正确的,那么事实上这**并不是**日常语言使用者在使用道德术语时所做的事情:相反,在做出道德判断时,他们仅仅或主要是在表达诸如欲求、规定、计划等非认知态度。[6] 基于此的一个推论是,非认知主义者认为日常语言使用者关于当他们做道德判断时 80
他们是在做什么的信念有系统性错误。因此,非认知主义承认一种我们在第三章中归于哈格斯多姆的温和的道德错误论。在第三章中我们看到,与哈格斯多姆观点相反的特根辩护了一种更简洁的观点,即道德判断是一些直接的断言,这些断言建立在关于道德属性和事实的一些错误信念之上。

主张日常语言使用者在使用道德术语时,对于他们在表达什么精神状态或是在践行什么言语行动的认识有系统性错误,这个观点有些牵强。这显然比更简洁的特根的观点(即日常说话者在关于是否存在独立于心智的道德事实和属性的问题上有系统性错误)更为牵强。[7] 正如麦凯在1946年的一篇文章中所注意到的:"许多对'嘘-万岁'理论("boo-hurray" theory)的驳斥被提出,这些驳斥都依赖并阐释了如下事实,即当我们说'正当'和当我们说'哎哟'时,我们在践行两种不同种类的行动。"[8]

不同于自然主义,麦凯认为,道德语言的日常使用者意图使他们说出的话能"包含一个采取或避免某行动的要求,这个要求是绝对的,它不依赖于说话者自己或其他人的欲求、偏好、策略或选择"。[9] 正如麦凯 81
提及的,自然主义的分析遗漏了"道德要求所具有的绝对性特质"。[10]

再次,麦凯的主张远远不是一个决定性的批评,但是这些主张确实能使人联想到许多在当代论辩中相当常见的对自然主义的抱怨。这些抱怨时常被贴上"规范性驳斥"的标签。[11] 一种常见的,对于那些将正当与不正当还原到上帝意志的神圣命令理论的批评,阐释了这一点。假设我们被告知，一个行动是正当的意味着这个行动被上帝所意愿。如果上帝是善的，那么他意愿的任何事物都是善的或正当的。但是，理查德·普莱斯和其他一些英国伦理学家在十八世纪就论证道，这种观点预设了上帝意志的对象本身已经是善的或正当的了。[12] 如果我们仅仅被告知某个行动被上帝所意愿，那么我们并没有被告知任何具有规范性的事情。需要将如下主张补充进来：因为上帝是善的，所以上帝所意愿的事物也是善的或正当的。因此，将正当与不正当还原到上帝意志，这样的做法遗漏了规范性的一个重要元素。

一些与上述论证非常相似的论证也能用来攻击当代元伦理学中的自然主义。一些版本的自然主义将道德属性还原到自然属性。比如，善可能被还原到我们欲求的欲望；[13] 以及，正当可能被还原到一个我们完全理性的自我会欲求当下的自我去做的行动，[14] 或是被还原到某个被“成熟的世俗道德”中的“正当”一词挑出来的那些复杂的可分离属性。[15] 但是对于其他版本的自然主义而言，道德属性是功能性的，这些功能性的属性可以被等同于那些“与人类有机体的维持和繁荣相关”的属性。[16] 根据后面这种观点，不同的自然属性可能可以将功能性的属性实现出来；并且，如果不存在可分离的属性，道德属性就不能被还原为自然属性；然而，这种观点保证了道德属性的每一个实例都是自然属性
82 的一个实例。这就是为什么这种观点有时被称为非还原的自然主义。

现在，针对自然主义的规范性驳斥主张，自然主义遗漏了道德事实中不可还原的规范性。我们不可能知晓任何事物具有规范性，除非我们能知晓我们欲求的欲望是**善**的，或知晓我们完全理性的自我欲求当下的自我去做的某个行动是**正当**的，或知晓被成熟的世俗道德中的“正当”一词挑出来的某个复杂的可分离属性事实上也为所有正当的行为，并且仅为**正当**的行为所具有。正如我们都知道的，我们的二阶欲求以及完全理性的自我的欲求可能是病态的，成熟的世俗道德也可能是完全或部分地不明智的。[17] 同样，“一些与人类有机体的维持和繁荣相关

的属性"也只是一个事实而已,它并不是规范性的。此处需要补充的是能够促进人类有机体维持和繁荣的不可还原的规范性理由。一个不可还原的规范性理由是那些能支持某些行为的事实,在此事实中,支持性关系是不可还原的。我们将在第六章中进一步讨论这个观点。

道德自然主义的批评者们很清楚这些简要的论点并不足以说服他们的对手。道德自然主义者可能会回应说,他们是在**解释**规范性是什么,而不是在通过解释**消除**规范性。我在此处提及这个陷入僵局的争议,重点并不是要消除争议,而是要厘清源自古怪性的论证针对的目标:那些持道德实在论立场,主张直觉主义的非自然主义的一派,比如普莱斯、摩尔和罗斯。更重要的一点是,道德自然主义并非源自古怪性的论证针对的目标之一。麦凯明确表示自然主义是有问题的,但是正如我们在这一节中看到的,他并没有用源自古怪性的论证来说明自然主义的问题。麦凯在 1977 年的著作中已经提出了源自古怪性的论证。在这部著作的论证框架中,他已经舍弃了自然主义和非认知主义。直觉主义的非认知主义是唯一留下的对立观点,这个观点同时遭到来自形而上学与来自认识论的攻击。我们需要记住的是,这个论证的结构有利于我们评估现有的对源自古怪性的论证的回应。我们将在 5.1 节中简要讨论一种流行的自然主义回应时看到,自然主义者对麦凯关于实在论者忠于一种古怪的随附性关系的论证的回应。 83

现在,我们清楚地知晓了麦凯驳斥的对象,我们可以开始介绍源自古怪性的论证与古怪性论证的区别了。

源自古怪性的论证与古怪性论证

在论证了道德属性和事实在许多方面都挺古怪之后,麦凯接着写道:

> 这些讨论表明,最终更少自相矛盾的做法是放弃而不是保留

> 我们对价值客观性的常识性信念，**鉴于**我们可以解释这种信念(**如果**它们确实是错误的)是如何被建立起来并能抵御批评意见的。(1977：42，我加的强调)

最终“更少自相矛盾”的做法是放弃而不是保留对道德属性和事实的常识性信念，因为一种否认道德属性和事实存在的元伦理学理论在本体论和/或认识论上比那些承认道德属性和事实存在的元伦理学理论更简洁、更不神秘。前者更简洁、更不神秘，是因为它承认的古怪属性和事实较少。这是从源自古怪性的论证中得出的结论。因此，在一种更简洁、更不神秘的理论中，道德属性和事实均不存在。鉴于道德判断的意图是指涉道德属性和事实，因此道德判断都是错误的。

因此，源自古怪性的论证包含了两个步骤。第一个步骤是识别出道德属性和事实是古怪的，因而在本体论上是可疑的。这是古怪性论证的目的。古怪性论证有四种，我将在本章和下一章中仔细讨论。道德非自然主义可以在许多方面试图驳回古怪性论证的攻击。第一种驳回古怪性论证的方法是否认道德属性和事实具有古怪性论证宣称的那种古怪特质。我们将在5.3节看到，这个回应能有效驳回第三种古怪性论证的攻击。第二种驳回古怪性论证的方法是诉诸同罪伙伴(companions in guilt)，比如主张还存在其他属性和事实，它们与道德属性和事实共享了所谓的古怪特质，因此古怪性论证过于普遍化了。我们将在5.1节和5.2节看到，这种回应能有力驳回第一种和第二种古怪性论证。在6.3节和第八章，我们将考虑这种回应能否驳回第四种古
84 怪性论证。第三种驳回古怪性论证的方法是诉诸某种摩尔论证，根据摩尔论证，我们对我们所持有的道德信念的信心大于我们对古怪性论证前提的信心。我们将在第七章讨论这种回应。

源自古怪性的论证的第二个步骤，是解释为什么我们的道德实践和信念并不能支持道德属性和事实存在的假定。在此处，道德投射主

义(正如我们在第一部分中讨论的)与道德错误论相一致,因为道德投射主义能从现象学和心理学的角度解释下述事实,即我们为什么倾向于在思考和言说时承认道德事实和属性存在,即使事实上它们并不存在。在第七章中,我们将讨论关于这种思考和言说方式如何被建立起来的揭穿性解释。

现在,让我们讨论一下当我们说道德属性和事实是古怪的时,我们可能意味着什么。当麦凯第一次讨论道德事实的古怪性时,他说:

> (道德怀疑论者)的一个主要论证是道德事实是"古怪的",因为它不同于其他事实,无法被物质的排列,被对于感觉资料的逻辑建构或被任何一种得到某个理论家认可的真实事物的一般形式解释。(1946:78)

我们可以把这个观点当作某些道德怀疑论者的观点,在麦凯看来,这些怀疑论者"常常出于科学和归纳的思维方式,不怎么像其他人那样专注于听从直觉之光或理性的权威"。[18] 根据这种观点,道德属性和事实在如下意义上从根本上不同于自然世界中的一切其他事物,即那些自然主义者所认为的真实事物的普遍形式无法彻底解释或建构道德属性和事实。正是在这个意义上,道德属性和事实是一种附加物,一种对基于科学的自然主义世界观在本体论上具有基础性地位的附加物。[19] 这样一种世界观的主张是,目前的自然科学能提供一种最精确的指导,告诉我们这个世界上什么东西是存在的。作为对于这样一种世界观在本体论上具有基础性地位的附加物,道德属性和事实确实显得古怪。 85

这一点意味着源自古怪性的论证预设了一种自然主义的本体论。无疑,麦凯和其他错误论者(不仅仅是道德错误论者)为自然主义的本体论所吸引。[20] 但是,源自古怪性的论证和自然主义的本体论之间不存在必然联系。即使是那些不倾向于支持自然主义的本体论[这种本体论能容纳诸如笛卡尔的灵魂、莱布尼茨的单子、不可还原的感质(qualia),或存在于时空之外的抽象实体]的哲学家也可能出于下列原因而认为道德属性和事实是古怪的：或由于它们随附于其他属性和事实的方式,或由于我们认识它们的独特方式,或由于它们所具有的驱动性,或由于它们所具有的不可还原的规范性。[21] 简而言之,认识到麦凯的源自古怪性的论证是可信的或有吸引力的,并不需要我们持有本体论上的自然主义。[22]

有时当哲学家判定某事物太过古怪或神秘时,他们想说的是,跟所有其他事物相比,这个事物是不可解释的。但并不是所有不可解释的事物都是在引人困惑的意义上是古怪的。在最基本的层面上,诸如关系、法则等实体都可能是不可解释并依赖于相关理论框架的,这些事物并不会引人困惑。定义古怪性或说清古怪性究竟是什么是很困难的。我们需要做的,是考虑一些具体的包含所谓古怪性特质的事例,以及评
86 估它们是否足够古怪以激起我们拒斥包含这些特质的实体。我们将在第五章和第六章讨论的古怪性论证,就试图识别在道德属性和事实中究竟什么是古怪的。

一些哲学家好奇为什么人们需要担心那些具有古怪性特质的道德事实和属性。毕竟,有许多事物在我们看来都在这个方面或那个方面是古怪的。正如马克·普拉茨提到的,这些事物中就包括中微子、土豚和印象派画作。[23] 但是没人认为,因为这些事物是古怪的,它们在本体论上就是可疑的或根本不存在。在此基础上,普拉茨对所谓的“纯粹的古怪性”论证给出了一个草率的驳斥。[24]

下面这一点阐释了为什么普拉茨的驳斥有些草率：源自古怪性的论证有双重结构,它包含了至少一个古怪性论证和一个对道德信念的揭穿性解释。对我们而言,中微子、土豚和印象派画作初看起来是古怪的,但当我们仔细思考它们是如何融入事物的自然秩序中时,我们不太可能继续将它们视为古怪的。通过仔细思考,我们会认识到,它们实际

上是对我们的一些观察和信念的最佳解释的一部分。在这一点上,它们在本体论上不再是可疑的,即使我们可能仍然觉得它们在某些其他意义上是古怪的。比如,它们可能显得完全不同于我们遇到的其他事物。对于我们有关中微子、土豚和印象派画作的信念,错误论者不可能主张,对这些信念的揭穿性解释比那些蕴含或预设了这些实体存在的解释更可信。相对的,道德属性和事实不能以这种方式融入事物的自然秩序中,它们也不是对我们的观察和信念的最佳解释的一部分。道德属性和事实在形而上学上是古怪的,在解释上也是冗余的。

道德非自然主义者认同道德属性和事实不是因果秩序的一部分,尤其认同道德属性和事实并不出现在对我们信念的最佳解释之中。[25]但是道德非自然主义者可能还是不认为道德信念和事实有任何古怪之处。他们可能以摩尔论证为基础,主张道德属性和事实是存在的,或者至少主张相反的观点更不可信。此时,错误论者可以通过援引奥卡姆 87
剃刀和诉诸最简考量来回应。我们将在第七章中回到这些讨论。现在,让我们考察第一种古怪性论证。

5.1　第一种古怪性论证:随附性

大多数元伦理学家都认可道德随附于自然之上。然而可惜的是,并不存在一个毫无争议的定义去说明"一个属性是自然的"这一点究竟意味着什么。正如前一节所表明的,我们可以泛泛地说哲学上的自然主义者是那些持有下列主张的人:现存的自然科学能够提供世界上存在什么的最佳图景,并且我们不能在此图景中附加任何在本体论上具有基础性地位的事物。如果一个自然主义者想要容纳道德事实和属性,那么她必须主张,道德事实和属性并不是对这样一种世界观而言,在本体论上具有基础性地位的附加物。如果她允许超自然或非自然的属性和事实存在,那她就是允许这样的附加物存在;因此,自然主义者是无法容忍这些属性和事实存在的。因此我们可以说,一个属性是自然的,意味着这个属性能"融入以科学为基础的自然主义世界观",[26] 比如,如果一个属性不是对此世界观而言在本体论上具有基础性地位的附加物,那么这个属性就是自然的。[27] 我承认上面这种描述是模糊的,但我认为它是有用的,因为它多少能使我们明白我们讨论的是什么,以及作为元伦理学争论中一个被广泛接受的起始点,它并没有用乞题
88 (beg the question)的方式来反对非自然主义或其他形式的实在论。

同样重要的是,我们不能用乞题的方式来反对超自然的观点。根据超自然的观点,道德属性随附于超自然属性(例如全能、全善创造者的命令)之上。为简便起见,如果我们说一个自然 * 属性要么是自然的要么是超自然的,那么我们就可以说(不需要使用乞题的方式),最终所有阵营的元伦理学家都接受道德随附于自然 * 之上。[28] 但是,如何解释随附性关系依然是有争议的。麦凯有一个著名的论证是这样的:非自然主义者在解释随附性上有困难,为了能成功地解释随附性,他们必须假定一种在形而上学上十分古怪的关系。为了评估这些观点,我们先来考察一个关于道德随附性的非自然主义解释。

首先,下面这个观点可以是一个必然为真的观点:任何一个具有道德属性(比如不正当性)的事物最终都是**凭借**或**因为**一些自然 * 属性(比如"作为一个谎言"的属性或"施加痛苦"的属性)而具有道德属性的。其次,下面这个观点也可以是一个必然为真的观点:任何两个在自然 * 方面完全相同的事物,在道德方面也完全相同。值得注意的是,为了不使后面这个主张显得琐碎而无意义,我们需要将数字的属性排除在自然 * 属性的集合之外。[29] 还需要注意的是,一个事物的自然 * 属性包括了那个事物的内在的(intrinsic)和关系的(relational)属性。这给了我们下述两个随附性命题:

(S_1) 必然地,对于任何一个事物 x 而言,它具有一个道德属性 M

意味着 x 由于具有一些自然＊属性而能具有 M。

(S_2) 必然地,对于任意两个不同的事物 x 和 y 而言,如果 x 和 y 在自然＊方面完全相同,那么 x 和 y 也在道德方面完全相同。

我们可以将 S_1 和 S_2 中的必然性视为**概念上的**必然性。我们可以设想一个人违背 S_1 和 S_2 中的一个或是全部,比如我们可以设想她宣称一些行动是不正当的,她这么做不是凭借或因为她认为这些行动具有一些自然＊属性,而仅仅是因为这些行动本身就是不正当的。我们还可以设想一个人宣称两个行动在自然＊方面完全相同,但是其中一个行动是不正当的而另一个不是。但我认为听者会对这些主张感到非常困惑,并且会判定说话者错误地使用了道德术语。这一点可以作为下述观点的证据,即上面这些主张体现了说话者没有理解道德概念(比如 89
不正当性)以及 S_1 和 S_2 是概念上的真理。[30]

然而,我们此处的目标并不是要为 S_1、S_2 或是对它们所具有的概念必然性辩护。我们在此处需要注意的是,只要 S_1 和 S_2 具有概念必然性,非自然主义者就能毫无困难地**解释**这一点。[31] 正如其他的概念必然性一样,对于道德术语而言,是我们对这些术语含义的理解使我们认可 S_1 和 S_2。并且,非自然主义者可以用那些藐视这些论题(即未能充分理解道德概念)的人对这些命题的自然反应,来解释 S_1 和 S_2 的概念必然性。这是因为,说某行为具有某个道德属性,就是说这个行为被道德所要求、禁止、允许等等,并且只有在其自然＊属性的基础上,某个行为才能被道德所要求、禁止、允许。[32] 当我们仔细思考道德属性的本质时,我们能认识到这一点;正如当我们仔细思考"作为一个长方形"这个属性的本质时,我们能认识到长方形具有的角不多于也不少于四个。

当我们将重心从概念转移到属性然后仔细审查 S_1 和 S_2 的本体论含义时,我们会看到,非自然主义者面临的问题也许更严重。设想一个同时也是享乐功利主义者的非自然主义实在论者,比如某个相信如下理论的人：当且仅当一个行动能最大化福祉时，这个行动才是正当的。
90 麦凯这样的批评者会要求这个人**解释**为何“最大化福祉”这个属性与“正当性”这个属性之间必然存在协变性(covariance)。作为回应，这位享乐功利主义者可以诉诸她的基本道德原则，即正当性和最大化福祉之间存在一种不对称的依赖关系，并且正当性在某种意义上必然依赖于福祉最大化：必然地，“最大化福祉”这个属性具有一个额外的属性，即一个“**使**行动在道德上是正当的”的属性。[33] 然而更重要的是，这里的必然性并不是概念上的，因为如果它是概念上的，那么上面这种非自然主义就将等同于某种版本的道德自然主义了。这里的必然性属于某种非概念上的必然性。让我们称此必然性为“**规范的必然性**”(normative necessity)。[34] 除此之外，我们的非自然主义享乐功利主义者还会说，进一步的解释是不可能被给出的。

现在，我们的非自然主义享乐功利主义者宣称，一个行动是正当的，这是凭借或因为它能最大化福祉；作为回应，麦凯给出了一个著名的诘问：“究竟**世界上的什么东西**使这个‘因为’有意义？”[35] 非自然主义享乐功利主义者给出的答案是，正如我们已经知道的，这是因为，在一个行动的正当性与这个行动的“最大化福祉”这个属性之间，存在一种具有规范的必然性的不对称依赖关系；“最大化福祉”这个属性必然地使这个行动成为正当的。麦凯显然认为这样一种关系在形而上学上是古怪的。但是，究竟为什么这种关系在形而上学上是古怪的呢？他并没在《伦理学：发明对与错》中阐明原因。麦凯在《有神论的奇迹》(1982)中指出，非自然主义者认为在不同属性间存在着一种他称之为“必然的综合联系”(他也称之为规范的必然性)的东西。他对此得出的结论是，“这里有某个需要被解释的东西”，[36] 并且他还考虑了有神论的假设是否可以提供这样一种解释。[37]

我们将会转回来讨论非自然主义者认为存在于自然＊属性和道德属性之间的这种所谓的最基本联系，但是现在让我们先来证实一下关

于规范的必然性关系很古怪这个担忧。 91

休谟格言

我们已经知道根据道德非自然主义,规范的必然性存在于不同的属性中。这意味着,根据享乐功利主义,在“最大化福祉”这个属性和“正当性”这个属性之间存在一种必然的共享外延的关系。一些非自然主义者对“使成为正当的”(right-making)这个属性持有多元论观点,他们承认下面这种观点,即一个可能高度复杂的、可分离的自然*属性必然与正当性这个属性共享外延。

然而,根据一种对属性同一性(property identity)的普遍观点——这个论题的一个实例就是“休谟格言”——不同的属性间不可能存在一种必然的共享外延的关系;这种关系是古怪的。如果两个属性在不同的可能世界中都必然地共享外延,那便意味着这两个属性是同一个属性。[38] 我们可以这样表述第一种古怪性论证:

(P_1) 道德属性和自然*属性是不同的属性。

(P_2) 道德属性必然随附于自然*属性之上。

(P_3) 存在于不同属性间的共享外延的关系是古怪的。

(C_1) 因此,存在于道德和自然*属性间的随附性关系是古怪的。

(P_4) 如果存在于道德和自然*属性间的随附性关系是古怪的,那么道德属性也是古怪的。

(C_2) 因此,道德属性是古怪的。

现在我们来评估一下这个论证。正如我们已经知道的,麦凯驳斥的目标支持了(P_1),而(P_2)也得到学者的普遍支持。(P_4)似乎是一个合理的前提,但我们也可能拒绝这个前提并因而阻止结论(C_1)。不过,
(P_1)—(P_3)得出的中间结论(C_1)对于道德上的非自然主义者来说已 92

经够麻烦的了。因此关键的前提是（P_3）。然而需要注意的是，这意味着这个论证的普遍化可以超出道德和规范之外。休谟格言在非常广泛的意义上质疑了不同属性间存在必然的共享外延，因此这个论证就不能展现道德属性独特的古怪性。这一点很重要，因为休谟格言远非没有争议。我们尚不清楚是否存在能支持休谟格言的有力论证。[39] 一些哲学家认为休谟格言从直觉上看是可信的，然而并不是所有人都分享这个直觉。让我们来考虑一个用来反驳休谟格言的例子。

休谟格言的一个推论是，一些“不可能存在的属性”（比如那些必然缺乏外延的属性）将会是同一个属性。比如，“作为一个圆的方形”这个属性和“作为比 2 大的偶数素数”就是同一个属性。而这与我们的直觉似乎是相反的。

一个休谟格言的标准反例是这样的：思考一下“作为等角三角形”和“作为等边三角形”这两个属性。为了支持“存在不同的但必然共享外延的属性”这个直觉，我们可以遵照埃利奥特·索贝尔的思路：想象一个只能探测等角三角形的机器；这个机器被设计为，当它遇到上述特征（即等角三角形）时，它会发出一个讯号。[40] 这样一个机器也会在遇到等边三角形时发出讯号，但是由于在我们的设想中，这个机器被设计为只对等角三角形有反应，所以我们直觉上会认为，使这个机器发出信号的诱因是“作为等角三角形”这个属性，而不是“作为等边三角形”这个属性。[41] 这样的反例是否有说服力是有争议的。但是如果这些反例确实有说服力，那么非自然主义者就可以用一种同罪伙伴策略来回应麦凯的论证。[42]

存在许多其他的休谟格言的反例。比如，让我们来考察“作为数字 2”和“作为 4 的正平方根”这两个属性。[43] 它们可能被当作不同的属性，
93 因为后者是一个复杂的属性，而前者是一个简单的属性。但是，休谟格言的支持者将会这样回应：复杂性存在于“作为 4 的正平方根”这个谓词之中，而属性的复杂性不能从谓词的复杂性中推导出来。[44] 然而，一

个符合直觉的说法是,“作为数字 2”和“作为 4 的正平方根”这两个属性并不等同。“作为 4 的正平方根”这个属性是数字 2 的一个**有意义的**属性,但是“作为数字 2”这个属性就不是数字 2 的一个有意义的属性。相似的是,考虑一下“作为休谟格言”和“一个在关于不同属性间是否存在必然共享外延关系这个问题上,给出了正确答案的格言”这两个属性。如果休谟格言是正确的,那么休谟格言就必然具有上面这两个属性。但是,休谟格言在非常微不足道的意义上具有第一个属性,这仅仅是由于它与休谟格言自身是同一的。相反,第二个属性是休谟格言所具有的一个非常有意义的属性,并且这似乎并不是由于它与休谟格言自身是同一的。[45] 因此,如果休谟格言是正确的,那么对休谟格言自身而言,上面这个例子就是一个符合直觉的反例。因为休谟格言可以推出一个反直觉的观点,即“作为休谟格言”和“一个在关于不同属性间是否存在必然共享外延关系这个问题上,给出了正确答案的格言”这两个属性是同一的。这是一个自相矛盾的结论,尽管它还不足以确立休谟格言的错误性,但它确实在某种程度上减弱了休谟格言的理论吸引力。我怀疑是否存在任何可以确立休谟格言错误性的事例。

一个更广泛的、对我们的目的而言更重要的结论是,第一种古怪性论证的效力受制于形而上学中一些更普遍的问题。特别是,第一种古怪性论证的效力依赖于那些休谟格言的反例是否具有效力。如果那些反例确实是有效的,那么非自然主义者可以直接拒斥(P_3);如果那些反例无效,那么非自然主义者可以谨慎地指出,休谟格言的打击面过于宽泛。因此,我们尚不清楚是否会出现休谟格言的有效反例,也不清楚休谟格言是否过于普遍化。因此,若我们此时想在(P_3)的基础上接受(C_1)和(C_2),还为时过早。[46] 94

值得注意的是,在麦凯论证非自然主义者承认一种在形而上学上古怪的随附性关系时,他并没有明显地诉诸休谟格言。对此,我只能猜测一下他没有这么做的原因。可能麦凯只想指出这个关系具有一些独特的古怪性，而并不想涉及那些休谟格言会涉及的普遍问题。因为正如我们前面所看到的，休谟格言既可能是正确的，也可能是不正确的。但是，此处的重点是，只要休谟格言是第一种古怪性论证的一个前提，那么在对道德属性的反驳上，这种论证就不是一个太有意义的论证；因为休谟格言的打击面太宽泛了。[47]

最基本联系

然而，崔斯坦·麦克佛森近期阐述了一种对非自然主义的挑战，这种挑战并不依赖于有争议的“休谟格言”。取而代之的是，麦克佛森将论证建立在他称之为“最基本联系”以及“温和的休谟主义”的论题之上。“最基本联系”的论题是这样的：“非自然主义者必须主张，‘道德’属性的随附性建立在基础属性之上，它涉及了一种存在于‘不同’属性间的最基本的必然联系。”“温和的休谟主义”的论题是这样的：“如果一个观点承认‘不同’属性之间存在最基本的必然联系，那么这一点可
95 算作对这个观点的一个重要反驳。”[48] 根据麦克佛森的理论，“温和的休谟主义”是休谟格言在“方法论上的亲戚”；我们之所以称之为温和的理论，是因为它既不排除存在不同属性间的必然联系，也不排除存在最基本的必然联系。[49] 我们可以从“最基本联系”和“温和的休谟主义”中推出如下结论，即道德非自然主义承认，在道德属性和自然＊属性间存在最基本的必然联系，而这一点可算作对道德非自然主义的一个重要反驳。但是，我们可以质疑“最基本联系”这个论题。

麦克佛森认为“最基本的”意味着“不可解释的”。[50] 但是根据我们在上面所说的，非自然主义者真的认为道德属性和自然＊属性间的联系不可解释吗？这将我们带回到非自然主义者力图解释随附性的动力上。再重复一次：我们需要谨慎地区别两个解释性任务。第一个解释性任务是解释道德为什么随附于自然＊之上。正如我们看到的，命题 S_1 和 S_2 都可被合理地视为概念上的真理。通常而言，为这些在概念上

的真理提供解释是很困难的(比如,为什么"圆是一个封闭的平面并且这个平面中所有的点与一个固定的点距离相等"在概念上为真？为什么"**应当蕴含能够**"在概念上为真?);但是也正如我们所看到的,我们可以通过仔细思考我们的道德概念以及想象一个蔑视 S_1 和 S_2 的说话者,来认识到 S_1 和 S_2 确实是概念上的真理。我们的主张是,这样一个说话者展现了她未能理解我们的道德概念。再一次强调,此处的重点是,由于 S_1 和 S_2 应该是概念上的真理,我们能对它们做出的最佳解释就是这种概念上的解释。除此之外,我们并不清楚是否存在进一步的解释。

第二个解释性任务是解释某个特定的道德属性为什么会随附于自然*属性之上。比如,为什么正当性随附于最大化福祉之上(就像享乐功利主义所主张的那样)。麦克佛森可能认为,非自然主义者承认在不同属性间存在一种最基本的(即不可解释的)、必然的联系。但是,享乐功利主义者可以解释正当性和最大化福祉这两个属性间的必然联系——通过诉诸基本的道德原则:必然地,最大化福祉这个属性是唯一能使行动具有正当性的属性。反过来,如果我们想维护这个原则,我们就不得不参与规范伦理学的讨论。那么,在什么意义上我们可以说,正 96
当性随附在一定的自然*属性(比如最大化福祉这个属性)之上这一点是不可解释的呢？当然,这种推理普遍化了问题所在。对第二个解释性任务而言(即解释为什么特定道德属性随附于特定自然*属性之上),唯一可能的回应是诉诸实质性道德原则的回应;这些实质性的道德原则能指出哪些属性具有"使客体具有特定道德属性"这个额外属性。

麦克佛森认为,这种反驳是"一个令人困惑的建议,它建议我们可以通过诉诸伦理学上的真理,来解释在形而上学上强健的'道德'属性的存在与分布"。[51] 我认为,这个建议使麦克佛森感到"令人困惑"的原因在于,它主张存在对形而上学事实的伦理学解释。但是,为什么这一点是令人困惑的？为了说明这个问题,我们再来设想一下:如果一阶道德探寻能够建立享乐功利主义的正确性(即一个行动是正当的,当且仅当这个行动能最大化福祉),那么我们就能继续探寻“最大化福祉”和“正当的”这两个属性之间的关系。特别是,我们可以探寻,这种关系究竟是同一关系还是不同属性间的必然关系?先来考虑第一种可能性,即这种关系是一种同一关系,这意味着某种版本的道德自然主义是正确的:“正当的”和“最大化福祉”是同一个属性。我们需要一些形而上学的论证去建立道德属性和自然属性的同一性。[52] 然而,我们在一阶道德理论中找到的结论可以用于解释下面这个形而上学事实:一个特定的道德属性(比如“正当的”)等同于一个特定的自然属性(比如“最大化福祉”),而不等同于其他的自然属性。所以,根据这个观点,对形而上学事实的伦理学解释是存在的。同样值得注意的是,对于这个观点而言,“正当的”这个属性在形而上学上是强健的;毕竟,这个属性是一个自然属性。

我们再来考虑第二种可能性,即我们假设“最大化福祉”和“正当的”是两个不同却有必然联系的属性。这意味着我们假设某种版本的道德非自然主义是正确的,接下来的情况与前面的内容相对应。我们需要形而上学论证去建立道德属性等同于自然属性。[53] 但是,确立具体
97 哪种道德属性随附于哪种自然属性,需要我们的一阶伦理学论证。所以根据这个观点,对形而上学事实的伦理学解释也是存在的。或者我们假设正当性可以被各种不同的自然属性实现(即某种版本的自然主义的道德多元论观点是正确的)。建立道德属性可以被自然属性实现,这一点需要形而上学的论证。[54] 但是,确立哪种具体的自然属性实现哪种具体的道德属性,需要一阶伦理学论证。所以根据这个观点,同样地,对形而上学事实的伦理学解释也是存在的。这些讨论表明并非只有非自然主义者承认对形而上学事实的伦理学解释存在,自然主义者也可能分享同样的观点。因此,对于非自然主义者而言,在他们解释为什么某些道德属性随附于某些自然 * 属性之上时,诉诸实质的道德原

理并不显得特别有问题。

然而,这些讨论可能并没有触及问题的核心。麦克佛森和其他非自然主义的批评者可能会这样驳斥非自然主义:基本的道德原则仅仅是**声称**在不同属性间存在必然联系,但并没有**解释**这些联系。与之相反,值得注意的是,享乐功利主义的基本原则不仅陈述了正当性和福祉最大化之间的必然联系;它还表明最大化福祉这个属性是唯一一个可以**使**行动正确的属性。有人可能会反对说,我认为非自然主义者会给出的这个随附性解释,依然涉及了一个存在于不同属性间的最基本的联系,即在一个行为中的某种基础属性(比如“最大化福祉”)和这个行为中的某种道德属性(比如“正当的”)之间,存在一种“使之成为”的关系(making-relation)。根据温和的休谟主义,如果一个观点承认这样的一种关系,那便构成了对其本身的一个重要驳斥。

作为回应,非自然主义者可以回到下述主张,即一些属性有一个附加的“使之成为正当的”属性,这个属性是一个独一无二的、非自然的属性。[55] 诚然,非自然主义者之所以承认这个属性是因为他们承认一些基 98
本道德原则,比如“‘最大化福祉’这个属性是唯一一个能使行动为正当的属性”。如果这个原则为真,那么它必然为真,因而下面这一点必然为真:“最大化福祉”这个属性有一个附加的关系性属性,即“使行为成为正当的”这个属性。麦克佛森和其他非自然主义的批评者可能会由于“使成为正当的”这个独一无二的非自然属性过于神秘,而反对它的存在。但是,这样做将使随附性论证丧失其论证效力。因为,根据这种解读,随附性论证只是一个普遍存在的,对独一无二的自然属性和事实的担忧。这种担忧可以具象化为一些对驱动性或不可还原的规范性的担忧,或更具体地,对不可还原的规范性的支持性关系的担忧。我们将在5.3节和第六章中讨论这些担忧。此处的重点是,根据这种解读,随附性论证是多余的,因为它并没有在一个普遍存在的对独一无二的自然属性和事实的担忧之外增加任何有意义的东西。

我们代表非自然主义者给出的对随附性的解读,并不是一个类似克雷默(2009)给出的那种寂静主义式的解读。此处给出的解释在本体论上并不是毫无代价的,因为它包含了一些对诸如“使成为正当的”“使成为不正当的”“使成为应当的”这些非自然属性的承诺。但这些承诺并没有使他们在已承诺的之外付出额外的代价。非自然主义者可以解释随附性而不导致额外的本体论代价。

在结束对第一种古怪性论证的讨论之前,让我们来评论一下另一种流行的回应。这种回应也运用了同罪伙伴策略,因为它援引了一种流行的心灵哲学观点。这种观点主张,精神属性是一种功能性属性,它可以被物理属性实现出来。[56] 根据这种回应,道德属性是一种被自然属性实现出来的功能性属性。上面简要叙述的这种观点把任意一个道德属性的实例都当作一个自然属性的实例。因此,这是一种道德自然主义。但是正如我们现在知道的,当麦凯论证随附性在形而上学上的古怪性时,他的目标并不是自然主义。他的目标是非自然主义的观点,即每一个道德属性的实例都是一个非自然属性的实例,道德属性由于其
99 自身具备的某个独特的自然属性而具有非自然属性。麦凯认为,道德自然主义并不具有一个在形而上学上很古怪的随附性概念。正如我们在前面的子节中和即将在第六章中看到的,自然主义的问题出在其他的地方,即它对道德对话和规范性对话的解释并不完整,并且它很难捕捉到道德事实所具有的那种不可还原的规范性。

总结一下,根据我们对第一种古怪性论证的解释,这种论证以“休谟格言”作为其主要前提。但“休谟格言”是一个有争议的形而上学原则,它过分普遍化,以至于其攻击范围超出了道德和规范的领域。因此,第一种古怪性论证的效力受制于形而上学里一些更普遍的问题。我们也看到了,这个论证对道德非自然主义者的批评,即他们把不同属性之间的随附性关系当作一种最基本的关系,可以被还原为一个更普遍的、对独一无二的非自然属性和事实的担忧。在 5.3 节和第六章中,

我们会进一步展现和审视这个担忧。

5.2　第二种古怪性论证：知识论

第二种古怪性论证的重点与其他三种古怪性论证都不相同。这个论证的重点不是要论证道德事实和属性不存在，而是要论证我们并没有(以及可能并不能)获得任何关于道德事实和属性的知识。因此，如果这个论证能成立，那么它并不能建立起关于道德判断的错误论，而只能建立起关于道德知识的怀疑主义。[57] 因此，我们可以称其为认识论的古怪性论证。然而，正如我们即将看到的，认识论的古怪性论证最终也依赖于下面这个主张：道德事实和属性在形而上学上是古怪的。

在探讨“因为”这个词在诸如“吃肉是错误的，因为它引起痛苦”这样的陈述中，它究竟意味着什么之后，麦凯继续探讨下面这个问题：我们应该如何知晓存在于不正当性和引起痛苦之间的所谓非自然关系是什么。

> 假定存在一个能“看见”不正当性的感官是不够的：我们必须
> 假定的是某个既能看到“使吃肉不正当的”自然特征，又能看到不 100
> 正当性，还能看到两者间神秘的后果性联结的东西。(1977：41)

在此，这种精神感官(或者我们可以叫它别的什么)看起来似乎必然是很古怪的，它能使我们拥有关于不正当性和其他道德属性，以及它们与其随附的自然属性之间的联结的知识。但很少被注意到的是，麦凯在其后期著作中取消或削弱了这个论证。在其后期著作中，他更温和地主张，像普莱斯、摩尔和罗斯那样的直觉主义的非自然主义者需要“某种直觉”，[58] 或者“一种特殊的道德直觉感官”。[59] 当他试图建立一种可信的直觉主义非的自然主义时，他说道：

> 我们不需要将这种"特殊感官"视为一种我们心智的独立器官。正如普莱斯所说,我们只需要理解力(即我们心智中可以发现客观事实的那一部分)**有能力去发现**这种特殊的关于随附性的必然真理。(1980: 147,麦凯加的强调)

这听起来与当代直觉主义的非自然主义者的说法惊人地相似。让我们来看一下菲利普·斯特拉顿-雷克的下面这段话:

> 麦凯和其他批评者反对直觉主义认识论的理由是这样的:直觉主义认识论预设我们有一些用于感知道德属性的奇怪的感官。但[……]直觉主义者并没有预设这样的感官。直觉主义者主张我们可以通过直觉知晓特定的道德属性,这并不是因为他们认为我们有这样的第六感,而是因为他们认为这些命题是自明的。直觉是一个我们用来理解特定(先验)命题的方法。[……]我们没有理由相信特定的先验"综合"知识需要这样的神秘感官,这些知识只需要我们具有理解和思考的能力。[60](Stratton-Lake 2002a: 22)

因此,一种比较有诱惑力的想法是:麦凯认为道德知识很古怪,不是因为它是一种所谓的道德直觉,而是因为它是一种先验综合的知识。我们大致可以这样表述这个论证:

(P_5) 道德知识需要先验综合知识。
101 (P_6) 先验综合知识是古怪的。
(C_3) 因此,道德知识需要的知识是古怪的。
(P_7) 如果道德知识需要的知识是古怪的,那么道德知识也就是古怪的。

($C_2{}'$) 所以，道德知识是古怪的。

一些自然主义道德实在论者会想质疑(P_5)，但是因为我们知道，麦凯在呈现他的源自古怪性的论证时，已经明确否认自然主义是他攻击的目标，所以我将把这种驳斥放在一边。大多数非自然主义道德实在论者接受(P_5)。但是显然，即使承认(P_5)，第二种古怪性论证也会有一个问题，即它像第一种古怪性论证一样过于普遍化以至于超出了道德和规范的领域。之所以这个论证也有过于普遍化的问题，是因为(P_6)不仅可以应用于道德知识，还可以应用于其他领域。

许多哲学知识似乎都是先验综合的。比如，考虑一下这个问题：抽象实体是否存在，以及是否所有存在物都在本体论上与自然主义世界观融贯。关于这类问题的知识似乎都是综合的和先验的。

人们认为可以通过先验直觉而知晓的综合的真理，其标准的例子包括“没有什么东西可以同时是红的和绿的”这样的命题，以及逻辑法则和推演规则，比如无矛盾律法则和肯定前件式。[61] 直觉主义者认为直觉是知晓外部世界的方式，根据他们的观点，理解上述命题的必然真实性就是以先验的方式理解现实**必须是**这样的。[62] 那些主张直觉是知晓外部世界的方式的辩护者，在理解基本道德命题的必然真理方面也持同样的观点。因此，我们并不清楚我们知晓道德知识的方式“完全不同于我们通常知晓其他事物的方式”。[63] 在批评源自古怪性的论证时，同 102
罪伙伴策略再次被证明是有用的。

麦凯并没有给出能清晰地支持(P_6)的论证，也就是说，他没有具体说明综合的先天知识如何以及为什么是奇怪的。但是，对于这样一种将道德属性视为在某种程度上取决于自然属性的非自然属性，以及那些我们凭直觉能感知到的非自然属性的讨论，麦凯以如下反思作结：

> 如果我们能以某种主观回应替换道德性质，我们的状况会变得非常简洁和易于理解。这种主观回应与我们对自然特质的发现之间有因果联系，而所谓的道德性质是我们发现这些自然特质的结果。(1977：41)

但是，如果道德仅仅是或者需要先验的综合知识，并且先验的综合知识的其他事例存在，那么道德非自然主义者对道德认识论的解释就比其他解释在认识论上更不简洁或更缺乏可理解性。麦凯在这一点上是对的：一种解释(比如他自己的)如果省略了非自然属性和事实，那么这种解释在形而上学上就更简洁且更容易理解。但是这样的话，认识论的古怪性论证就可以归结为一种对道德属性和事实的形而上学古怪性的担忧。为了展示这种担忧，麦凯必须依赖其他三种直接攻击形而上学古怪性的古怪性论证。因此，认识论的古怪性论证并不是独立的。

因此，前面两种古怪性论证都有过于普遍化的问题，它们的攻击范围都超过了道德和规范性的领域。因此，它们都没能隔离出道德以及规范性属性和事实独特的古怪特质。下一节我们将转而讨论一个在这方面更成功的论证，尽管它总体而言依然是失败的。

5.3 第三种古怪性论证：驱动性

考虑一下麦凯1997年著作中经常被引用的这一段落：

> 柏拉图的形式理论给出了一个最激进的关于客观价值是什么
> 103 样的图景。关于善的形式的知识给了其知晓者一个**指导**和一种盖过一切的**驱动性**；"什么东西是善的"这个知识既能**告诉**那些知道它的人去追求它，也能**使**这些人去追求它。一个了解客观善的人

> **会去寻求**客观善,这不是因为这个人或每个人出于其构造而欲求某个目标这样一个偶然事实;而仅仅是因为,**被追求**(to-be-pursuedness)是以某种方式嵌入在这个目标之中的。同样的,如果存在正当与不正当的客观原则,那么在任何(可能)不正当的行动中,“不能被做出”(not-to-be-doneness)也是以某种方式嵌入其中的。或者,我们应该有某种类似塞缪尔·克拉克所提出的,存在于情境和行动之间的关于恰当性的必然关系,从而使一个情境具有某种嵌入其中的,对某个行动的**要求**。(1977: 40,我加的强调)

这个段落包含了至少两个可能的理由来证明道德事实(麦凯在这个段落中称其为“客观价值”和“正当与不正当的客观原则”)是古怪的,这些理由为两种不同的古怪性论证铺平了道路。遗憾的是,麦凯并没有清晰地区分它们。现在让我们试着区分一下。

首先要注意的是,无论是**告诉**一个人去做一个行动,或是**给她一个指导**,或是**要求**她去做一个行动,均区别于**驱动**她或者**使**她去做某个行动。一个人可以做到两者中的任意一个而不做另一个。这一点与麦凯提出的另一个观点,即道德事实会提供指导**和**动机,一道表明麦凯在这段引文中试图捕捉两种不同的关系。[64] 一方面,道德事实是或蕴含了让行动者以某种方式去行动的要求。这是一种**规范性的**关系。另一方面,道德事实驱动那些知道或粗浅知晓这些事实的人,让他们遵照这些事实去行动。这是一种**心理性的**关系。值得注意的是,麦凯既谈到了对道德事实的**知识**(knowledge),又谈到了对道德事实的**粗浅知晓**(acquaintance)。我将他的意思理解为,对于那些通过粗浅知晓(如通过直接知识)来获得道德事实知识的人,必然会被驱动去遵照这些道德事实行动。比如,任何一个通过粗浅知晓而获得了“折磨在道德上是不正当的”这个知识的人,都必然会因此而被驱动去避免折磨这个行动。正如我们即将看到的,这一点与麦凯的观点是一致的,它符合下面我将要提出的对驱动性的古怪性论证的重构。

规范性的和心理性的关系似乎有明显的不同，但是麦凯认为客观的道德事实同时拥有这两种特质。在这一点上，他可能也是受到了十
104 八世纪道德理性主义者理查德·普莱斯的影响。麦凯曾多次引用理查德·普莱斯的著作，并对他的观点表示赞同。理查德·普莱斯的主张是："去感知或被告知如何行动是**正当**的，这就是对行动**指导**的感知。并且，我们还必须加上这一点：这种指导蕴含了一种**权威**，并且我们无法在不感到痛苦和懊悔的情况下漠视这个指导。"[65] 因此，对客观道德事实的感知，就是对行动的权威要求的感知；只要一个人可以意识到这个要求，她就无法在不感到痛苦和懊悔的情况下漠视它。对这种要求的感知蕴含了遵照这个要求去行动的驱动性。

说客观事实**告知**人们要这样那样做，就是说这些事实**要求**人们采取某些行动，这显然是隐喻性的说法。但是，这种说法与现在被普遍接受的对规范理性概念的阐释相似。根据这种阐释，一个针对某行动的规范理由，就是一个能被算作是**支持**这个行动的事实。[66] 这种支持性关系是规范性的，正如**告知**关系和**要求**关系也是规范性的。[67] 根据大多数学者的观点，某个事实能否算作支持某个行为的事实，与行动者是否已经或将要被这些事实驱动，或行动者是否被她自己对这个行动的支持所驱动无关。也就是说，现今大多数哲学家严格区分了规范性理由和驱动性理由，并认为它们在逻辑上是相互独立的。[68] 但是，麦凯并没有这么严格地区分它们。这是令人遗憾的，因为这揭示了如下事实，即存在至少两种不同的古怪性论证：一种聚焦于道德事实的规范性力量——这些事实是关于"支持某行动"的事实，或关于"要求某行动"的事实；另一种聚焦于道德事实的驱动性力量——这些事实能驱动那些知晓它们的人去遵照某种方式行动。[69] 后者是这一节的话题，前者将在
105 第六章中得到讨论。

麦凯所谓的错误定位问题及两种解读

根据一种通常的解释,麦凯的主张,即道德事实会使所有知晓它们的人为它们所驱动,表明他认可某种版本的**驱动内在论**(motivational internalism)。驱动内在论主张,做出一个道德判断,与在某种程度上被这个判断驱动去照此行动之间,存在必然联系。[70] 杰米·德雷耶称这种观点为"实践性要求"并将其归功于麦凯。[71] 但是,我们将要看到,麦凯是否真的接受驱动内在论,是值得高度怀疑的。

记住,麦凯的主张是,那些知道或粗浅知晓某个道德事实的人会被驱动去照此行动,这一点是古怪的。麦凯并没有明说**为什么**这是古怪的。一个可能的解释是,麦凯预设了某种休谟主义的驱动论。根据这种理论,欲求在驱动性上是有效的,而信念是在驱动性上是有惰性的精神状态:没有任何信念可以在没有一个独立欲求的协助下具有驱动性,或是在没有一个更基本欲求的协助下制造某个新的欲求;驱动性需要一个欲求和一个手段-目的信念,在这种手段-目的信念中,欲求和信念在模态上是可分离的。[72] 如果一个人知晓某个道德事实(即她或他直接地知道某个行动是正当的),那么这个人将仅仅出于这个事实(即与他或她的欲求无关)而被驱动去实施这个行动。如果信念可以在没有独立欲求的协助下具有驱动性或产生欲求,那么上面这一点似乎就**不**古怪了。换句话说,除非某种休谟主义的驱动论是真的,否则上面这一点 106
将并不古怪。[73]

为了支持这种解读,我们需要注意的是,麦凯在本章开头引用的那段著名文字之后还说了什么。在那之后,麦凯考虑了休谟的主张,即"理性自身永远不能驱动意志的任何行动",[74] 麦凯提出:

> 有人可能反驳说,休谟从我们关于日常物体的知识和日常推理缺乏影响力(**不取决于欲求**)这一点出发,给出了不公正的论证。并且,有人可能会主张价值与自然物体的区别在于,**当价值为人所**

> **知晓时**，它们会自动地影响人的意志。对于这一点，休谟可以并且也需要这样回答：这个反驳牵涉一个假设，即假设价值实体或价值特征与我们所熟知的其他任何事物都大不相同[……]。(1977：40，我加的强调)

值得注意的是，价值实体或道德事实会以这样的方式自动地影响人的意志：当它们为人所知时，它们能在不借助一些独立欲求的情况下影响意志，也就是说，它们的影响力并不取决于欲求。但是，如果信念和知识可以在不借助一些独立欲求的情况下驱动行动或产生欲求，那么为什么那些驳斥休谟的理论会牵涉到这样一种假设“与我们所熟知的其他任何事物都大不相同”的实体呢？的确，如果信念可以在不依赖其他欲求的情况下驱动行动或产生欲求，那么似乎任何一个作为这种信念对象的(所谓的)事实都可以影响意志，而可以得到如下事实的**解释**：没有独立欲求的协助，信念也可以驱动行动或产生欲求。但是，如果如休谟主义的驱动论所说，没有任何一个信念自身可以拥有这种能力，那么麦凯说的就是对的，即这种影响意志的能力必须存在于价值实体或道德事实之中。

根据我们对论证给出的这种解读，我们提出下面这样的问题似乎是很自然的：我们究竟应该把古怪的驱动性力量**定位**(locus)在哪里？它是否并不是在道德**信念**或**判断**之中，而是在道德**事实**之中？在最近的一篇文章中，杰米·德雷耶主张，麦凯“错误地定位了古怪性”，因为麦凯将古怪性定位在道德信念的内容(比如道德事实)之中，而不是道
107 德信念自身(比如精神状态)之中。[75] 麦凯的论证指出了道德信念的一个古怪特征，对此一个自然的结论就是，道德判断是一种像欲求那样具有驱动力的态度，而不是一种在驱动性上有惰性的信念。对于德雷耶而言，麦凯的错误“似乎非常奇怪”。[76] 但是，道德判断是像欲求那样的态度而不是信念，这个结论明显与麦凯的其他观点之间有太大的张力。

考虑到麦凯的其他观点,我们应该毫不犹豫地主张,他的论证应该以一种驱动内在论的标准版本为前提。但是,如果我们主张他的这个论证以标准版本的驱动内在论为前提,我们应该怎么理解这个论证呢?

在回答这个问题之前,我们需要注意的是,应该怎么解读麦凯在《伦理学:发明对与错》中以休谟主义的驱动论为前提的论证呢?困难在于,在《休谟的道德理论》(1980)中,麦凯拒绝了休谟主义的驱动论。这是他批评休谟对道德理性主义的驳斥时所说的:

> 可能存在一些非日常但依旧为事实性的信息,一种特别的信念或知识。这些信念或知识由一种道德感官提供(正如客观主义者所理解的那样),并且它们使道德区分本身就能够影响行为。(1980: 54)
>
> 一个心理学上的命题是,驱动性总是包含了一个欲求和信念[而这个论题有些过分夸大了]。对客观道德要求的信念,即由一些诸如克拉克、普莱斯和里德这样的学者清晰地提出的、更多地隐含在日常思考中的信念,可以以这种奇特的方式仅凭自身就起到驱动作用,即使这个信念是假的。(1980: 141f.)

可能最让人迷惑的是下面这一句:"显然,存在一些道德信念和事实性信念,它们可以仅凭自身就驱动行动。"[77]

对此一个可能的解读是,麦凯在1980年舍弃了休谟主义的驱动论以及与此相符的驱动性的古怪性论证。麦凯以这种方式改变了自己的想法,为了支持我的这一观点,我们可以一起考虑一下这一点:在其后期著作中,麦凯强调了他对随附性古怪性和知识论古怪性的担忧,并且——正如我们将在下面看到的——他混淆了驱动性和规范性。[78]

然而,另一种可能的解读是,麦凯认为古怪的地方并不在于道德信念**可以**直接或间接地引起驱动性。也许他认为古怪之处在于道德事实 108

是这样一种事实,它可以**保证**任何一个知晓它的人都拥有相关的驱动性。[79] 为了支持这种解读,我们需要重复一下麦凯的主张,即"客观的善将会被那些粗浅知晓它的人追求[……],这仅仅是因为'被追求'以某种形式嵌入了目的之中",[80] 以及,"价值'拥有'一种力量:当它被知晓时,它能**自动**地影响意志"。[81] 这是古怪的,鉴于没有信念能像这样**保证**驱动性,即使一些信念**能够**引起驱动性。

这种解读有一个相当大的优势,即它不会使我们认为麦凯对休谟主义的驱动论的看法有所改变。然而,需要承认的是,这种解读的劣势在于,它使驱动性的古怪性论证缺乏一个清晰的论证目标。正如我们将在下一节中看到的,理查德·普莱斯可能支持这样一种观点,即对道德事实的知晓保证了驱动性。[82] 但我们同样也将看到,道德实在论者显然并不承认这种观点。

驱动性古怪性论证的重构和反驳

此处,有一个关于如何理解这个论证的建议:麦凯认为,根据道德事实的日常概念,这种事实能在那些知晓它们的人身上施加驱动推力。无可否认的是,"驱动推力"这个表述的含义并不清晰,并且这个表述也不是麦凯自己的表述。但是,我试图用它来对论证提供一个可信的重构。也许可以将驱动推力比作一种作用于人类心理的吸引或排斥的磁力。在 C. L. 史蒂文森对情感主义的一个论证中,他诉诸一种他称之为"善的磁力"的现象。这种现象是这样的:对于一个人来说,当他把 x 认作"善"时,相较他没有将 x 认作善而言,他必然因此获得一个更强烈的去"促进 x"的倾向。[83] 史蒂文森将此当作支持"道德判断(主要)是非
109 认知态度而不是信念"这个观点的一种解释。因此,史蒂文森大体得出了一个德雷耶认为麦凯也会认同的结论。

但是我们知道,在麦凯展示他源自古怪性的论证时,麦凯已经拒绝了非认知主义的解释。正如我们已经看到的,他认为对道德事实的直

接知识蕴含了“知道这个道德事实的人会被驱动去行动”这一点,而麦凯似乎认为没有任何信念能以这种方式保证驱动性。所以,他需要坚持下述主张:道德事实能在人类心理上施加驱动推力,这种驱动推力也许能类比于磁力。也许这个驱动推力起作用方式是使那些知晓道德事实的人产生欲求。此处对于细节的省略显然是这个论证的一个弱点。我们一会儿会继续讨论这个问题。同时我们还需注意的是,在麦凯预设中能驱动知晓道德事实的人去行动的,是这个事实的驱动推力,所以麦凯对古怪的道德驱动性的恰当定位,应该在于道德事实而不是道德信念。这一点没有任何错误定位的问题。

我们现在可以开始理解为什么我们要将麦凯的主张解读为“知晓道德事实即蕴含着驱动性”。这么做的理由在于,为了能被一个道德事实的驱动推力影响,一个人需要在某种程度上与这个事实有直接的因果联系。[84] 仅有对这个事实的间接知识,比如证词,是不够的。此外,我们现在也可以理解为什么我们认为“麦凯接受标准驱动内在论”这一点是可疑的。驱动内在论主张,在“做出一个道德判断”和“被驱动去按照这个判断行动”之间存在必然联系。麦凯主张认知主义的观点,即道德判断是一种信念;并且,为了使驱动性的古怪性论证得以进行下去,麦凯必须主张没有任何信念能保证驱动性,特别是道德信念并不必然与驱动性有联系。如果他支持标准版本的驱动内在论,那么他将被迫接 110
受下面这个观点,即道德判断是古怪的,所以道德判断不存在,鉴于没有信念能必然地与驱动性相联结。[85] 但这肯定不是麦凯的观点;他认为道德判断是存在的,并且这些判断有必然的、系统性的错误。另一种可能性是,如德雷耶所认为的,他被迫接受了非认知主义的观点,即道德判断不是信念。但我们已经看到,麦凯出于独立的理由拒绝了非认知主义。

值得注意的是,在《伦理学:发明对与错》里,麦凯并没有表示道德判断或道德信念与被驱动去行动之间存在必然联系。他认为必然联系存在于**通过粗浅知晓**道德事实而获得的**知识**与被其驱动的行动之间。“**认知**”——以及**通过粗浅知晓获得的先验认知**——是一种事实性关系,所以这种观点允许“做出错误的道德判断”、“拥有错误的道德信念”与“被驱动去行动”之间不存在必要联系。因此,麦凯并未诉诸标准版本的驱动内在论,而是诉诸一种苏格拉底式的信条:对善的认识蕴含了去做善事的驱动性。[86] 根据麦凯对这个信条的理解,当一个人做出关于某行动具有某道德属性的直接判断时,他判断或是预设了这个行动具有一个能在所有粗浅知晓它的人身上施加驱动推力的属性。这一点允许了一种可能性,即有人可以判断一个行为具有道德属性而不被驱动去行动(因为这个判断可能是错误的,正如道德错误论所主张的,它实际上必然是错误的);尽管,当某人做出“某个行动有道德性质”的直接判断的同时也判断他自己不会被驱动去行动,这是不融贯的。

因此,麦凯的驱动性古怪性论证并没有预设休谟主义的驱动论,也没有预设标准版本的驱动内在论。根据驱动内在论,“做出一个道德判断”和“被驱动去按照这个判断去行动”之间存在必然联系。更确切地
111 说,这个论证预设了在关于道德事实的直接知识和使我们按此知识行动的驱动性之间,存在必然联系。麦凯认为道德事实会在人类心理层面施加某种吸引或是排斥的力,由于这种力的作用,当我们直接认知到道德事实时,我们会被驱动去行动;我们被驱动去行动,不是因为先前的欲求,而是因为我们在这种力量的影响之下。但是,这种吸引和排斥的驱动力是古怪的,并且由于这种力量是道德事实的本质性特征,道德事实也是古怪的。我们大致可以这样表述这个论证:

(P_8) 关于道德事实的直接知识保证了道德驱动性(比如,使我们按照道德事实行动的驱动性)。

(P_9) 错误的道德信念并不能保证按照其所相信的道德事实去行动的驱动性。

(P_{10}) 如果关于道德事实的直接知识保证了道德驱动性,而错误的道德信念不能保证道德驱动性,那么道德驱动性就来自道德事实施加在人类心理上的驱动推力。

(C_4) 因此,道德驱动性来自道德事实施加在人类心理上的驱动推力。

(P_{11}) 任何一个能在人类心理上施加驱动推力的道德事实(即这样的事实:对这个事实的粗浅知晓能保证其知晓者被驱动)都是古怪的。

(C_2'') 因此,道德事实是古怪的。

关于这个论证有两点值得注意。首先,相较前两种古怪性论证,第三种论证不具有过度普遍化的问题,因为这种论证在(P_8)—(P_{10})中明确提到了道德事实和道德信念。其次,这个论证重构了麦凯原先的论证,这种重构是一个融贯的论证并且使麦凯避免了错误定位的问题。但是,这种古怪性论证是否**合理**,又是另一个问题了。事实上,这个论证的每一个前提都是不牢固的。为了支持(P_9)并使我们得到(P_{11}),这种论证的支持者必须给出更多的细节:比如,关于道德事实的驱动推力应该是什么样的,以及它应该怎么起作用。支持者必须建立以下事实:"道德事实确实在人类心理上施加了所谓的古怪的驱动推力。"这一点在常识意义上是道德概念的一个特质。而建立这个事实并不是一项容易的任务。一些哲学家主张,某种版本的内在论观点,即道德判断和驱动性之间存在必然联系,根植于我们的日常道德概念中。比如,迈克尔·史密斯声称他所支持的驱动内在论是一种大众观点。[87] 尽管我高 112
度怀疑这一点,但更值得怀疑的是,麦凯所持的苏格拉底式的信条,即在"直接认知到某些行为是错误的"与"被驱动去行动"之间有必然联系,会是大众观点。

无论在哪种情况下,标准版本的驱动内在论和麦凯版本的苏格拉底式信条都要面临一个挑战，即我们的常识概念（比如不正当性）似乎允许这样一种可能性：人们有时判断或直接认识到一些行动是不正当的，却完全没有被驱动去避免这些行动，这要么是因为他们在特定场合下意志过于薄弱以至于不能激起任何按照自己的判断或认识去行动的驱动力；要么是因为他们一般不太关心道德。后一种人被称为**非道德主义者**，他们在小说中很常见，有人会说他们在现实生活中也很常见。意志薄弱是大多数人都非常熟悉的一种现象。非道德主义和意志薄弱都是道德实在论者在回应麦凯时诉诸的现象。[88]

因此，非自然主义者和其他道德实在论者可以承认麦凯所说的那种驱动推力是道德事实的一个古怪特征。但他们可以合理拒绝（P_8），并坚持道德信念和道德知识只有在伴随某些独立欲求（比如一个要正当地行动的欲求）时才能驱动行动。后者是一种驱动外在论的观点。驱动外在论主张，在“做出一个道德判断”和“被驱动去据此行动”之间没有必然联系。[89] 麦凯没有在《伦理学：发明对与错》中考虑这样的外在论观点；但在《休谟的道德理论》中，当麦凯讨论乔纳森·哈里森对待休谟的主张，即“道德［……］对行动和情感有影响”时，麦凯的确讨论了这种外在论的观点。[90] 哈里森认为实在论者可以通过以下方式来容纳外在论：道德信念在行动和情感上的影响取决于一个独立的关于“去
113 做正当之事”的欲求。[91]

麦凯自己回应说，至少对于非自然主义者而言，这将是一个他们不愿做出的“大让步”。[92] 在麦凯看来，非自然主义者“关注维护一个形而上学的观点，这个观点以如下方式呈现：道德术语（例如‘正当’和‘不正当’）结合了一种描述性的逻辑和一种规定性的力量，即在自然事物之间存在一种客观要求或绝对命令”。[93] 但是，麦凯接下来宣称，“哈里森的观点舍弃了这个主张；在休谟的攻击之下，这个观点只有通过舍弃规定性才能拯救道德的客观性”。[94]

显而易见的是，麦凯在此混淆了规范性和驱动性。自然事物中存

在着客观要求或决定性的命令,这可以被合理地理解为,存在道德事实,人们对这些道德事实的获得可以独立于人的欲求和人类习俗,即存在着独立于心智的道德事实;并且,这些事实在如下意义上是规范性的:这些事实蕴含了存在能支持某些行动过程的事实,这种支持关系具有不可还原的规范性。因此,举例来说,“谋杀是不正当的”这个事实蕴含了“存在一个不可还原的规范性理由:不要谋杀”,或者“一个(到此为止)的要求:不要谋杀”。但是,那些持驱动外在论观点的非自然主义者坚持认为,正如我们可以不被那些关于主观和习俗性理由的正确或错误判断所驱动,我们也可以不被那些关于客观和非习俗性理由和要求的正确或错误判断所驱动。因此,哈里森的主张虽然通常得到道德实在论者的支持,但它并不具有麦凯理论的那些推论。[95]

让我们来总结一下这一节:第一,驱动性的古怪性论证比另外两个论证更能达成古怪性论证的目标,因为这个论证没有过度普遍化以至于
超出了道德和规范的范围。但是,第二,为了避免赋予麦凯错误定位的问 114
题以及为了避免强加给他一个他自己拒绝的结论,我们不得不将一种关于道德事实的概念施加给日常语言的使用者,而这个概念不太可能与他们实际的道德概念相符。第三,针对这个论证,存在一种很可信的外在论回应,而麦凯对这个外在论回应的批评完全没有切中要害。我的结论是,
经过重构和解构,驱动性的古怪性论证就没有那么令人信服了。 115

注　释

1 与我的划分方法不同的四面相的划分法,见 Shepski(2008)。

2 我们将在 5.3 节讨论麦凯对“评估性的、规定性的、本质上指导行动的”这个表述的解读。

3 Mackie 1977: 34.

4 Mackie 1977: 33.

5 关于对此观点的早期讨论，见 Reid 1999(1788)：esp. 305。关于此观点的近期发展，见 Cuneo(2006)；Olson(2010)；Streumer(即将发表 a)。Olson and Timmons(2011)讨论了 Ewing(1947)提出的论证。

6 非认知主义的某些版本认为道德判断主要是表达非认知的态度或规定，其次是描述主张。但反对意见的主张是，当日常说话者使用道德术语时，他们的主要意图是做出有道德内容的断言，并且他们相信这就是他们正在做的事情。值得注意的是，一些非认知主义者承认，比起仅仅或主要是表达非认知的态度，日常说话者似乎更主要是在做道德判断。伯特兰·罗素在接受情感主义时曾评论说，如果某人在他的国家宣传斗牛，那么他将反对这个提议并报告说当他这么做时，他感受到的不仅仅是他在表达自己的欲求，同时也会感受到他此刻正在表达的欲求是正当的(Russell 1946：741，同时也被引用于 Mackie 1977：34)。表达主义者西蒙·布莱克本认识到，"[非认知主义的]形而上学给人一种令人不安的感受：'义务等是不存在的，**真的不存在**'"(Blackburn 1993a：157，布莱克本加的强调)。布莱克本可能会同意，**似乎**对于日常说话者来说，当他们在使用道德术语时他们主要是在做出道德断言以及赋予道德属性，但他可能会否认这同时也是他们**相信**他们正在做的事情(参考 1.2 节)。

7 一个相关的反驳将出现在 6.2 节里对芬利分析的驳斥中。

8 Mackie 1946：81. 当然，非认知主义的观点面临许多麦凯没有讨论到的困难，我们不会在此讨论这些困难。在其他地方，我主张非认知主义在解释道德与规范信念的不同强度上有困难(Bykvist and Olson 2009，2012)。关于对非认知主义的问题和前景的讨论，见 Schroeder(2010)。

9 Mackie 1977：33.

10 同上。

11 参见，例如，Dancy 2006：131—142；Parfit 2011：324—327。

12 在他 1977 年和 1980 年的著作中，麦凯在许多地方引用普莱斯和其他英国伦理学家的著作并对他们表示赞同。

13 Lewis 1989. 皮格登将这个对善的分析追溯到罗素的著作，见 Pigden 1999：12—13；71—73。

14 Smith 1994：Ch. 5.

15 Jackson 1998：Chs. 5，6.

16 Brink 1984：121—122.

17 参见艾伦·吉巴德对 G. E. 摩尔的开放性论证的修正，见 Gibbard

2003。

18 Mackie 1946：80.

19 我不同意谢普斯基的如下解释：麦凯反对的是“不同程度的”道德、规范性事实和属性。我怀疑，在许多情况下，比较不同的程度没有什么意义。理查德·加纳指出，“道德事实以一种不寻常的方式不寻常——它们能对我们提出要求”(Garner 1990：143)，这是对麦凯观点更好的解释。我们将在第六章更详细地讨论道德的这种特别的不寻常性。

20 这一点的两个例子是保罗·博霍相与大卫·韦勒曼关于颜色的错误论以及哈特里·菲尔德关于数字的错误论。博霍相和韦勒曼捍卫一种伽利略式的观点，即“一个物体似乎具有的属性，比如当它似乎具有某种颜色时，这种属性是一种内在的质性属性。正如科学告诉我们的，事实上物体并不具有这种属性。[……]因此，对于颜色经验的最佳解释就是一种广泛存在的系统性错误”(1989：81—82)。菲尔德捍卫了一种主张数学实体不存在的理论(1989：228)。他的一个重要论证是这样的：“一种关于数学的实在论观点包含了存在多种物理实体的假设——这些实体存在于时空之外并且不具备任何我们可观察到的、与我们有关的因果联系——并且，似乎并不存在任何可以解释我们如何认识这种属性和实体的机制。”(1989：230)他还诉诸一种方法论上的原则，这种方法论原则推崇如下观点：如果我们相信，从原则上讲，我们对某个特定领域的信念的可信度是不可解释的[比如，我们相信对此领域的信念的可信度只是一个最基本的事实]，那么我们“将会对所有宣称可以认识这个领域内事实的观点抱有怀疑态度”(1989：233)。

21 麦凯在某一点上论证道，如果上帝存在，那么客观的规定性就可以以一种“不神秘的方式”得到解释(1977：231，也可见 1982：118)。然而，正如我们在前面看到的，将道德事实还原到上帝意志并不能成功解释道德事实的规范性。

22 我受惠于张美露、杰斯·约翰逊，以及亨里克·赖德恩对此观点的十分有用的点评及讨论。

23 Platts 1980：72.

24 Enoch 2011：134—136.

25 参见，比如，Ewing 1959：55；Enoch 2011：7，159—160，177，219。

26 Sturgeon 2006a：92. 也可见 Kitcher 2011：3—4。

27 见 Darwall，Gibbard，and Railton(1992)对于以下问题的讨论：对于在

道德属性和基于科学的自然主义世界观之间的关系,一种主张其“连续性”的观点和一种主张“非连续性”的观点的比较。“连续性”观点的支持者认为,道德属性和事实并不是一种附加物,即它们并不是对科学的自然主义世界观而言,在本体论上具有基础性地位的附加物;而“非连续性”观点的支持者认为,道德属性和事实确实是这种附加物。亦可见大卫·伊诺克近期对自然主义的讨论。伊诺克主张,“当且仅当某些事实或属性能为科学所用”时,这些事实或属性才是自然的(2011:103)。他认为关于某事实F的自然主义(比如,关于规范性或精神的属性和事实)是那些主张F“不超乎”自然属性和事实之上的观点(101—102)。我不反对这个观点,但需要注意的是,我们即使不是非自然主义者,也可以否认规范性属性和事实不超乎自然之上,因为我们可以持有某种主张规范性可被还原到超自然存在的有神论观点。

28 对此话题的近期讨论可见 Smith(2000)和 Sturgeon(2009)。

29 参见 Mackie 1977:83—90。

30 Smith(2000:91);Dreier(1992);Zangwill(1995). S_1 和 S_2 背后的直觉可追溯到 Sidgwick[1981(1907):208—209,379]、Moore[1993(1922)]和 Hare(1952:80—81,131,145)。不同于黑尔,西季威克和摩尔并没有在这个语境中使用“随附性”这个术语。

31 关于进一步讨论非自然主义者在解释随附性上的困难,见 Blackburn 1984:181—187 和 1993 b。

32 需要注意的是,这一点与布莱克本对道德随附性的类实在论解释十分相似:“(道德)随附性可以为恰当投射提供的限制所解释。或者,价值投射谓词的目标可能会要求我们正视随附性。如果我们允许一个类似我们日常评估实践的系统(即类道德系统)存在,但不允许这个系统不受制于这些限制,那么,我们将可以在道德上用不同的方式对待那些在自然方面完全相同的事物。这将是一种不错的类道德系统(schmoralizing)。但是,这会使这个类道德系统无法成为任何一种有实践意义的决策指导[即能给出一个‘这个事物可以恰当地比另一个事物类好(schbetter)’的指导,尽管这两个事物分享所有与选择和可欲性相关的特征]。”(Blackburn 1984:186)类似的,非自然主义者可以说,仔细思考类道德属性,我们可以认识到它们并不随附于自然*属性之上;然而,当我们仔细思考道德属性时,我们会认识到它们必然随附于自然*属性之上。马修·克雷默从类似的角度回应了布莱克本对随附性的担忧(Kramer,2009:352—353)。我并不认同克雷默的下列观点,即随附性关系对于非自然主义而言并不在本体论上成本更大。但是,正如我们即将看到的,这一点不能十分有力地驳斥非自然主义。

33 参见 Enoch 2011: 140—148;DePaul(1987);Suikanen(2010)。

34 见 Moore[1993(1922)];Fine(2005);Enoch(2011: 146)。法恩认为规范的必然性是一种独一无二(*sui generis*)的模态关系,这种关系不同于形而上学的必然性。但是我们可以在关于规范的必然性是否独一无二,抑或在关于规范的必然性是否是一种形而上学的关系这些问题上保持中立。重要的是规范的必然性与形而上学的必然性是相似的,但与因果的或物理的必然性并不相似,规范的必然性适用于所有可能世界。见 n. 38。

35 Mackie 1977: 41(麦凯加的强调)。

36 Mackie 1982: 118.

37 Mackie 1982: 114—118.

38 对于将休谟格言作为一种形而上学理论的近期讨论,见 Wilson(2010)。威尔森用不同实体间形而上学的必然联系来阐释休谟格言。值得注意的是,非自然主义者不能简单地对此回应说"规范的必然性不同于形而上学的必然性"。规范的必然联系也应该在所有可能世界中成立,而这足以让我们在休谟格言的基础上提出对非自然主义的挑战。休谟格言也是巴特·斯特鲁默反对不可还原的规范性属性的基础(Streumer 2008)。斯特鲁默认为他用于支持道德错误论的论证并不依赖于古怪性论证。但是正如我在这一章中论证的,在当下语境中,诉诸休谟格言可被合理地视为一种阐释麦凯关于随附性的古怪性论证的方式。

39 见 Wilson(2010)对试图在分析的和综合的先验基础上维护休谟格言的尝试所做的深入批判。

40 Sobel(1982).

41 但是,见 Jackson(1998: 125—127)对索贝尔论证的回应。

42 Shafer-Landau(2003: 91)和 Majors(2005: 488)用了这个策略并且援引了索贝尔用于回应 Jackson(1998)论证的例子。见 Streumer(2013a)的回应和苏伊卡宁对整个争论的综述。

43 见 Parfit(2011: 296—297)提出的一个类似的例子。

44 Streumer 2008.

45 感谢杰斯·约翰逊和巴特·斯特鲁默对这类事例的讨论。

46 Campbell Brown(2011)阐释了一种他称之为"全新且改进了的"随附性

论证。这个论证被用于驳斥一种建立在杰克逊论证之上的非自然道德属性。布朗论证中的关键前提是,**冗余**属性是不存在的。冗余属性指的是,当且仅当我们不需要一个属性来区分不同的可能性时,这个属性就是冗余的。禁止冗余属性的基础原理是本体论上的最简原则(Brown,2011: 212)。然而,正如 Erik J. Wielenberg(2011)所论证的,这个论证不合理地将问题过度普遍化了,因为它排除了一些神学观点和一些心灵哲学中有关感质的观点。此外,我们并不清楚的是,非自然道德属性究竟是否在布朗所说的意义上是冗余的。因为一个非自然主义者可以回应说,我们需要非自然道德属性来区分道德可能性和道德不可能性。

47 然而,有人可能想知道麦凯是否会接受这个判定。在给出认识论上的古怪性论证之后,麦凯说,诉诸同罪伙伴是一个"重要的反驳",并且,"一个充分的回应[……]将会证明我们如何可以在经验基础上建构一种对于我们所拥有的'对所谓同罪伙伴的'想法、信念和知识的解释"(1977: 39)(感谢张美露提醒我这个段落)。麦凯会对休谟格言的反例给出一个类似的回应吗? 这一点并不清楚。麦凯将认识论上的古怪性建立在一种经验主义的认识论之上(但是他随后推翻了这个论证,可参照下一个子节中对此问题讨论),但是,经验主义的形而上学和休谟格言之间并没有明显的联系。比如,经验主义者可以很好地接受索贝尔的论证,即"作为一个等角三角形"和"作为一个等边三角形"这两个属性是不同的,但它们必然地联系在一起(见接下来的正文)。但是,麦凯确实支持一种他称之为"消除未被解释的偶然性"的方法论原则(1976: 66)。他认为这个原则诉诸了如下观点,即"一种能指导我们从不同假说中做选择的,具有最重要意义的简洁性"(1976: 66—67)。但是"消除不可解释的偶然性"这个原则与休谟格言是非常不同的。事实上,这个原则与一种被称为"温和的休谟主义"的原则高度相似。我们将在接下来的内容中看到这个原则。

48 McPherson 2012: 217. 麦克佛森有时会谈到"不连贯的"而非"不同的"属性。

49 McPherson 2012: 217. 然而就像休谟格言一样,温和休谟主义也超出了道德和规范性的范围。

50 McPherson 2012: 206.

51 McPherson 2012: 220.

52 对于此观点的讨论可见,比如,Jackson(1998)和 Sturgeon(2006 b)。

53 参见,比如,Enoch(2011: 105—109),FitzPatrick(2008),Huemer(2005:

94f）和 Parfit（2011：324—336）对此种论证的讨论。同样可参见本书 5.1 节和 6.3 节的讨论。

54 请参见，比如，Brink（1989）对这个论证的讨论。

55 见韦默对布莱克本随附性挑战的其中一个回应（Huemer，2005：207）。对"使成为正当的"和"使成为不正当的"这两个属性的早期讨论，可见 Broad 1946：103—108。由于"使成为正当的"这个属性和"使成为不正当的"这个属性不需要使行动在全面考量的意义上是正当或不正当的，布罗德使用的术语［即"使倾向于正当的"和"使倾向于不正当的"］可能是更恰当的。

56 Brink 1984.

57 麦凯说："源自古怪性的论证［……］有两个部分，一个是形而上学的，另一个是认识论的。"（1977：38）

58 Mackie 1982：117.

59 Mackie 1980：147.

60 十八世纪道德理性主义者经常用相似的论点回应情感主义者对他们的批评。比如，情感主义者佛朗西斯·哈奇森认为，我们有能感知道德关系的特殊**道德感官**（moral sense）。在批评这个观点时，理性主义者约翰·巴尔盖质问哈奇森是否认为我们能通过"附加在我们的知性之上的一种**智性感官**（intellectual sense）"来感知算数关系和几何学关系。因为巴尔盖相信答案是否定的，他接着质问哈奇森为什么会"将'道德'感知赋予**道德'感官'**"［Balguy 1991（1734）：400，巴尔盖加的强调］。

61 这两种例子都出现在 BonJour（1997）和 Huemer（2005）的著作中，后一种例子出现在 Ewing（1947）的著作中。尤因认为，下述论点可通过将其应用于自身来予以反驳，即"所有先验可知的命题都是分析的"。这个论点自身看起来无疑是先验的，但它并不是分析地为真，因为对它的否定并不自相矛盾。如果分析和综合是相互排斥的，那么对于一个先验的综合命题，如果它为真是可知的，这一点就蕴含着它是假的（Ewing 1970：86）。

62 BonJour 1997：107.

63 Mackie 1977：38.

64 这个观点同样可见 Kirchin（2010）。

65 Price 1991（1787）：§713，普莱斯自己加的强调。

66 参见，比如，Scanlon（1998）和 Parfit（2001，2011）对此观点做出的有影响力的讨论。

67 可能“告知”和“要求”的关系只在程度和强度上,而不是种类上有区别。

68 当然,一些当代哲学家认为,规范性理由某种程度上能还原到驱动性理由,但这不影响此处讨论的观点,即我们可以从上述引用的麦凯文段中提炼出两种不同的古怪性论证。

69 根据帕菲特的解释,麦凯的论证都是只关乎驱动性的(Parfit 2011: 448—452)。但是,很显然麦凯有时混淆了规范性和驱动性。帕菲特的解释过于严厉了。

70 请参见,比如,Brink 1989, Ch. 3; Sinnott-Armstrong 2010: 57,59; West 2010: 183—184;参考 Shepski 2008: 372—373。有两点需要澄清:第一,麦凯说“善的形式是这样的:如果一个人拥有关于它的知识,这便可以提供给她一种**盖过一切的**驱动性”(1977: 40,我加的强调),但是驱动内在论不需要用这么强的形式来表述。根据一种更弱的以及更不可信的表述,如果一个人做出了某个道德判断,那她必然在**某种程度上**被驱动去遵照这个判断行动。第二,当我说“做出一个道德判断”时,我的意思是指那些接受这个道德判断的精神行动,而不只是言说一个道德句子的语言行动。

71 Dreier 2010: 74,76,cf. 81—82.“实践要求”是迈克尔·史密斯的术语。见 Smith 1994, esp. Ch. 1 and 3。

72 关于对休谟主义的驱动论的陈述和辩护,参见,比如,Smith 1994: Ch. 4。正如我们在第二章中看到的,有十分有力的文本证据表明休谟自己并不支持休谟主义的驱动论。

73 这似乎是布林克对麦凯的诠释(Brink 1989: 43)。

74 T 2. 3. 3. 1; SBN 413.

75 Dreier 2010: 82.

76 同上;参见 Copp 2010: 146; Sinnott-Armstrong 2010: 60—61。

77 Mackie 1980: 53.

78 Mackie 1980: 54—55,150.

79 与尤里·莱博维茨的谈话帮助我认识到此处第二种解读的可能性。

80 Mackie 1977: 40,我加的强调。

81 Mackie 1977: 40,我加的强调。

82 正如我们在前一章中看到的,维特根斯坦与麦凯分享了相同的道德事实的概念,至少在这个特别的方面是这样。麦凯认为柏拉图也坚持这个观点,这可能也是对的,比如,见《普罗泰戈拉》358 c—d。

83 Stevenson 1937：16.

84 有人可能会想，一个人能否与仅仅是可能的，或仅仅关乎未来的事实有因果联系，比如撒一个可能是错误的，或明天将是错误的谎。但是，这样的事实可以从一些更基本的道德事实中推衍出来，比如，撒谎有到此为止(pro tanto)的错误性。正如我们在第一章中看到的，在许多版本的道德实在论中，基本道德事实是必然事实。比如根据普莱斯的观点，那些为真的基本道德事实是"不可改变的"和"必然的"[1991(1787)：§684]。根据我的解读，麦凯认为道德实在论者必须持有以下观点：一个人可以与那些为真的基本道德事实有因果联系，我们可以从那些为真的基本道德事实中推衍出仅仅是可能的道德事实和仅仅关乎未来的道德事实。

85 如果麦凯支持一种非标准版本的驱动内在论，比如从言的内在论(*de dicto* internalism)，那么他就不需要被迫接受这个观点。关于从言的内在论，见 Tresan(2006)。

86 理查德·普莱斯还支持另一种版本的苏格拉底信条。根据普莱斯的观点，"如果我对一个行为没有**认可**，那我就不能**感知到**这个行为是正当的"[1991(1787)：§687，第一个强调是奥尔森加的]。普莱斯认为所有人都会论证"对正当和不正当的感知会**引起**行动，这个感知自身就是行动的一个充分**原则**"(§757，普莱斯加的强调)。值得注意的是，此处普莱斯想的似乎也是直接的知识，正如他在讨论对"一个行动是正当的"的**感知**时讨论的也是直接的知识。

87 Smith，1994：Ch. 3.

88 比如 Brink(1989：49—50，59—62)和 Shafer-Landau(2003：145—147)。

89 根据格雷厄姆·奥迪的非自然主义的价值理论，欲求是评估判断的基础，是"类价值"(Oddie，2005)。如果道德非自然主义者接纳这种观点，那么他们可能能够在不承认驱动外在论的情况下成功回应驱动性的古怪性论证。

90 T 3. 1. 1. 6；SBN 457.

91 Harrison 1976：13—14. 正如哈里森注意到的，休谟自己曾说，"认识美德是一码事，使意志遵循美德是另外一码事"(T 3. 1. 1. 22；SBN 465)。然而，休谟的主张并不与下列观点冲突，即"接受一个道德判断"和"**在某种程度上**被这个判断驱动去行动"之间存在必然联系。如果道德驱动性并不是压倒性的，那么一个人就可以不使他的意志遵从他的道德判断。因此，休谟的主张并没有与道德内在论不相容。

92 Mackie 1980：54.

93 Mackie 1980：55.

94 同上。

95 哈里森在对麦凯《休谟的道德理论》的评论中表达了他对麦凯批评的困惑，这是可以理解的，见 Harrison（1982：71—75）。值得注意的是，公正地讲，麦凯并不是二十世纪唯一一个混淆了规范性和驱动性的道德哲学家；见 Parfit（2006）对无数事例的讨论。

第六章

如何理解麦凯源自古怪性的论证（二）

在前一章中,我们看到前三种古怪性论证都不成功。关于随附性的古怪性论证可以被普遍化或是被还原为一种对独一无二的非自然属性与关系的普遍担忧。关于知识论的古怪性论证实际上是一种道德怀疑论,而不是道德错误论。这个论证太过普遍化,以至于它无法自行成立。第三个论证有关驱动性,它依赖于这样一个前提,即对道德事实的直接认识保证了行动的驱动性,这一点是有关道德事实日常概念的一个特征。不仅这个观点本身是有问题的,宣称这一点是日常道德概念的特征也是不足信的。剩下第四种古怪性论证有待考察,这便是本章的主题。

尽管麦凯对这个论证的阐述并不充分,但它还是具有相当的说服力。正如我们即将看到的,这个论证也将道德普遍化至规范性的领域,但与前两种古怪性论证不同,它并没有超出规范性的领域。我们接下来将要论证,它的一个结果是,错误论不可能被仅仅局限于道德领域。

一种可信的错误论必须是一种关于不可还原的规范性支持关系的错误论，或是一种关于更普遍的不可还原的规范性的错误论。下一节将解释和探讨这意味着什么。6.3节和第三部分将讨论对此的反驳以及进
116 一步的含义。

6.1 第四种古怪性论证：不可还原的规范性

我们已经看到，麦凯未能清楚地区分驱动性和规范性，尤其未能区分下面两种主张：道德事实**本质上是具有驱动性的**，以及，道德事实是**有客观规定性的**。我们在5.3节中讨论了对前一种主张的最佳理解，即道德事实会在任何一个粗浅知晓它的人身上施加驱动推力；在这里我们将讨论对后一种主张的最佳理解，即道德事实蕴含了不可还原的规范性理由。我们在5.3节中舍弃了驱动性的古怪性论证。但是一些评论家注意到，麦凯对于古怪性最深重的担忧并不针对所谓的道德事实的驱动推力，而是针对道德事实不可还原的规范性。[1] 错误论者尝试用各种表达来阐释这种古怪性。麦凯认为，道德事实之所以古怪是因为它们具有客观规定性；同时我们还看到麦凯说，道德事实的古怪之处在于，它们**告诉**行动者以某种方式行事，[2] 由此它们在**本质上是行动导向的**（intrinsically action-guiding）。[3] 根据乔伊斯的说法，道德的古怪性可以用强有力的绝对命令[4] 来表达，这些绝对命令具有**不可回避的权威性**；[5] 或者也可以用**非制度性**的“应当”和“理由”（non-institutional oughts and reasons）[6] 来表达，这种“应当”和“理由”可以**真正约束行动者**；[7] 或者还可以用**实践影响力**[8]（practical clout）或**实践神力**[9]（practical oomph）来表达。

这些措辞可能都意图抓住同一种所谓的古怪性特征，但它们究竟是什么意思并不清晰，因此我们不清楚所谓的古怪性究竟是什么。[10] 在前面的章节中，我坚持认为道德事实是古怪的，因为道德事实是或蕴含

了绝对理由。[11] 现在，我认为最好的阐释是，道德事实的古怪之处在于它们是或蕴含了一种可算作支持或要求某些行为过程的事实，这些事实具有的支持性关系有不可还原的规范性。[12] 要记住，一个事实要成为不可还原的规范性理由，它就必须被算作支持某些行为过程的事实，其所具有的支持性关系要有不可还原的规范性。作为理由的事实，本身并不需要具有不可还原的规范性。那么严格来说，古怪的是一种不可还原的规范性支持关系或理由关系。为了简明扼要地加以说明，我有时会说，不可还原的规范性理由是古怪的（古怪之处在于它们具有不可还原的规范性属性，即能支持某些行为过程的属性）。 117

为了更好地理解这一点，让我们先来看一个常见的观点，即许多理由在很大程度上依赖于行动者的欲求，在这个意义上讲，如果行动者失去了欲求，那么她就失去了这个理由。比如对我来说，存在一个"今晚去本地酒吧"的理由，因为本地酒吧将播放一场足球比赛，而我欲求不要错过这场比赛。所以，"本地酒吧将播放比赛"这一事实对我而言就是一个去酒吧的理由。但是显然，这个作为我去酒吧的理由的事实取决于我不想错过比赛的欲求。如果我在某种程度上失去了不想错过比赛的欲求，而其他条件不变，那么"本地酒吧将播放比赛"这一事实对我而言就不再是我去那里的理由了。也就是说，通过放弃我"不错过比赛"的欲求，我可以回避"今晚去酒吧"的理由。我们很倾向于得出如下结论：这表明我去酒吧的理由是假言的，而那个假言理由对于道德错误论者而言没有问题。但是正如我们即将在第八章中看到的，错误论者如麦凯对于假言理由的处理过于草率。在此我并不尝试回答如下问题，即在什么意义上，错误论者可以承认对我而言"去酒吧"是一个理由（我们将在第八章回到这一点）。我此处的目标仅仅是阐释道德理由和许多其他理由之间的一个直观对比。

现在我们来考察道德事实。例如，我们假设吃肉在道德上是错误的，一个人应当把自己收入的10%捐给牛津饥荒救济委员会。"吃肉在道德上是不正当的”这一事实蕴含着一个不去吃肉的理由。这个理由——也就是支持不吃肉的事实——可能会损害人类或非人类的福祉。同样,“一个人应当把自己收入的10%捐给牛津饥荒救济委员会”
118 这一事实蕴含了一个去这样做的理由。这个理由可能是,捐助牛津饥荒救济委员会能促进人类的福祉。

在这些例子中,理由并不取决于行动者的欲求。无论行动者是否欲求促进人类或非人类的福祉,他们都有“不吃肉”和“将自己收入的10%捐给牛津饥荒救济委员会”的道德理由。他们拥有的这些理由蕴含于这样一些事实之中,即“吃肉在道德上是不正当的”,以及“一个人应当把自己收入的10%捐给牛津饥荒救济委员会”。我可以通过放弃看比赛的欲求来回避我今晚去本地酒吧的理由,但是没有人能像这样通过改变自己的欲求来回避道德理由。[13]

重要的是,这个观点并不是关于驱动性的。正如我们在前一章所见,一个人承认道德事实,比如承认吃肉是不正当的以及应当把自己收入的10%捐给牛津饥荒救济委员会,但她并不被驱动去放弃吃肉或是捐助牛津饥荒救济委员会,这并不是不可能的。这可能只是因为这个人不关心道德或对道德只有非常少的关心。但是,我们现在在讨论的是规范性问题,不是人类心理的问题。

为了进一步厘清不可还原的规范性的概念,联想一下约翰·布鲁姆最近关于理性和规范性的著作是很有帮助的。以下是布鲁姆解释他如何理解规范性:

> 在某种意义上,“规范性”仅仅是指规范、规则或正确性。在这个意义上,任何要求的源头都是规范性的。比如天主教教义就是规范性的。天主教教义要求你在周五远离肉类,这是天主教的一个规则。根据这个规则,周五吃肉是不正确的。所以在这个意义上,天主教教义是规范性的。但是我并没有在这个意义上使用“规

> 范性”。在我这里，“规范性”与应当或是理由有关。对于任何一个规则或要求，我们都可以问，你是否应该遵循它，或者你是否有理由这样做。（2007：162）

布鲁姆在这一点上是正确的，即对于任何一个规范——或规则、要求——我们总是可以问我们是否应当遵循它，或是否存在遵循它的理由。他认为规范性与应当和理由之间有这样的关系，但是这个主张存在一个问题，即“应当”和“理由”两个词都是多义词。让我们重点关注 119
“理由”（我在此处的论点也适用于“应当”）。“理由”这个词有多种用法，其中许多用法在布鲁姆所说的意义上都毫无规范性可言。比如，下列说法似乎完全没有问题：根据天主教教义，存在周五不吃肉的**理由**；这仅仅意味着根据天主教的规则，周五吃肉是不正确的。

其他类似的例子也不难找到。考虑一下语法或礼仪。对于英语写作者来说存在不去拆分不定式的理由，可能仅仅意味着，根据语法规则，拆分不定式是不妥当的；对于男性宾客来说存在在正式晚宴上打领带的理由，可能仅仅意味着这是礼仪规则所要求的。或者考虑一下西洋棋或足球。对于棋手而言存在不让车走对角线的理由，可能仅仅意味着根据西洋棋的规则，这样做是不正确的；球员有理由不把球传给自己的守门员，可能只是意味着，这样做会给对方球队提供进球的机会。再来看最后一个例子，士兵有理由服从将军的命令，可能只是意味着，这样做是服从军衔更高的人的命令，而这是士兵角色任务的一部分。

有人可能会抗议说，上面所有这些例子实际上都是规范性主张，因为无论是天主教的行为准则，还是语法、礼仪、西洋棋、足球或军事规则，都牵涉到存在于各自领域或学科中的正确性规范。但是，正如布鲁姆也会同意的，“正确性”这个词在这些语境中不是一个规范性术语。[14] 根据某种规范（N），说某种行为是正确或不正确的，并没有什么规范性的含义。这仅仅是说，根据 N，哪种行为是被要求、推荐或禁止的。**规**

范性问题，正如布鲁姆所称，[15] 关注的是是否存在遵从 N 的不可还原的规范性理由。另一种说法是，说某行为根据某种规范是正确或不正确的，这意味着存在某种**可还原**的规范性。因为正如布鲁姆所说，“规范
120 性”在某种意义上仅仅意味着规范、规则或正确性。但是当我在下文讨论规范性时，我指的是不可还原的规范性，除非另有说明。[16]

这说明了两件与我们的讨论相关的事情。第一，错误论者承认存在着独立于行动者欲求的理由。那些要求、推荐了各种行为的习俗规范、规则或正确标准在形而上学上是不古怪的。[17] 比如，对于英语写作者而言存在不去拆分不定式的理由，这在形而上学上没什么古怪的；因为根据某种意义上的“理由”，这仅仅是说根据语法规则，拆分不定式是不合适的。对于男性宾客而言存在在正式晚宴中打领带的理由，这在形而上学上没什么古怪的；因为根据某种意义上的“理由”，这仅仅是说，礼仪规范要求男性宾客需在正式晚宴上打领带。士兵可能不**欲求**遵守上级的命令，并且可能也没有能通过他的服从行为而获得满足的其他欲求，但他仍然有理由遵守上级的命令，因为这是一个士兵角色的一部分。

同样的说法也可用于棋手和球员；他们可能并没有根据规则下棋或踢球的欲求，他们甚至可能都没有赢的欲求。行动者可以在没有任何欲求需要被满足的情况下扮演一个角色，也可以在没有任何欲求获得成功的情况下从事一项活动。因此，错误论者承认存在可以还原至关于行动者的**角色**和有规则束缚的**活动**的理由。这不应令人惊讶。麦凯并没有否认规则和规范的存在，他并不否认根据这些规则和规范，特定行为者在特定情形下应该或有理由以某种方式行动；理查德·乔伊斯并没有否认他称之为“制度性理由”的存在。[18] 这种可以被错误论者承认的理由我称之为**可还原的**理由。可还原的理由可以被还原为那些
121 关于促进欲求的满足和那些关于传统或非传统的正确性规范的事实。[19]

与我们此处的讨论有关的第二件事情是，我们不能仅仅说规范性

与理由有关，因为有时候“存在一个理由去做 φ”的主张，可能仅仅意味着根据一些规范，做 φ 是正确的。举个例子，“根据天主教规范，在星期五吃肉是不正确的”这一事实，可以表述为“根据天主教教义，在星期五不吃肉的理由是存在的”这一主张。正如我们看到的，对于任何规范 N，我们总是可以提出一个规范性问题，即是否存在遵循 N 的理由。此时我们不只是在问，“根据其他的规范 N′，遵循 N 是否是正确的”，因为这当然只会导向另一个问题，即是否有理由遵循 N′。当我们问一个规范性问题时，我们是在问是否存在不可还原的规范性理由。再举另外一个例子。因为在交通法中有禁止超速的法律，我们可以说我有法律理由保持在限速之内。但是我也同样可以问，我是否有理由遵循法律理由行动。我不是在问是否存在一个附加的、要求我按照法律理由行动的法律或规则；我是在问是否存在按照法律理由行动的不可还原的规范性理由。

说一些事实 F 是对行动者 A 而言按照某种特定方式行动（比如遵循 N）的一个不可还原的规范性理由，也就是说 F 支持 A 遵循 N，其中的支持性关系具有不可还原的规范性。这种关系是不可还原的，比如它不可还原为促成 A 的欲求得到满足的事实，或还原为 A 的角色或是 A 参与的一些有规则束缚的活动。因此，布鲁姆对于“规范性”的使用，即规范性意味着按照理由行动，是需要一些限制条件的。我们可以说，规范性是关于不可还原的规范性理由的，更确切地说，是关于不可还原的规范性支持关系的。[20] 我承认这种说法并不是很有启发性。但是另一方面，我们能否进一步尝试用更清晰概念理解规范性，这也是值得怀疑的。我和其他许多哲学家都把这个概念当作一个极基础的概念。[21] 122

布鲁姆感兴趣的问题是，理性的要求是否是规范性的。他说道德要求当然是规范性的，即“如果道德要求你去做 φ，那么你就有理由去做 φ”必然为真。布鲁姆没有区分可还原的理由和不可还原的理由，但我认为他指的是后者。事实上，布鲁姆声称下面这个主张必然为真，即如果道德要求你去做 φ，那么**这个事实**就是你去做 φ 的理由。[22] 有时也许确实是这样。比如，假定道德要求你去最大化幸福，那么你就有理由去最大化幸福。有一种观点认为，这个理由就是一个事实，即道德要求你去最大化幸福。然而，这并不是显而易见的。另一种观点是，如果道德要求你去最大化幸福，那么对于任何行为 A，“A 能最大化幸福”这一事实就是一个执行 A 的理由。再举另外一个例子。假定道德要求你对朋友遵守承诺。人们可能会认为，在这种情况下，遵守承诺的理由就是下面这个事实，即如果你打破承诺，你的朋友就会受伤；而不是道德要求你遵守承诺。因此，有人可能会质疑布鲁姆的主张，即“如果道德要求你去做 φ，那么这个事实就是你去做 φ 的理由”必然为真。然而，这一点看起来确实是高度可信的，即“如果道德要求你去做 φ，那么你有不可还原的规范性理由去做 φ”必然为真。我所关注的错误论者同意我目前所说的所有内容。[23]

然而，不同于布鲁姆，错误论者主张不存在不可还原的规范性理由。因此，错误论者不仅接受关于道德的错误论，他们还接受关于更普遍的规范性的错误论。因为道德在如下意义上是规范性的，即道德蕴含了不可还原的规范性的支持关系，不存在一致为假的道德事实和道德主张。我们大致可以将这个论证概括如下：

(P_{12}) 道德事实蕴含了存在能够支持某个行为过程的事实，其中的
123 支持关系有不可还原的规范性。

(P_{13}) 不可还原的规范性支持关系是古怪的。

(C_5) 因此，道德事实蕴含着古怪的关系。

(P_4') 如果道德事实蕴含着古怪的关系，那么道德事实也是古怪的。

(C_2'') 因此，道德事实是古怪的。

基于上述论证的错误论会采取一种关于不可还原的规范性支持关系的错误论,或简称为关于不可还原的规范性的错误论。一个重要的问题是,上述论证是否错误地普遍化至道德领域之外,就像第一种和第二种古怪性论证那样。如果在道德理由关系之外,还存在其他不可还原的规范性理由关系,那么这个论证也确实能普遍化至这些关系。然而,不同于第一种和第二种古怪性论证,这个论证并没有普遍化至规范性领域之外,所以它较之前两者更有限制;正如我们看到的,前两种论证影响到了形而上学和认识论领域里那些与规范性无关的部分。关于第四种古怪性论证是否也存在过度普遍化的问题,我们将在 6.3 节和 7.1 节中简要讨论,在第八章中将有大篇幅的讨论。

同时,让我们仔细检查一下这个论证的前提。让我们先来考虑一下(P_{12})是否为真。跟随其他哲学家的观点,[24] 我们可以将那些宣称道德事实能作为或蕴含不可还原的规范性理由(并且相应地,道德主张能作为或蕴含那些关于不可还原的规范性理由的主张)的主张称为**概念性主张**。我们已经看到,非自然主义者和错误论者都接受概念性主张。[25] 但非自然主义者还接受**本体论主张**,即主张现实中存在着不可还原的规范性理由,[26] 而道德错误论者拒绝这一点。 124

一些道德自然主义者致力于通过(以各种各样的方式)拒绝概念性主张来祛除道德事实的神秘性。他们认同麦凯的观点,即他攻击的道德概念是有缺陷的。但他们否认日常道德对话从一开始就承认这些概念。比如在对麦凯的回应中,大卫·布林克论证道,对于一个行动者而言,是否存在依据道德事实行动的理由,“将取决于那些关于行动者欲求和兴趣的**偶然**(即使是深层的)**事实**”。[27] 但正如我已经论证过的,这是一个非常反直觉的观点。而其中的反直觉性,正是当麦凯宣称自然主义对道德判断的分析遗漏了“道德要求的绝对性特质”时,他想要抓住的。[28]

正如我们前面论证的,一个人不能通过发现自己没有相关的欲求就回避给牛津饥荒救济委员会捐钱的道德理由。并且,即使大多数人或所有人都没有能通过给牛津饥荒救济委员会捐钱来满足的欲求,或更广泛地说,没有任何能通过遵循道德规范来满足的欲求,布林克的如下观点也还是很难接受:对人们而言,是否存在给牛津饥荒救济委员会捐助的理由,或更广泛地说,遵循道德规范的理由,依赖于这样做是否会有利于他们欲求和兴趣的满足。这将只是一个错误解释,它错误地解释了为什么存在捐助牛津饥荒救济委员会的理由,或更广泛地说,为什么存在遵循道德规范的理由。[29]

史蒂夫·芬利在他最近的著作中对概念性主张做出了最详尽的攻
125 击。[30] 看看这个攻击在哪里出了问题,将有助于我们解释拒绝概念性主张所要付出的代价,从而能支持第四种古怪性论证中的(P_{12})。这将是接下来一节的任务。

6.2 为概念性主张辩护

在他最近的文章《错误论中的错误》(2008)中,芬利论证道,道德主张以及所有的规范性主张都是,或者应该被理解为某种相对于(语境内含的)(contextually implicit)目的或目的系统的主张。芬利所说的"目的"指的是"行动或欲望的一个可能的目的"。[31] 同时,他也清晰地指出他的观点相当于"一种对'作为支持'关系的自然主义还原,即将这种关系还原到一种只能被非规范性术语描述的关系"。[32] 根据这种观点,对于一个事实 F 来说,F 是相对于目的 e 的去做 ϕ 的理由,也就是说 F 解释了为什么行动 ϕ 将有助于 e。[33] 芬利补充说,一个理由对于一个行动者而言是否**重要**,依赖于这个行动者的态度,特别是他关心和担忧什么。[34] 比如,对于某行动者而言,可能存在一个将她收入的 10% 捐赠给牛津饥荒救济委员会的道德理由,无论她有何种态度。现在假设其中一个理由是这样的:牛津饥荒救济委员会致力于减轻全球饥饿并且是一个依赖于捐赠的组织。这一事实解释了为什么捐赠给牛津饥荒救济委员会能有利于“阻止全球饥饿”这个目的。但是，这个理由只有在下面这种情况中对此行动者而言才是重要的：她将她收入的10%捐给慈善有助于满足她的关切。正如芬利有时说的，道德主张缺乏“绝对权威”。[35]

那么，根据芬利的观点，错误论中的错误在于，它赋予日常对话的那种错误并不存在；日常道德主张并不是，也不蕴含关于不可还原的规范性理由，因此，概念性主张是错误的。我将论证，“所有道德主张都是相对于某些目的的”这一观点有许多非常不可信的推论，并且也无法避免认可许多形式的错误论。当我们关注基本的道德主张时，这一点将 126
变得非常清楚。

芬利如何看待概念性主张的争议证据

芬利试图破坏概念性主张的各种证据来源。[36] 我将评论其中一种来源，因为这与我下面将要呈现的反对芬利相对主义观点的论证有关。我们倾向于与人们进行道德论证，即使那些人并不分享我们的基本道德观点；并且，当我们与他人进行道德论证时，我们怀有说服他们我们是对的而他们是错的这样的目的。这意味着我们把道德判断当作绝对的而不是相对的判断。顺着芬利的说法，我们可以称这一点是概念性主张的“争议证据”。[37]

芬利在对此证据的回应中提出了两个论点。第一，他主张“大多数道德对话发生在那些分享同样的基本道德价值的人之间，并且这些对话都假设他人分享同样的价值”。[38] 第二，芬利主张，鉴于分歧确实可能发生在那些不分享基本道德价值的人群中，保留道德判断的相对主义可视为一种赢得对手支持的实用主义手段。保留那些使我们的道德判断具有相对性的道德标准或目的系统，“是一种修辞方式，它表达了一种希望听者赞同说话者的目的或标准的**期待**（要求）”。[39]

芬利的第一个论点低估了基本道德分歧这一现象在现存的许多社
127 会中的普遍程度。即使只是粗略看一眼许多国家的公共政治辩论，我们就能看到，基本道德分歧存在于保守派和女性主义者之间，存在于社会主义者和新自由主义者之间，存在于世界主义者和民族主义者之间，等等。并且，一些基本道德分歧，比如伦理素食者（相信动物的苦难在道德考量上能与人类的苦难具有同等分量）和物种歧视论者（相信人作为人类是更加有价值的）之间的分歧，支持堕胎者和反堕胎者在堕胎问题上的分歧，所有这些分歧在我们的日常对话中并非不常见。[40] 我们无须站在学院道德哲学的边界之外就能发现许多基本道德分歧的例子，比如功利主义者和义务论者之间的道德分歧，罗尔斯主义者和洛齐克主义者之间的道德分歧，无政府主义者和共产主义者之间的道德分歧，等等。芬利要求我们去"调查电视、广播脱口秀或新闻播客做出的道德判断，然后试图回忆上一次［我们］与诸如查尔斯·曼森或一个新纳粹者的道德对话"。[41] 但是，为什么假设与你有基本道德分歧的人是这种品格堕落的人？对方可能是一个功利主义者，一个洛齐克主义者，一个自由主义者，一个保守主义者，一个社会主义者，一个民族主义者，一个物种歧视者，或是一个反对堕胎的活动者。[42]

芬利的第二个论点适得其反。道德判断部分地是一种修辞手段，这种修辞手段通过给人们施加一定的压力使他们按特定方式行动，这个论点与道德错误论和芬利的相对主义理论都符合，但与道德错误论的适合度更高。首先，它与道德错误论的如下假说非常一致，即道德思考和话语的演进部分原因在于它们的调试和调控功能，这些功能从进化论的角度来看是高度有用的。用麦凯的话说，道德的演进部分是作
128 为"抵消有限度的同情心的手段"。[43] 下面这个推测是可信的，即如果道德主张所蕴含的是那些关于不可还原的规范性理由的主张，而不是那些可被还原为能引致某些目的的主张，那么道德对话能更好地满足上面提到的这些功能。[44]

其次，为什么道德主张具有能够要求某种行动的修辞效力？对此最直接的解释是，概念性主张是正确的：道德主张具有修辞效力，**因为**它们能作为或蕴含关于不可还原的规范性理由的主张。对比下列两个主张：

> **勺子**　“用勺子吃豆子是坏习惯。”
>
> **税**　“在你的税收清算单上作假，这在道德上是不正义的行为。”

暂且不论这两个主张（“勺子”和“税”）相对于哪一个标准和目的。“勺子”和“税”的区别在于，“税”比“勺子”具有更多的修辞效力。芬利对此的解释是，“道德标准和目的对我们而言是最迫切的关切，‘这解释了’为什么我们对道德的评价要比我们对礼仪的评价更严肃和固执”。[45]但是，有人可能会期待，在道德主张和礼仪主张之间的这种不同程度的严肃和固执，能在我们用来做出这些主张的概念中反映出来。概念性主张可以很好地满足这一期待：我们对道德标准或目的有最迫切的关切这一事实解释了为什么道德主张蕴含了那些关于不可还原的规范性理由的主张。

除此之外，如果道德主张和礼仪主张具有同等地位，那么只要两种主张都能还原到那些关于促进目标或符合标准的主张，我们就很难看到道德主张如何可以**维持**它们所具有的更强的修辞效力——就像某个不在意就餐礼仪的人可以免除“勺子”主张的制约，那些不在意相关标准或目的的人也可以同样轻易地免除“税”这个主张的制约。概念性主 129
张提供了一个直接的解释，它解释了为什么道德主张相对于礼仪主张而言能够维持更强的修辞效力。它也直截了当地解释了，为什么我们不能像免于受到“勺子”这个主张的制约那样，轻易地免于受到“税”这个主张的制约。[46]这仅仅是因为，与礼仪主张不同，道德主张蕴含了关于不可还原的规范性的主张。

反驳芬利的相对主义理论

芬利认为**道德术语关键的应用条件**,即“应用哪一个[道德]概念或术语的标准”,是关系性的,即使对于那些明确接受下面这个概念性主张的说话者来说也是如此:“一个行为被判断为在**道德上不正当**,当且仅当这个行为被认为是破坏了某些目的或违反了某个标准。”[47]

根据一种解读方法,芬利对“道德不正当性”的关键应用条件的主张是**无可指摘**的。任何一个做判断的日常道德人,比如判断某个特定行为是不正当的人,都会同意这个行动违反了她在言说时所认可的道德标准。[48] 因此,为了打破僵局,芬利的论点必须是,不只是关于特定行为的道德主张,**所有的**道德主张都是相对于标准而言的。

显而易见,我们做出的道德判断不只关乎特定行为,还关乎其他事物,包括个人、机构、社会和**道德标准**。比如,一个人可能会判定某些功利主义的道德标准是正确的而某些义务论的道德标准是不正确的,或是判定某些功利主义的道德标准比起义务论的道德标准更可能是正确的。但是根据芬利的相对主义理论,所有这些主张都是有问题的。

考虑下面这个许多功利主义者都认可的主张:

(UC) 功利主义标准 U 是正确的道德标准——根据这个标准,一个行为是正当的,当且仅当这个行为会带来的不幸与幸福的平衡至少与其他可选项所能带来的平衡同样多;反之,一
130 个行为在道德上就是不正当的。

应该毫无争议的是,(UC)是一个道德主张。[49] 但是那些主张(UC)的功利主义者肯定不是在说相对于某些特定的道德标准或目的而言,U 是正确的;他们的意思是说,U 是最基本的正确的道德标准。

关于这一点，像芬利这样的相对主义者有两个主要的选择。第一个选择是将像（UC）这样的基本道德主张与一般的分析区分开来，鉴于这些基本道德主张并不是相对于目的而言的。也许我们可以给基本道德主张一个表达主义的分析或是一个错误论或虚构主义的分析。[50] 这个选择的缺点是，它将导致一种**不一贯**的元伦理学理论。如果表达主义、错误论、虚构主义或是其他一些非相对主义的解释能给基本道德主张一个可信的分析，有人可能会期待那个解释能给出同等可信的关于非基本道德主张的分析，比如能够分析关于某个行为道德状态的主张。

更进一步，由于不一贯的理论将招致双重负荷的批评，因此它们不具有吸引力。比如，一个不一贯的理论对基本道德主张给出表达主义的分析，而对非基本道德主张给出相对主义的分析，那么它将同时遭受对它的表达主义的和相对主义的攻击。来看其中一个关于这种攻击的例子。考虑一下这个事实：把基本道德主张嵌入复杂语境中会引发一个表达主义者要面临的著名问题，即嵌入式道德主张的问题。[51] 这些考虑给不一贯的元伦理学理论的支持者带来了很大的论证负担。

第二个主要的选择是不把基本道德主张与一般的分析区分开来，并坚持这些主张也是相对于它们自身而言的。这个选择的一个优点 131
是，它能给出一种一贯的元伦理学理论。芬利最近给出的建议就延续了这个思路。[52] 这个思路的主要想法是，基本道德主张表达了一种同义反复。更详细地说，任何一个规范性主张都隐含地或显性地有一个“为了 e”这样的从句作为前缀，其中 e 是某个目的。“为了 e，某人应该执行 ϕ”这个句子表达了这样一个主张，即如果某人执行了 ϕ，那么 e 被实现的可能性就会大于除了 ϕ 以外的行动被执行时 e 被实现的可能性。因此，功利主义的基本道德主张，即一个人应该不做那些不利于最大化福祉的行为，就被理解为下面这个同义反复的主张：“为了使某人不去做那些不利于最大化福祉的行为，一个人不应该做那些不利于最大化福祉的行为。”这个主张当然是琐碎为真的（trivially true）：如果一个人不去做那些不利于福祉最大化的行动，那么“一个人不做那些不利于福祉最大化的行为”的可能性，就会大于这个人做其他事情的可能性。让我们称这个对基本道德主张的分析为“同义反复路径”。

同义反复路径有许多有问题的推论。在这里我将简要强调四种相互关联的问题。[53]

(1) **没有绝对正确的基本道德标准。**我上面所说的那些认可(UC)的功利主义者，他们并不想说 U 相对于某些**独特**的道德标准而言是正确的。他们也不想说 U 相对于其自身是正确的。这是琐碎为真的：任何一个基本道德标准相对于其自身而言都是真的。那些认可(UC)的功利主义者并不想说那些琐碎为真的事情，他们想说的是，U 是在一种非相对的意义上为真，即 U 是**绝对地**为真的基本道德标准。[54] 但是根据同义反复路径，并不存在绝对为真的基本道德标准。因此，同义反复路径证明了一种错误论，即关于绝对正确的基本道德标准的错
132 误论。

(2) **没有错误的基本道德标准。**日常说话者通常会假定，关于哪一个基本道德标准是正确的看法是有可能出错的。他们通常认为任何不正确的基本道德标准都显得与他们认可的基本道德标准不相容。比如，一个伦理素食者相信任何一个允许吃肉的基本道德标准都是不正确的；一个反对堕胎的活动家相信任何一个允许堕胎的基本道德标准都是不正确的。但是，根据同义反复路径，这些信念都是错误的。[55] 正如我们在(1)中看到的，因为任何一个关于“某个基本道德标准是正确的”这样的主张都是琐碎为真的，所以并不存在不正确的基本道德标准。因此，同义反复路径蕴含了一种错误论，根据这种错误论，任何一个关于“某个基本道德标准是正确的”的主张都一致为假。

(3) **没有关于主张内容的分歧。**(2)表明，那些对基本道德标准有明显分歧的说话者，比如功利主义者和义务论者，或伦理素食者和物种歧视论者，他们最多只在“态度”上有分歧，但在他们主张的内容上没有

分歧。这意味着以下常识信念是错的：当这些说话者在做出不同的基本道德主张时，他们对于他们所说的内容有分歧。[56]

（4）**没有能提供任何信息的基本道德主张。**许多道德哲学家以及许多日常说话者都相信他们的基本道德主张是能提供信息的，这一点经常不是明显为真的，有时甚至是极具争议的。但是，同义反复路径蕴含了这些信念是错误的。

芬利可能反驳说，认为日常说话者有关于基本道德标准的错误信念，这样做并不带来什么大的损失，因为基本道德主张不会在日常道德 133
对话中出现。当它们执行终结谈话的功能时，它们旨在要求动机和行动，而不是传达语义内容。[57]

但是这并没有说服力。首先，正如我已经指出的，日常说话者在诸如关于意识形态、素食主义或堕胎问题的争论中诉诸基本道德标准，这种现象并非不常见。当然，基本道德分歧发生的频率有多高，是可争论的（芬利认为它们发生的频率比我认为的要低得多）。但是抛开这个经验上的问题不论，很明显的是，基本道德信念和分歧对于许多人而言是至关重要的。许多人在对待针对他们的质疑，即他们所接受的基本道德标准是否真正正确时，是非常严肃的。在探究这样的问题时，他们并不是在质疑或考量一些琐碎为真的事情。因此，同义反复路径蕴含的这种错误论，是关于大量且十分重要的日常道德思考和对话的错误论。

其次，与第一点相关的是，我同意基本道德主张时常具有要求动机和行动的功能，但是说它们通常并没有传达语义内容的功能，是难以置信的。毕竟许多日常说话者，而不仅仅是道德哲学家，都愿意参与关于日常道德标准的争论。说在这些争论中基本道德主张的功能仅仅是终结谈话，是难以置信的。思想开放的参与者通常认为他们关于基本道德标准的观点是可以接受审查和修正的。正如论点（1）—（4）所表明的，他们并不认为他们的观点是琐碎为真的。[58]

让我们总结一下。同义反复路径同意错误论的下述观点，即那些宣称某个基本道德标准绝对正确的主张一致为假;同义反复路径还进一步认为,那些宣称某个基本道德标准是不正确的主张也一致为假。134 而且,同义反复路径主张,大多数道德哲学家和日常道德对话的使用者都有错误的信念,这些错误信念有关于基本道德标准的分歧和基本道德主张在逻辑学、认识论地位上的分歧——虽然这些信念通常被认为是能传达信息的、不易觉察的,有时还是极具争议和相互不融贯的,但它们都是琐碎为真的。我认为这种将所有错误赋予日常道德对话的做法,远比将错误赋予道德本体论牵强。

像芬利这样的相对主义者当然会试图发展出另一种同义反复路径。但是,似乎任何一种这样的观点都将导向一种不一贯的元伦理学理论。并且正如前面所论证的,不一贯的理论的支持者必须接受沉重的论证负担。在芬利这样的相对主义者发展出一套对基本道德主张的可信分析之前,他们对概念性主张的反驳都是没有说服力的。我的结论是,与芬利的理论相比,麦凯的理论更适合日常道德思考和话语。因此,我认为芬利的质疑不成立,第四种古怪性论证中的(P_{12})依旧是可信的。

6.3　古怪性和同罪伙伴

有人可能会试图通过拒绝第四种古怪性论证中的前提(P_4'),即如果道德事实蕴含了古怪的关系,那么道德事实是古怪的,来抵制“道德事实是古怪的”这个结论。但是,记住我们已经说过的,道德事实是关于某些事实(比如“做某个行动将会增加普遍幸福”这一事实)支持了某种行为过程(比如做某个会增加普遍幸福的行动)的事实,其中的支持性关系具有不可还原的规范性。这一点似乎是难以拒绝的,即如果不可还原的规范性支持关系或这种关系的实例是古怪的,那么它所包含的事实也同样是古怪的。

所以，让我们来考虑一下不可还原的规范性支持关系是古怪的（P_{13}）这一前提。它在什么意义上是古怪的？回忆一下，不可还原的规范性理由是那些要求、支持某个特定行为方式的事实，其中的要求或支持关系具有不可还原的规范性。比如，这种关系不可被还原为行为者的欲求、角色或他们所参与的被规则束缚的活动。正如我们看到的，支 135
持“不去拆分不定式”这一行动的事实在形而上学上并不神秘。“某个行动是拆分不定式”这一事实可以支持我们不去做这个行动；根据一种对“支持”的还原式解读，一个支持不去做那个行动的事实，仅仅是指根据“拆分不定式是不合适的”这个语法规则，我们不应去做那样的行动。同样，为什么存在能够支持“在正式晚宴中男性宾客要打领带”这个行动的事实，这在形而上学上也不是神秘的。关于“某个行动是一个男性宾客在正式晚宴中打领带”的事实，能够支持我们执行这个行动；根据一种对“支持”的还原式解读，一个支持不去做那个行动的事实，仅仅是指根据“在正式晚宴中男性宾客要打领带”这个礼仪规则，我们要去执行那样的行动。

不可还原的规范性理由是非常不同的。不可还原的规范性的支持关系不能被还原为一个行动能作为满足某个欲求的手段的属性，或一个行动能符合某个规则、规范的属性。当不可还原的规范性的支持关系出现在某个事实和某个行动过程中时，这种关系出现的事实就是一个去采取这个行动的不可还原的规范性理由。这样一种不可还原的规范性的支持关系在形而上学上似乎是神秘的。怎么可能会有这样的关系呢？

非自然主义者可以反驳说，他们并不清楚我们此时要求的是什么样的解释。他们可以坚持认为，存在不可还原的规范性理由关系是一个关于现实的基本事实，然后进一步拒绝承认这样的关系有任何**古怪性**。

这说明，问题出在形而上学的基础层面。错误论者很难说服那些并不觉得不可还原的规范性有任何古怪性的人。当然,反之也成立。所以非自然主义者的顽固反应似乎会使非自然主义者和错误论者的争论陷入僵局,使彼此都认为对方难以置信却又毫无办法。

对于道德非自然主义者来说,一种走出僵局的方法可能是诉诸同罪伙伴。我们在第五章中看到,这样的方法在对第一种和第二种古怪性论证的回应中是有效的。对于一个反对不可还原的理由的论证,一个有希望的同罪伙伴回应是主张逻辑学的规则也具有不可还原的规范性。一种理解这一主张的方式是,将逻辑学的规则当作正确推理的规
136 范。比如有人可能会论证说,“肯定前件”这个规则蕴含了,如果一个行动者相信 p,并且也相信“如果 p 那么 q”,那么对于这个行动者而言,存在一个这么做的理由:要么相信 q,要么至少放弃先前信念中的一个。上面讨论的这些关于正确性的标准,比如语法、礼仪、西洋棋、足球等等的标准,都是习俗性的,因此是有**心智依赖性**的。然而正如道德非自然主义者指出的,逻辑学的规则不太可能是习俗性的和依赖心智的。[59]

错误论者可以回应说,即使逻辑学规则是依赖心智的,前面例子中“相信 q”或者“放弃先前信念中的一个”的理由是可还原的。他们是这样做到这一点的:这个主张——如果某人相信 p 并且也相信“如果 p 那么 q”,那么她就有理由相信 q 或者放弃先前信念中的一个——仅仅相当于下面这个主张:根据肯定前件规则,如果一个人相信 p 并且也相信“如果 p 那么 q”,那么这个人要么相信 q 要么放弃先前信念中的一个,这样做就是正确的。但是,正如我们在 6.1 中提及的,在这个语境中出现的“正确性”一词并不是一个规范性术语。肯定前件规则是这样一种规则的实例,这种规则能告诉行动者,作为推理者(占有推理者这个角色)或是作为正在参与推理活动的人,存在做某事的理由。说人们在参与推理活动时有理由遵循肯定前件规则,仅仅是说遵循这个规则符合正确推理的标准。这留下了一个开放的规范性问题,即是否存在不可还原的规范性理由去遵循这些关于正确性的规则或标准。错误论者当

然会对这个问题给出否定的回答。这意味着，虽然错误论者认为“肯定前件”是一个正确的推理规则而“肯定后件”不是，他们也不认为存在一个不可还原的规范性理由去这样推理：在推理时要遵循“肯定前件”而不是“肯定后件”。

换句话说，逻辑学的规则和推理的正确性标准——无论它是习俗性的还是非习俗性的，心智依赖的还是非心智依赖的——都不蕴含遵从它们的不可还原的规范性理由。一边是一个行动者相信 p 并且相信“如果 p 那么 q”，另一边是这个行动者“相信 q 或者放弃先前信念中的一个”，在这两者之间并不存在不可还原的规范性的支持关系。有人可能会持一个**实质的观点**，即对于所有相信 p 并且也相信“如果 p 那么 q”的人来说，有**认知理由**去相信 q 或者放弃先前信念中的一个。如果认 137
知理由具有不可还原的规范性，那么道德错误论者得承认在这些主张中也存在系统性的错误。[60] 但此处的重点是，道德错误论者无须否认存在逻辑学和推理的正确性标准。逻辑学规则和其他关于抽象事物的事实，比如数学事实，在形而上学上可能都是有问题的，但它们并没有展现出道德错误论者在道德事实中发现的那种特殊的古怪之处——它们都不蕴含不可还原的规范性理由。

在这一点上，非自然主义者不太可能找到其他的同罪伙伴。在第八章中，我们将考虑诉诸假言理由和认知理由的论证。我们还将考虑这样一种观点，即不可还原的规范性理由在本体论上是有价值的，因为对于思虑的目的而言，它们是不可消解的。

如果这些论证没有一个能成功，那么对于非自然主义者而言，唯一的选择就是寻求更加顽固的策略。这样的策略诉诸了摩尔论证（见第七章）来证明，当一些道德判断为真，并且我们知道它们为真或者高度确定它们为真时，我们就可以合理地推断出存在不可还原的规范性属性和事实。正如一个当代非自然主义者所言，对于不可还原的规范性，“如果这是蒙昧主义的，[……]那么我们毫无选择，我们只能接受这种神秘主义”。[61]

但是,如果我们放弃道德实在论,我们就不需要接受神秘主义。我可以试着解释,为什么我们倾向于仿佛道德事实和不可还原的规范性理由存在那样来讨论和思考,即使实际上它们并不存在。这将是第七
138 章的话题。

注 释

1 Garner(1999);Joyce(2001);Finlay(2008);Robertson(2008);Olson(2010).不过,这些作者中并不是所有人都用了同样的术语去定义目标。

2 Mackie 1977:40.

3 Mackie 1977:32.

4 Joyce 2001:37—42.

5 Joyce 2006:60—62,1992—1999.

6 Joyce 2011a:523.

7 Joyce 2011a:524.

8 Joyce 2006:57—64.

9 Joyce 2006:63;2011a:525.

10 乔伊斯一度认为“道德可能充满了一种神秘力量——一种‘被规则和目的束缚’的基本、原初的感觉,这种感觉无法被解释”(2011a:525)。

11 Olson,2011a.

12 有一些道德事实能作为或蕴含使某行为成为被允许的行为的事实;其中的“使某行为成为被允许的行为”的关系具有不可还原的规范性。

13 参考伯纳德·威廉姆斯,他这样论述道德义务的不可回避:“一个行动者倾向于不做某事的事实[……]受到这一点的约束,即[道德]规则不会赦免他。”(Williams 2006:177;cf. 178)参考维特根斯坦对“绝对的”和“相对的”价值判断的区分以及他用于阐述这个观点事例,见4.2节的引言。这个事例清楚地表明维特根斯坦将道德判断当作绝对的价值判断。

14 阿南迪·哈蒂安加迪在语义规范性的语境中提出了这个论点。见

Hattiangadi 2007：59。

15 Broome 2007：均可查阅 *passim*。

16 我对于可还原的和不可还原的规范性的区分，对应于哈蒂安加迪对规则相对性和规范性的区分（2007：51—64），也对应于帕菲特对两种规范性的区分：规则蕴含意义上的规范性和理由蕴含意义上的规范性（2011：308—310）。

17 关于传统标准并不是对自然主义世界观在本体论意义上的基础附加物的解释，见 Searle（2010）。

18 Mackie 1977：25—27；Joyce 2001：39—42.

19 对此的讨论见 6.3 节。

20 正如我们在前面的主要文本中所见，我们也可以（并不算更有启发性地）说，不可还原的规范性与不可还原的规范性的支持关系有关。但是，当我在下面讨论规范性时，我主要指的是不可还原的规范性，除非另有说明。

21 我们当然也能使用"理由"和"支持关系"以外的其他术语，但我们将只是在规范性循环的范围里绕圈子（参考 Blackburn 1998：107）。

22 Broome 2007：165.

23 一些错误论者可能会否认道德事实蕴含了那些关于不可还原的规范性理由的事实。相反，他们可能会主张，道德事实蕴含那些完全理性的存在者一致欲求的事实。比如，"从道德上看，我不应当吃肉"这一事实蕴含"完全理性的存在者欲求我不吃肉"这一事实。但是因为完全理性的存在者的欲求不可能一致，所以道德事实并不存在。见 Joyce（2011b）。

24 比如 Smith（1994）和 Miller（2003）。但是，史密斯和米勒可能不完全像我这样理解概念性主张。

25 然而不是所有的道德错误论者都需要接受概念性主张，即道德事实蕴含了不可还原的规范性理由。一些道德错误论者可能会和史密斯一样持有这样的观点，即道德事实蕴含了完全理性的存在者一致的欲求。但是鉴于不存在欲求的一致性，道德事实也不存在。见 n23。

26 他们之中有 Nagel（1986），Scanlon（1998），Shafer-Landau（2003；2009）。Dworkin（1996）花了不少时间来批评麦凯关于驱动性的论证。正如我前面提到的，麦凯关于古怪性的这个担忧并不是特别有力。德沃金的担忧更多在于道德事实的古怪性，因为道德事实能作为或蕴含不可还原的规范性理由。德沃金说："然而，道德义务必然地提供一个行动的道德理由这一观点并不奇怪。这一点只有在'义务'和'理由'的特定含义下才是真的。"（1996）显而易见，德沃金只是简单地复述了概念性主张。他没有尝试回答下面这个问题,即那些其自身就可以支持特定行为过程的事实,其中的支持关系具有不可还原的规范性事实,它们是如何可能存在的。也见 Sinnott-Armstrong(2010: 58f.)。

27 Blink 1984: 114. 同时也见 Schroeder 2007: Ch. 6。

28 Mackie 1977: 33. 类似地,乔伊斯论证说道德自然主义没能抓住道德事实"不可回避的权威性"和"实践影响力"。见 Joyce 2006: 190—198。

29 一位匿名审稿人问,这是否使错误论者承认布林克与福特(1972)和威廉姆斯一道否认(P_{12})缺乏对道德的合适理解。我相信任何一个认为道德事实具有不可还原的规范性的人(比如布鲁姆和错误论者)都承认布林克、福特和威廉姆斯关于道德的理论是不正确的。此处我相信常识站在了布鲁姆和错误论者这边。更不必说日常说话者不太可能会在表达(P_{12})所表达的想法时使用"不可还原的规范性"这样的措辞。因为这种措辞并不是日常用语的一部分。但是,(P_{12})中表达的想法对于日常道德思考而言并不是陌生的。

30 见 Finlay(2008),(2009)和(2010)。Foot(1972)在早期对这一引起了长期争论的观点进行了攻击。Joyce(2001)回应了福特;芬利 2008 年的文章大部分是对乔伊斯的批评。Joyce(2011a)回应了 Finlay(2008),Finlay(2011)是对乔伊斯回应的反击。

31 Finlay 2006: 8.

32 同上。

33 同上。

34 Finlay 2006: 17.

35 Finlay 2006: 351—352.

36 Finlay 2008: 352—360.

37 Finlay 2008: 355.

38 Finlay 2008: 356.

39 Finlay 2008: 357(芬利自己加的强调)。这是一个人们熟悉的事实,即有时我们保留对标准或目的的相对化是出于修辞的目的,并且当相对化对相关者是显而易见的时候,我们也会保留相对化。芬利指出,对于一个橄榄球队长而言,在他关于球队策略的建议前加上一个"为了赢得比赛"或是"为了得分"这样的前缀是奇怪的(2008: 533)。但是,一个关键的区别是,一个道德论说者做出像"无论你的欲求、目标、角色或活动如何,你都不应当为了乐趣而折磨动物"这样的道德主张,**将不是**奇怪的。相对的,当橄榄球队长在表达他在战术上的建议时，如果他说出“不考虑赢得比赛或得分的目标，也不考虑你在球队中的身份如何，你都应该这样打球”这样的话，那么这**将是**奇怪的。如果一个道德论说者在他的主张，即一个人不应该为了乐趣而折磨动物，前面加上一个“为了实现你的欲求”或“为了完成特定的角色分工或遵循特定活动的规则”这样的前缀，那么很可能这个主张的性质就将改变，或者这个主张将失去它相当一部分的修辞效果（正如我将在下面的主要文本中论证的）。如果一个橄榄球队长在他对球队战术的建议前加上诸如“为了赢得比赛”或“为了得分”这样的前缀，那他只是不必要地表述得过于清晰了而已。参考 Joyce（2011a）。

40 一个常见的事实是，表面的基本道德分歧有时源于非道德的分歧，比如经验或神学上的分歧（Finlay 2008：356—358）。但是，如果我们认为所有或者甚至大多数表面的基本道德分歧的事例都源自非道德的分歧，这是不可信的。进一步讲，人们有时会怀疑或疑惑他们所接受的基本道德标准是否正确。当人们问这样的问题时，他们并不只是在怀疑或疑惑某些行动是否会导致某些目标（我将在下面的主要文本中回到这个问题）。

41 Finlay 2008：356.

42 芬利论证说，仅仅将基本道德分歧放置在说话者之间是不够的。为了能成为证据，我们还必须确定说话者承认他们自己卷入了基本道德分歧之中（2008：356f）。但是，人们自己承认他们自己卷入了基本道德分歧之中，并非不常见。比如，这时常发生在意识形态辩论中。

43 Mackie 1977：107—115. 此处，麦凯援引了 Warnock（1971）。用菲利普·基彻的话来说，道德最原初和最主要的功能之一是“弥补利他主义的失败”（Kitcher 2011：8—9）。我们将在下一章回到这一点。

44 参考 Joyce（2006），Olson（2010）。有一个可能性是，日常说话者错误地相信道德主张确实蕴含了那些关于不可还原的规范性理由的主张，而事实上，这些主张可以被还原到那些能引致某目的的主张。换句话说，存在这样一种可能性，即日常说话者犯下了一个关于道德术语含义的系统性错误。但是，这个观点比起下面这个观点似乎十分牵强，即日常说话者犯下的系统性错误是关于道德形而上学的。参见接下来的正文部分内容。

45 Finlay 2008：354.

46 参考乔伊斯对 C. L. 史蒂文森的回应：道德主张是伪装成断言的命令（Joyce 2001：14—15）。

47 Finlay 2008：365（芬利自己加的强调）。

48 即使道德特殊主义也将同意这一点。他们只会再附上这一点,即被讨论的那个标准具有不可还原的情景特殊性。

49 芬利有没有可能通过否定(UC)是一个道德主张来避免这个问题?这种回应除了具有直白的特设性,还将允许我们从非道德的前提中推出道德结论。比如,下面这个结论可以从(UC)中得到:如果某个可能的行动 φ 将带来一个比另一个可能的行动 ψ 更大的幸福与不幸的平衡,那么 ψ 就是不正当的。"ψ 是不正当的"这个主张,以及它不正当的原因在于在这里这个行为是次等选择,这似乎是道德主张的一个明显事例。但是,芬利的主张将违反休谟法则,因为它将暗示某些道德主张,比如 ψ 是不正当的,源自某些非道德主张,比如(UC)和其他一些非道德前提的联合。

50 见 Finlay 2009: 334—335 对这些尝试性建议的分析。

51 这个问题被称为"弗雷格-吉齐难题"。见 Schroeder(2010)最新的讨论。也见 9.2 节。

52 Finlay 2009: 334. 然而需要注意的是,芬利将这种对基本道德主张的分析描述为"初步的"和"推测性的"(2009: 334)。

53 芬利自己也考虑了其中的一些问题(2009: 334)。

54 类似的,正如马特·贝德克指出的,那些拒绝(UC)的人并不是想否认一个琐碎为真的东西。通常他们的意思是否认 U 是一个绝对正确的基本道德标准。

55 一个物种歧视论的主张 S 当然相对于一个非物种歧视论的道德主张 NS 而言是错误的。但是,"S 相对于 NS 是错误的"这个主张,并不等同于"S 是一个不正确的基本道德标准"这个主张。为了坚持说 S 是一个不正确的**基本**道德标准,伦理素食主义者必须做出一个错误的主张,即 S 相对于它自身是错误的。

56 同义反复路径与表达主义都有这个问题。然而,不同于前者,表达主义并不导致下面这个不可信的观点,即任何一个基本道德主张都是琐碎为真的。

57 Finlay 2009: 334. 根据芬利的观点,基本道德主张的这个争议性功能"与它们是同义反复的这一点相当相容"(2009: 334)。参考 Finlay 2009: 334,n41。

58 芬利在一个脚注中承认,这是一个"严重的反驳","因为人们通常并不认为,当他们说一个跟'应当'有关的句子时,他们是在说一个相对于目的的命题。他们非常不可能这样做"(2009: 335,n41)。我前面强调的严肃批评是,鉴于当人们在做出基本道德主张时，人们通常并不认为他们是在同义反复，所以他们非常不可能这样做。芬利在某个场合中给出了一个完整的回应，但他宣称他的回应将依赖于“我们所说的话语是什么意思，以及我们认为我们想表达的是什么意思，两者之间鲜明的区别”（2009：335，n41）。这相当于是一种错误论，根据这种错误论，日常说话者在当他们说（某些）话语时是什么意思这一点上犯下了系统性的错误。

59 Huemer 2005：113—115.

60 我们将在第八章中讨论认知理由。

61 Shafer-Landau 2003：205.

第七章
揭穿道德信念

道德错误论的批评者可能会认为,第五章和第六章的结论给道德错误论提供了一个非常弱的支持。毕竟,这两章论证的结论是麦凯的四种古怪性论证中只有一个有效力,并且我们在6.3节中承认,如果我们想要针对这个问题,即为什么不可还原的规范性支持关系有不可忍受的古怪性,给出一个令人信服的论证,是极端困难的,因为我们在这里讨论的是形而上学上的基础问题。

在下面的7.1节中,我们将考虑这样一种论证,即道德事实在形而上学上是有价值的,因为它们对于我们维护道德思考和言论而言是不可或缺的。根据摩尔论证,相信存在道德事实且一些道德判断为真这一信念,要比认为不存在道德事实且没有任何道德判断为真这一观点更可信。摩尔论证初步看来是有效力的,但我们可以通过对道德信念做具有揭穿性的解释(debunking explanation)来削弱它。此处讨论的揭穿性解释是这样一种解释,即道德信念在进化论上是有优势的。

7.1　摩尔论证

在道德哲学领域,摩尔论证的早期支持者是 A. C. 尤因。当尤因考虑没有道德判断是真的这样一种观点时,他的回应是反问这样一个问题:“难道我不知道走到街上去然后折磨我碰到的第一个人是错的吗？即使我恰巧有这样一种心理构成,即我喜欢看人类受苦,我会不知道这样做是不正当的吗?”[1] 尤因认为,没有人“能够在日常的紧急事件中严肃地相信”没有道德判断是真的这样一种观点“超过一个小时”。接着,他表明他“对哲学的一个要求是它要符合我们在日常生活中不得 139
不相信的东西”。[2]

大多数哲学家会同意,这种对道德错误论的驳斥太草率,尤因对哲学理论的一般要求给许多迫切的哲学问题提出了一个过于简单的解决方案。举个例子,我们可以合理地认为,在日常生活的紧急事件中,我们不得不相信我们有自由意志,但是这并不足以证明自由意志是存在的。同样,在日常生活中我们依赖归纳推理也不足以证明归纳推理在认识论上是能被证明的。

尤因的确意识到了这些反驳,但他坚持认为不存在为真的道德判断这个主张,相较于其他许多蕴含了这个观点为假的主张,比如为了取乐而折磨儿童在道德上是不正当的,更为不可信。这种推理模式与 G. E. 摩尔反对关于外部世界的理念论和怀疑论、捍卫常识的论证,在伦理学上是相似的。摩尔的策略是罗列许多命题,对于他而言,相较于理念论者和怀疑论者用于支持他们观点的命题,这些命题似乎是相对更可信的。[3] 现在考虑一下下面这个的简略的摩尔论证:

> MP 为了取乐而折磨儿童在道德上是不正当的,这是一个事实。

MC 因此,至少存在一个道德事实。

摩尔前提(MP)和摩尔结论(MC)都与标准错误论不相容。因为(MC)显然源自(MP),所以道德错误论者不能质疑论证的有效性。这个论证完全取决于(MP)的可信度。正如错误论者所指出的,(MP)以及其他类似的命题——比如,偷窃在道德上有到此为止的(pro tanto)不正当性,这是一个事实;捐助慈善在道德上有到此为止的正当性,这是一个事实;等等——似乎是高度可信的。特别是,相比于道德错误论论
140 证中的关键前提,这些命题似乎是更为可信的。[4]

道德非自然主义者可能会论证说,鉴于(MP),我们不得不接受,道德事实并不古怪。或者,他们可以论证说,道德事实初步看来是古怪的,但是通过反思后它们就不再显得古怪了。当我们考虑像(MP)这样的前提时,我们认识到道德事实是存在的。在这个方面,道德事实就像土豚、中微子和印象派绘画一样,(正如我们在第五章中看到的)它们初步看来可能显得很古怪,但是当我们反思到我们关于它们的信念与我们关于世界的其他信念是如此融洽之后,它们就不再显得古怪了——至少不再古怪到让我们认为它们是不真实的。

摩尔用常识挑战了理念论和怀疑论对外部世界的看法,与这种做法类似,有人可能会认为,对于那些不确定道德错误论真伪的人而言,他们相信对他们而言原初置信度相对较高的前提,这在理性上是可以证成的。[5] 所以,如果一个人发现(MP)比(P_{13})更可信,那么这个人可以拒绝第四种古怪性论证。进一步的,如果一个人发现,(MP)与其反题相比更可信,那么这个人就有权得出下面这个结论,即在任何一个关于标准错误论的有效论证中,至少有某些前提为假。并且,这个人可以因此而拒绝整个标准道德错误论。

7.2　一个具有揭穿性的回应

我们不太清楚的是,用摩尔论证反对道德错误论与用摩尔论证反对关于外部世界的理念论和怀疑论相比,前者是否能像后者一样有效力。[6] 为了回应摩尔论证,道德错误论者的一个显而易见的方式是给出一个具有揭穿性的解释,即一个对我们的道德信念[比如在(MP)中表达的那种道德信念]的揭穿性解释。虽然麦凯自己没有明确考虑摩尔论证,但他确实给出了一个具有揭穿性解释,这个解释说明了为什么关于道德事实的信念"能够被建立起来,并且对批评是如此抵制"。[7] 正如我们在第五章中看到的,这样的解释被看作是源自古怪性论证的第二步。麦凯的解释诉诸广泛存在的、道德信念所具有的社会优势和进化 141
优势。[8]

一些道德错误论的批评者试图用类似的方式来解释道德。比如,非认知主义者西蒙·布莱克本同意麦凯的认知主义观点,即道德思考和讨论会演进并持续存在的部分解释是,它们具有解决合作问题的社会功能。[9] 简单来说,这个想法就是自然选择倾向于支持某种特定的人类行为,比如互惠互利,坚持统一意见,惩罚犯人,父母照顾自己的孩子,等等。[10] 这些自然选择在塑造我们的社会规范系统的过程中起到了作用;它们能够解释为什么我们倾向于相信这样一些事情,比如存在回报帮助的理由,存在保守承诺的理由,存在认为犯人对他们的罪行有责任的理由,存在父母照顾孩子的理由。当然,人类有时也会试图违反这些准则。从狭隘的利己主义角度来看,违背承诺和不回报帮助是合理的。道德思考和讨论作为一种社会手段进入这个图景,它们可以加强人们对这些规范的遵守。我们给那些没有回报帮助和保守承诺的人下一个判断,即他们的行为在**道德上是不正当的**;他们应该受到**道德责备**,即憎恨和不喜爱的态度。

我们在道德话语中表达的想法提供了"一种压力,如果人类要在一个社会的、合作的环境中满足其相互矛盾的需求,这种压力就必须存在"。[11]

道德思考和话语的一个重大益处是,它们通过内化规范来使个体内部产生这些压力。大多数人认可道德规范的某种权威性,这使他们感到一种必须要遵照道德规范来行动的**束缚感**。用理查德·乔伊斯的话说就是,道德思考和讨论的功用是"作为对抗意志薄弱的壁垒和维护人际间承诺的手段"。[12] 简言之,道德思考和讨论存在的部分原因是"我
142 们需要它反对我们彼此相反的倾向,从而调节人际关系,控制人们对待彼此的行为"。[13]

事实上,我们在这里应该更谨慎一点。肖恩·尼科尔斯认为,布莱克本和麦凯等人的观点给出了道德为什么以及如何在人类生活中持续存在的合理解释。但是,人们为什么以及如何能够相信道德规范的权威性,这个问题在某种程度上需要一个完全不同的答案。尼科尔斯认为一个合理的答案是,基本的道德规范源于情感性回应,比如大多数人在目睹他人受苦时所感受到的强烈的痛苦。[14]

目睹他人受苦往往能给大多数人带来强烈的痛苦,这至少能部分解释为什么大多数人都有强烈的驱动性去执行和遵守反对伤害无辜(比如动物和孩童)的规范性准则。应激性痛苦(reactive distress)能在因果性上解释如下信念,即违反不伤害的规范普遍上讲是不正当的。[15] 这个论点与第一章中道德投射主义的心理命题很相似,根据这个命题,诸如不认可和认可这样的情感态度能在因果性上解释这种体验,即道德不正当性和正当性有独立于心智的特征。

揭穿论理论家(比如麦凯、乔伊斯、尼科尔斯)有一个优势,即他们能够非常有信心地预测到人们将持有哪些道德信念,并且也能解释为什么是这样。这个解释是这样的:道德信念所具有的调节和协调功能对我们而言非常重要,而关于某道德命题的信念,如(MP)信念,它们直

接起源于情感性态度。道德信念部分起源于情感态度的假说也能够解释为什么道德错误论在**情感上**是难以被接受的。当一个人思考二十世纪所发生的无数暴行时，坚持说这些暴行实际上没有一个在道德上是不正当的，即使是道德错误论的支持者也可能对这种说法感到恶心。[16]其他领域的错误论，比如关于颜色、数字、因果性等等的错误论，可能在**智识上**很难被接受，但它们并不面临同样的情感抵抗。这在一定程度上能够解释为什么有时我们对关于道德错误论的反应如此激烈，而对其他领域的错误论的反应则没有那么激烈。 143

然而，正如我已提及的，并不是所有对道德信念做出进化论上的揭穿性解释的人都是错误论者。西蒙·布莱克本就认为具有揭穿性的解释支持了非认知主义，而不是支持了错误论或是其他主张道德态度主要是认知态度的理论。下面是布莱克本的论述：

> 作用于行动之上的压力的直接后果才是重要的。进化的成功可能会有利于那些促进了它的动物，但是不会有利于下面这种可能的动物，这种可能的动物认为应该促进进化的成功但实际并没有这么做。在生存的竞争中，动物**做了什么**才是重要的。这是重要的，因为这表明只有当价值有内在驱动性时，关于它们如何出现的自然图景才是可能的。（1993c：168—169，布莱克本加的强调）

换句话说，行动才是重要的，并且这些关于什么是道德上应做之事和什么是道德要求之事等等的信念，从进化论的角度来看，都将成为某种附加在行为和能够驱动行为的类欲求的心智状态之上的多余的附加品。

在这一点上布莱克本当然是正确的，即从进化论的角度上看，行动或者说最重要的行动才是重要的。但是，这并不意味着对道德的进化论解释会促使我们接受内在论的观点，即道德判断和行动的驱动性之间存在一个必然联系。正如我们在第二章中看到的，休谟假说，即大部分的道德体系（比如“反对伤害”这个规范）源于情感性感觉（比如目睹他人受苦的应激性痛苦），足以在道德判断和驱动性之间建立一个可靠但偶然的联系。这样一个可靠但偶然的联系似乎足以使道德判断成为一个调节和协调行动的有用手段。在道德判断和可能会被其他关注推翻的驱动性之间存在必然联系，而我们不太清楚的是，从进化论的视角来看，这个必然联系可以带给我们什么。并且，这种内在论的观点，即认为在道德判断和压过一切的驱动性之间存在必然联系，似乎太强以至于不太可信；这种观点将排除这样一种可能性，即人们能够故意做那
144 些他们认为是道德上不正当的事情。

需要注意的是，休谟假说只告诉了我们道德判断的来源，而并没有告诉我们道德判断的意义。当目睹他人受苦时，我们容易感受到痛苦的感觉，这解释了为什么我们会通过投射这些情感态度，相信伤害无辜是不正当的。但是，这并不意味着，判断这样的行为不正当主要是表达一种感受或是一种非认知性的态度。情感性感觉，比如同情，能给予行动驱动性，但是当这些感受被自利或狭隘的关注所掩盖时，我们需要认知性的道德思考和谈话去检查自身，并且在他人和我们自己身上施加压力。当资源紧缺、竞争激烈时，这种掩盖可能会是频繁的，在人类历史的大部分阶段想必都是如此。这就是为什么持有关于客观道德要求的信念在进化上有优势的部分原因。关于什么是一个人在道德上应该去做的事的信念，也就因此是一种有用的社会手段而非一个多余的附加品。在麦凯对道德错误论的早期辩护中，他给出了如下事例：

> 假设我们认可努力工作：如果我们脑中的一种认可的感觉也觉得，存在比如“努力工作是好的”这样的客观事实，这样的客观事实是每个人都可以观察到的事实，并且仅仅通过观察这个事实就能唤起人们心中认可的感受，甚至可能还能激励人们工作，那么我

> 们应该最终会得到我们想要的结果：人们将会努力工作。并且，因为我们想要的东西实际上并不存在，所以我们自然会在想象中建构它们：我们将我们的感觉完全客观化以至于完全欺骗了自己。我想这就是为什么我们对道德客观性的信念如此坚定。（1946：82—83）

值得强调的是，特别有用的似乎是对不可还原的规范性理由的信念。这个信念给了道德信念调剂人际关系和人际行为“所需要的权威”。[17] 正如我们在第六章中注意到的，我们不能通过指出某些行为过程具有遵循某些习俗规范或促进欲求满足的自然属性来充分回答规范性问题。所以，这个论证不仅有反驳非认知主义的效力，还有反对许多种类的道德自然主义的效力。[18] 145

其他理论家精心阐释了道德的进化论，我给出的仅仅是对此问题特别粗糙的总结。[19] 摩尔论证的辩护者可能会抗议说，无论关于像（MP）和（MC）这种命题的信念的因果来源是什么，我们依然抱着很大的信心来持有它们，因为它们即使不是自明的，至少就其本身而言也是非常可信的。假设一个道德非自然主义者接受我在此处阐释的具有揭穿性的解释，即我们的道德信念是进化和社会压力的结果，但是她依然坚持认为不可还原的规范性属性和事实是存在的，并且我们的某些道德信念是真的。比如，进化论可能会偏好“幸福是好的”这个信念。尽管如此，道德非自然主义者可能会认为，“幸福是好的”是一个不可还原的规范性事实，并且作用于我们身上的进化论力量可以解释“幸福是好的”这个信念与“幸福是好的”这个不可还原的规范性事实之间的相互关系。[20]

错误论者在这里有几点回应。第一，他们可以同意，某些具有揭穿性的解释，比如对于那些其内容并不起解释性作用的信念的揭穿性解释，并不需要使这种信念内容的可信度变得可疑。在这个意义上，“揭穿”可能是一个误导性的术语。错误论者可以主张，损害道德信念内容可信度的是一个或几个古怪性论证。揭穿性解释的主要观点是我们为什么倾向于持有道德信念，即使它们涉及系统性的错误，并且它们皆为假。这样，错误论者就能回应摩尔论证对错误论的批评。

第二，错误论者可以更激进地论证说，既然我们在这里刻画的那种进化论的揭穿性解释是可信的，那么坚持说我们持有坚定的道德信念这一点可以授权我们对道德性质和事实的本体论结论，这样做似乎就是过于教条主义并且在认知上过分自信了。如果我们的本体论结论确实建立在我们对某些道德命题的真实性的信心之上，那么至少看起来
146 我们的确是这样的。

第三，道德错误论者可以应用奥卡姆剃刀。如果我们可以在不诉诸不可还原的规范性属性和事实的情况下解释道德实践和信念，那么一个消解了这些属性和事实的理论就具有这样一种优势，即它是一个本体论上更简洁的理论。无论我们是否预设自然主义的本体论，情况都是这样。道德非自然主义者可以尝试贬低本体论简洁性的重要性。但是，鉴于对本体论简洁性的考虑通常在哲学的其他领域以及在衡量自然、社会科学理论时被引用，这个回应似乎是无望的。

取而代之的是，道德非自然主义者可以论证说，诉诸简洁性的考虑似乎也就是诉诸某种**规范**。其结果是，道德错误论反对某些规范性存在（比如道德规范）的论证，似乎也隐秘地诉诸了某些规范，这使得道德错误论有自我挫败的意味。[21]

作为回应，道德错误论者应当首先区别两种相关的简洁性考虑。一种简洁性考虑认为，在解释力上不可消解的实体**不存在**。这明显没有诉诸任何种类的规范。另一种简洁性考虑是，我们**不应当**假定存在在解释力上不可消解的实体。这与我们通常对奥卡姆剃刀的阐述是一致的。错误论者应当承认诉诸奥卡姆剃刀就是诉诸一种规范。但是，

这种规范是习俗性的，因此这种规范在形而上学上没有任何问题。我们说一个理论 T 相较另一个理论 T′而言对某种现象给出了一个更简洁的解释，这是我们相较 T′更偏好 T 的理由；这仅仅是说，在如下意义上 T 在这个方面比 T′更值得偏好：根据一个为许多哲学家（自然主义者和非自然主义者）所接受，并为许多自然科学、社会科学所采取的衡量理论的标准，如果 T 能在其解释力不受损的情况下做出更少的有问题的假设（比如关于本体论上的假设），那么 T 比 T′更好。简洁性考虑之所以是一个我们通常在哲学和其他科学中引用的理由，可能是因为这样的考虑能够追踪真理。也就是说，相比不应用简洁性考虑，如果应用 147
简洁性考虑，我们会更倾向于成功地获得真信念。[22]

因此，从道德错误论的角度看，诉诸简洁性规范就不成问题了。当然，错误论者不能始终如一地认为，存在不可还原的规范性理由去遵守简洁性规范，因此存在偏好道德错误论而非道德非自然主义的不可还原的规范性理由。他们只能说，根据简洁性的方法论规范，道德错误论比道德非自然主义更值得偏好，并且这样的规范能在如下意义上追寻到真理：应用这些规范倾向于使我们拥有真信念。[23]

关于对道德信念的揭穿性解释，我们还有更多可说的，其他理论家论述得更详尽。我认为，可以公正地说我们目前为止论述的内容已经削弱了摩尔论证对道德错误论的批评。结合我们在第六章中对古怪性论证的辩护，我们现在似乎有了一个更强的源自古怪性的论证。本书的其他部分将着手解决当代对道德错误论的挑战以及道德错误论对道
德思考和话语的影响。 148

注　释

1 Ewing（1947：30）.

2 Ewing (1947: 32). 同样观点可见罗斯的说法。罗斯认为,我们理解"责任心"和"仁慈"是好的,就像我们理解其他任何事物一样,这种理解是完全确定、直接和自证的(同样可见4.3节)。

3 Moore(1959).

4 另一种摩尔论证将直接从(MP)出发,通过(MC)拒绝标准道德错误论,而不需要诉诸我们对于(MP)的信心。但是(MP)对于这个论证而言显然太过于乞题以至于没有论证效力。

5 Huemer 2005: 116—117;Enoch 2011: 118—121. 参考 Nagel 1996: 115。

6 见 McPherson(2009)对此问题的一个非常有帮助的讨论。正如麦克佛森注意到的,摩尔自己并没有把摩尔论证应用到伦理学讨论中。

7 Mackie 1977: 42.

8 Mackie 1977: 42—44,107—115;189—195;232—235;1985b.

9 Blackburn 1993c: 168—170. 同样也可见 Allen Gibbard(1990)。吉巴德同意布莱克本的观点,即进化论上的考虑支持了非认知主义。

10 此处最具权威性的篇章是达尔文在《人类的由来》中的讨论,特别是第三章和第五章。

11 Blackburn 1993c: 168.

12 Joyce 2006: 208.

13 Mackie 1977: 43.

14 Nichols 2004, esp. 178—189.

15 Nichols 2004: 180.

16 像查尔斯·皮格登那样,许多道德错误论的支持者可能会将他们自己想成是"不情愿的虚无论者"。见 Pigden(2007)。

17 Mackie 1977: 34. 麦凯所说的"客观有效性"就是给予道德信念所需的权威性的东西。

18 对于这一点的阐释,见 Joyce 2006: 190—209。

19 比如,见 Churchland (2010); Hauser (2006); Joyce (2006); Kitcher (2011);Nichols(2004)。

20 对这种论证的一种回应,见 Enoch 2011: 167—176。

21 参考 Sayre-McCord, 1988: 227f. 。

22 相较道德非自然主义理论和道德错误论,一些寂静主义理论更少做出在本体论上有问题的假设。这仅仅是因为它们没有任何本体论的主张。虽然这样的理论更简洁,但它们在其他领域是有缺陷的,特别是,它们不处理任何关于道德本体论的问题。

23 见 8.2 节和 8.3 节中的讨论。

第三部分

辩　护

第八章
道德错误论的影响

正如我们在第五章中看到的，第一种和第二种古怪性论证——它们分别聚焦于随附性和知识论——会过度普遍化，以至于其效力超出了道德和规范的领域。它们在形而上学和认识论上造成了争议性影响。第四种古怪性论证没有这个意义过度普遍化问题，因为它的目标是不可还原的规范性。但是，一些批评家质疑道，普遍化超出了道德领域而至规范领域，这已足够有问题。在这一章，我们将考虑这一质疑的三种版本。第一种是，反对道德事实和道德理由的古怪性论证同样可以被应用于假言理由(8.1 节)。第二种是，这种古怪性论证同样可以被应用于认知理由(8.2 节)。在对第二种质疑的讨论中，我们将考虑和拒绝近期出现的一种论证，其大意是我们不能相信错误论。第三种是，如果我们拒绝不可还原的规范性，那么这将对实践思虑的可能性产生不良影响(8.3 节)。

这些质疑都可视为对第四种古怪性论证的同罪伙伴式回应。原因在于，每一种质疑都主张，如果道德错误论的论证攻击了假言理由、认知理由或者思虑,那么这些论证因为取消了以上事物而有过分证明的问题。正如麦凯注意到的,这种同罪伙伴式的回应"是源自古怪性的论证的重要对手",[1] 但是此章讨论的同罪伙伴式回应是那些麦凯和其他
151 道德错误主义者所忽略或没有引起足够重视的回应。

8.1 错误论和假言理由

我们发现,最有力的古怪性论证针对的是不可还原的规范性理由。将这个论证普遍化是容易的:那些接受这个论证的人,不仅认可关于道德话语的错误论,也认可所有牵涉到不可还原的规范性理由的话语的错误论。一些批评家认为这是道德错误论的尴尬之处。人们认为第四种古怪性论证可以应用于**假言理由**,比如那些关于达成某个目的的手段的理由。然而对于许多道德错误论者而言,这是一个潜在的问题;这些道德错误论者希望接受假言理由并且认为关于假言理由的主张有时候是真的。来看麦凯的论述:

> "如果你想要 x,那么就做 Y(或者'你应该做 Y')"将成为一个假言命令,如果它**基于**这样一个假设的事实,即在这样的情况下,为了满足 x,Y 是唯一(或者是最好的)可选手段,也就是说,如果它是基于 Y 和 x 之间的因果关系,那么它将成为一个假言命令。做 Y 的理由**存在于**它与被欲求的目标 x 之间的因果关系之中。(1977: 27—28,我加的强调)

之后麦凯说,"去做 Y 的理由取决于对 x 的欲求以及 Y 是 x 的手段",对 x 的欲求"**制造**了去做 Y 的理由"。[2]

有人可能会像简·汉普顿那样询问,说假言理由"取决于"欲求,这究竟是什么意思。[3] 这是一个合理的问题。并且麦凯主张,假言理由"基

于”欲求或是被欲求“制造”,或者说假言理由“存在于”欲求之中,但这个问题并没有办法通过这个主张回答。显然,错误论者不能持有如下观点:存在为了达到某个目的而采取某种手段的不可还原的规范性理由。

理查德·乔伊斯通过区分宽范围的命令和窄范围的命令来回应汉
普顿的质疑。根据乔伊斯的说法,错误论者不接受像“你应该去(做 φ, 152
如果你想要 x 并且做 φ 是达成 x 的最佳手段)”这样的主张为真,但他们接受另一些主张为真,即“如果(你想要 x 并且做 φ 是达成 x 的最佳手段),那么你应该做 φ”。[4] 在第二种主张,即窄范围的主张中,做 φ 被描述为“假言的”。[5] 这个命令“依赖于它的合法性”,而这种合法性在于你想要 x;如果你不想要 x,那么这个命令就“蒸发了”。[6] 但是,在窄范围主张的后半句中出现的“应该”这个词,是什么意思呢?

我们已经说过,错误论者主张,在一些事实 F 和特定行为过程之间(比如在“吃肉会损害人类和非人类的福祉”这个事实和“坚持素食饮食”这个行为之间)存在不可还原的规范性支持关系,这一点是令人疑惑的。但是,为什么一种不可还原的规范性支持关系会因为下面一些原因而变得不令人迷惑呢?即为什么仅仅因为 F 是一个关于行动者欲求的事实和关于什么能够满足这些欲求的事实,或者因为行动者的某欲求是 F 作为不可还原的规范性支持关系的一个关系项(relatum)的必要条件,不可还原的规范性支持关系就会变得不令人疑惑?当行动者改变她的欲求时,假言命令中的命令可能会蒸发;但同样的,如果最终“吃肉”并不有损于人类和非人类的福祉,那么“不吃肉”的命令也可能蒸发。所以,为什么假言理由和命令比绝对理由和命令在形而上学上更不令人疑惑?[7] 这是另一个合理的问题。

在所有对这些问题的回应中,错误论者首先应该否认对假言理由的恰当理解是通过理解不可还原的规范性支持关系实现的。根据错误论,假言理由的主张当且仅当它们能还原到关于行动者的欲求或(他们实际上或相信)能够满足这些欲求的手段的经验性主张,假言理由的主张才能为真。[8] 所以比如说,存在对于某行动者而言去做 ϕ 的假言理由这个主张是真的,当且仅当它能够还原到另一个主张,即做 ϕ 会或者很可能会带来行动者某些欲求的满足。因此,假言理由是我称之为可还原理由(见第六章)的一种。然而需要注意的是,错误论者不需要宣称
153 所有关于假言理由的主张都要还原到关于手段-目的关系的经验性主张。有时候我们可能会说,某个人欲求 x 和这个人做 ϕ 的行为是带来 x 的一个有效手段这一事实,是这个人去做 ϕ 的不可还原的规范性理由。这样的主张就像道德主张一样一致为假。

一种可能的反驳是这样的:将假言理由的主张还原成关于行动者的欲求和能够满足欲求的手段的经验性主张,而由于这种还原不提及能支持某个行为过程的事实,所以假言理由主张中的规范性就被移除了。事实上确实是这样。但从错误论者的视角来看,这仅仅是事情本应该有的样子;被还原的是具有支持性的关系,并且如果我们想要把假言理由的主张从皆为假的状况中拯救出来,那么唯一的方法就是把它们还原到经验性的主张。

另一种相关联的反驳是这样的:由于如下主张,即某些行动将会或者可能会满足欲求,是经验性的,那么如果我们将这些主张当作关于**理由**的主张,就违背了我们在日常语言中对这个术语的使用习惯。但是,我们可以安全地避开这个批评。众所周知,“理由”这个词非常含糊,并且它显然具有一种与我们现在对假言理由提出的理解相一致的含义。比如,我们可能会说,对于“困困”(Sleepy)这个人来说,存在着在今晚再喝一杯黑咖啡的理由。在某些语境下,对这个主张的如下解读是正确的,即认为这个主张仅仅意味着,如果困困再喝一杯黑咖啡,那么他的某个欲求(比如晚睡的欲求)将被满足,或将可能被满足。这种对假言理由主张的还原性解读允许我们有时用这种主张来给人提建议。通常我们给某人提出的关于如何行动的建议,仅仅是指出她具有的某个

欲求以及她要如何行动才能满足欲求。[9] 但当我们这样做时，我们也不需要说这个人有一个不可还原的规范性理由去这样做或是放弃她的欲求。

为了更清楚地看到这一点，即假言理由主张不需要不可还原的规范性，让我们来考虑如下事实：我们可能会说，对于希特勒来说，他有在二战期间入侵英国的理由。这样说仅仅意味着，如果希特勒入侵英国，那么他的某个欲求（比如赢得战争的欲求）将会得到满足，或者将可能得到满足。因此在日常语言的使用中，显然存在着这样一种对“理由”的用法：我们使用“理由”这个词，仅仅是为了凸显行动者的欲求与满 154
足这些欲求的手段之间的联系。

8.2　错误论和信念的理由

在那些对源自古怪性的论证做同罪伙伴式回应的人当中，也许最流行的一种做法就是诉诸认知理由或信念的理由。[10] 正如道德理由是支持某个行为过程的事实，认知理由是支持某个关于信念的行为过程的事实，比如形成或悬置某个信念。比如，我现在有一个视觉经验是我前面有一台电脑，这一事实给了我一个理由去相信我前面确实存在一台电脑；天文学家报告观察到宇宙红移，这个事实是一个相信宇宙膨胀的理由；等等。这些事例意味着道德理由和认知理由有一些重要的结构上的相似性。正如菲利普·斯特拉顿-雷克所说：

> 道德理由和认知理由的区别是［……］它们保证了不同的事情。道德理由保证了支持性态度和行为，而认知理由保证了信念。因此，如果一个人怀疑规范性的（具有保证性的）关系自身，那么这样的怀疑不能仅仅被局限于避免对认知理由或对“道德”理由的怀疑主义。[11]（2002：xxvi）

同样，马特·贝德克也论证说，道德理由和认知理由具有结构上的同构性，并得出结论说，“如果[道德领域中的]支持性关系在形而上学上是可疑的，那么认知领域中也是如此”。[12] 这些哲学家——比如斯特拉顿-雷克和贝德克——在对源自古怪性论证的同罪伙伴式回应中诉诸认知理由，因而他们认为在道德领域和认知领域中的支持性关系都具有不可还原的规范性。

另一些哲学家认为，认知的支持性关系可以被还原为某种证据关
155 系。然而，针对这种观点，与麦凯和其他反驳伦理学自然主义的学者一道，有人可能会提出这样的担忧，即上面这种观点遗漏了规范性这个重要元素。比如，我们说“存在许多非常古老的化石”这个事实，它是我们相信地球上的生命已经存在了 6 000 多年的一个理由。当我们这么说时，我们不仅是说“存在许多非常古老的化石”这个事实与“地球上的生命已经存在了 6 000 多年”这个事实之间有某种证据关系，我们(也)是要说，因为存在这个证据，一个人**应该**相信地球上的生命已经存在了 6 000 多年。[13] 此处的一个普遍想法是，对于一个人应该或有理由去**做**某事这个规范性问题，我们并不能通过诉诸某些纯粹的自然属性来得到一个满意的回答；与此相同，对于一个人应该或有理由**相信**什么的规范性问题，我们也不能通过诉诸某些纯粹的自然属性来得到一个满意的回答(见 6.1 节)。

道德错误论当然可以质疑在道德理由和认知理由之间存在任何所谓的相似性，并且，道德错误论可以主张认知领域的支持性关系具有不可还原的规范性。但在此处，我并不是要延续这种讨论路径。[14] 取而代之的是，我将承认错误论的支持者会认可这个前提，即认知理由是那些支持某些信念的事实，而其中的支持性关系具有不可还原的规范性。那么，一些错误论者认为不可还原的规范性的支持关系并不存在，对于他们来说，他们似乎也要接受**认知错误论**。这种观点类似于道德错误论。现在，让我们承认认知理由具有不可还原的规范性，即一个认知事

实是那些蕴含了某行动者有认知理由去持有某信念的事实,并且一阶的认知主张是那些关于去相信什么的认知理由的主张。正如道德错误论者认为道德事实不存在并且没有什么一阶道德主张是真的,认知错误论者也认为认知事实不存在并且没有什么一阶认知主张是真的。道德错误论会接受认知错误论,这并不令人惊讶,因为正如我们已经注意到的,那些反对不可还原的规范性理由的论证会被普遍化,最终这些论证的效力会超出道德领域而到达我们所有涉及不可还原的规范性理由的思考和话语领域。现在的问题是,对于道德错误论者而言,普遍化至 156
认知领域究竟是不是一个问题。

特伦斯·库内奥最近详细探讨了道德理由和认知理由之间的相似点。[15] 他罗列了三种所谓的认知错误论的不良后果,认为每一种都足以提供我们拒绝认知错误论的基础。我将讨论每一种不良后果,并论证它们最终并不像库内奥认为的那样有问题。

“认知错误论要么是自我挫败的,要么在论证中是毫无效力的”

第一种反驳以二难困境的方式呈现:认知错误论要么是自我挫败的,要么在论证中是毫无效力的。先来看这个困境的第一个方面。正如前面提及的,根据认知错误论,不存在认知理由。但是,只要错误论者声称她的论证(比如古怪性论证)是人们相信“信念的认知理由不存在”这个论点的认知理由,那么这个理论明显就是自我挫败的。简而言之,如果古怪性论证是正确的并且错误论也是正确的,那么就不存在相信错误论的认知理由。[16]

错误论者通过下面这个方法来回避这个二难困境的第一个方面:“p 是真的”的论证和“存在相信 p 的理由”的论证是有区别的。[17] 特别需要注意的是,错误论者给出的论证是证明“错误论是真的”的论证。她并没有给出证明“存在相信错误论是真的的理由”的论证。[18] 因此,她并不接受这个自我挫败的结论:存在相信认知理由并不存在的认知 157

理由。

但是现在，库内奥声称，如果错误论者认为不存在使他们相信自己理论的认知理论，那么他们就将被困在这个二难困境的第二个方面：认知错误论“在下面这个意义上是站不住脚的，即没有任何一个拒绝它的人犯下了理性的错误”。[19] 但是由于错误论并不是要给出一个关于“什么是合理地去相信”或者“关于去相信某事物的认知理由是什么”的论证，错误论者即使承认错误论在**这些**争论中站不住脚，也并没有什么坏处。重要的是，错误论的论证能够在元伦理学或元认识论里关于真理的争论中起作用；这样的争论才是错误论关心的争论。并且，鉴于元伦理学和元认识论探究的目标是得到真理，错误论在这些争论中并不是站不住脚的。

我们已经好几次注意到，“理由”这个术语的含义非常含糊，但这个论点值得重申，并且现在它与我们此处的论证又再次相关了。错误论者否认存在认知的，即具有不可还原的规范性的理由，但他们认为存在**其他**意义上的“理由”。他们认为，对于某些行动者而言，可能存在相信某个命题的理由。[20] 这些意义挑选出了信念的可还原理由。我将简要地讨论两种可还原理由，这两种理由我们之前都提过（见 6.1、6.3、8.1 节）：假言理由和可被还原为关于正确标准的理由。

首先，信念的**假言**理由。对于错误论者而言，说对于某个行动者而言存在假言理由去相信 p，这仅仅意味着如果那个行动者相信 p，那么她就有一些欲求或目标将被满足，或非常可能被满足。比如，如果一个行动者非常想拥有关于元伦理学的真信念，那么她就有假言理由去相
158 信错误论，因为相信错误论将满足这个欲求。这个主张对于错误论者而言是可以接受的，因为这个主张并没有涉及不可还原的规范性；它仅仅赋予行动者一个欲求并指出了满足这个欲求的方法。

其次，错误论者可以承认这样一些信念的理由，这些理由的应用根据的是行动者的角色或他们所参与的规则支配或目标导向活动。在这

样的状况中,存在信念的理由也就是存在与角色和活动相关的正确规范。比如,有人可能认为,对于一位牧师而言,作为牧师的他相信《圣经》里的要点是正确的做法,在这种情况下,相信上帝存在是正确的(无论上帝是否真的存在,并且无论是否存在能否认上帝存在的不可被驳倒的论证)。这一点可以被表述如下,即对于牧师而言,存在相信上帝存在的理由。但是这仅仅意味着,作为牧师的行动者相信上帝存在是正确的做法。有人可能会认为,因为许多智力活动,比如元伦理学和元认识论的目标是得到真理,那么,对于参与这些活动的人而言,得到关于这些话题的真信念就是重要的;在这样的状况下,对于参与这些活动的元伦理学家和元认识论者而言,他们就有相信错误论的理由。对于牧师、元伦理学家和元认识论者而言,没能遵循这些理由仅仅意味着他们没能达到那些使他们的角色和他们参与的活动成功的标准。这样的主张对于错误论者而言也是可接受的,因为它们没有涉及不可还原的规范性。

总之,认知错误论是自我挫败的这个控诉建立在如下假设之上,即“关于p的论证”等于“关于有认知理由相信p的论证”。但是错误论者可以区分“关于p的论证”和“关于存在认知上的(具有不可还原的规范性的)理由去相信p的论证”。特别是,错误论者认为他们对错误论的论证是关于“错误论是真的”的论证,而不是关于“有认知理由去相信错误论”的论证。这同样展示了为什么承认认知错误论在关于“有认知理由去相信什么”的论证中毫无效力。而承认这一点也并没有什么 159
害处。[21]

“认知错误论蕴含了对任何事物的任何论证都是不存在的”

在讨论库内奥的第二个“不良后果”之前,我将先讨论第三种“不良后果”,因为我们对第二种的处理方式和第一种非常相像。库内奥主张,(A):“如果一个陈述被当作一个结论的证据性支持,那么它就是被当作了接受那个结论的**理由**”。[22] 库内奥说的“理由”指的是认知（即具有不可还原的规范性的）理由。从（A）中库内奥推出了（B）：“如果［认知错误论］是真的，那么我们将不可能在任何论证中找到任何能够为其结论提供证据性支持的前提”。[23] 然后，从这个论点出发——与他所说的那个建立起第一种“不良后果”的论点一道——他得出了结论（C）：“要么认知［错误论］是自我挫败的，要么它就蕴含了对任何事物的任何论证都是不存在的。”[24]

我们已经在本章中看到，认知错误论并不是自我挫败的。（B）的效力及其与（C）联合的效力都取决于（A）的效力，也就是取决于，“p 的证据性支持相当于去相信 p 的认知理由”。现在很清楚的一点是，我对于“认知错误论是自我挫败的”这个主张的回应建立在我对“关于 p 的论证或 p 的证据性支持”与“相信 p 的认知理由”的区分之上。当库内奥说接受 p 的证据性支持就是接受 p 的理由时，他可能暗含了对这一区分的拒绝；并且，当他提到他“或多或少相互替换地使用‘证据’和‘（认知）理由’这两个术语”时，[25] 他肯定是拒绝了这个区分。那么，最根本的分歧就在于，“证据”这个概念本身或者证据性支持关系本身，是否具有不可还原的规范性。

我承认在口语语境中“相信 p 的理由”以及“p 的证据”有时可以互
160 换使用，但是，存在对此现象的可信解释这一点，并不与认知错误论相冲突。[26] 首先，在这些语境中，我们可能相信（根据错误论，我们是“错误地相信”），“存在 p 的证据”这个事实是一个我们去相信 p 的不可还原的规范性理由。[27] 但是这并不能建立“证据是规范性的”这个论点，因为正如我们已经看到的，“理由存在”这个事实本身并不需要是规范性的。其次，之所以“去相信 p 的理由”和“p 的证据”有时候可能被我们相互替换着使用，是因为我们相信存在前面讨论过的那种，根据 p 是否存在的证据去相信 p 存在或不存在的可还原的理由。也就是说，我们相信，在这些语境中，“根据 p 是否存在的证据去相信”能够满足我们的某个欲求或能够使我们达到我们所参与的行动的规范或所扮演的角色标准。显然,这并没有证明“证据”这个概念具有不可还原的规范性。

汤姆·凯利(2006; 2007)区分了规范性概念的“证据”和非规范性概念的“证据”,并且认为在日常概念中存在规范性的“证据”概念。凯利写道:

> 根据“证据自身并没有规范效力”这种观点,一个关于“某人的证据有力地支持了某个命题”的明确判断,为什么通常能够引起“这个命题是真的”这一信念,这一点是神秘的。(2007: 468—469)

然而,只要我们考虑到我们刚才得出的那个结论,所谓的神秘性将会消失:我们关于某人的证据有力地支持 p 的明确判断,通常能够引起我们对 p 的信念,这是因为通常来讲,我们会衡量支持 p 和反对 p 的证据,是因为我们想知道 p 是否是真的,我们对 p 是否为真是有兴趣的,并且我们相信,只要我们根据 p 是否为真的证据来相信 p 为真或为假,我们就可以知道 p 是否是真的。[28] 同样需要注意的是,“证据有‘规范效 161
力’”这个想法并不能许可“证据是规范性的”这个结论。对比一下:“疼痛具有规范性力量”这个观点的意思是,如果一个行为会带来疼痛,那么这一事实就是我们反对实施该行为的理由;但是,这并不能许可“疼痛是规范性的”这个结论。我们一会儿会回到这个论点。

凯利还让我们考虑下面的观点:

> 根据标准贝叶斯主义对证据的阐释,将某事物当作肯定证据就是将它当作一个能够增加某人相信那个假说“是真的”的信心的理由;与此同时,将某事物当作否定证据,就是将它当作是降低某人信心的理由。基于这样的阐释,在“认识到某事物是一个证据”

> 与“认识到它是一个改变某人当下观点的理由”之间,存在内在的联系。(2007: 467—468)

但是这并不能在任何意义上证明“证据”这个概念是规范性的,而后者才是给错误论者带来麻烦的问题。也就是说,这并没有表明“证据”这个概念有不可还原的规范性。事实上,凯利的论点同样可以用来说明本书中其他地方给出的论点。根据贝叶斯主义的标准,“根据新的证据适当修正某人的信念”这个做法是正确的,所以在这个意义上,存在着根据新的信念适当修正信念的理由。错误论者因此可以承认,在“认识到某事物是证据”与“认识到它是一个改变某人当下观点的可还原的理由”之间,存在内在联系。但是,根据错误论,并不存在根据新证据修正信念的不可还原的规范性理由。那些想要遵从贝叶斯主义关于信念修改标准的错误论者,最多可以主张这么做能够加强认知上的成功,即那些根据新证据适当修正信念的行动者,相较不这么做的行动者更倾向于获得比假信念更多的真信念。

在区分“对 p 的论证”(或“对 p 的证据性支持”),以及“相信 p 的认知理由”时,我依赖于“证据”的非规范性概念,这个概念被凯利称为**指示证据**(indicator evidence):当 q 可靠地指示 p 时,q 是 p 的证据。[29]根据我对这个概念的理解——这个理解可能并不完全与凯利的理解相
162 同——指示证据可以被合逻辑地总结如下,即对于一个可靠的演绎论证而言,它的前提是其结论的指示证据。对于归纳论证或回溯论证而言也是这样。

为了决定一些论证是否是**有力的**归纳或回溯论证,行动者确实不得不依靠理论评估的标准。但是,正如我们在前一章中看到的,这些标准并不具有不可还原的规范性。它们是一些习俗性的方法论标准,科学家和哲学家通常在他们的职业活动中采纳这些标准。因此,错误论者可以坚持认为,决定一些归纳或回溯论证是否是一个**有力**论证,与决

定在西洋棋中的某个走法是否是一个**好的**走法相比，原则上并不是更困难的。正如前面提及的，错误论者必须承认并不存在不可还原的规范性理由，去接受通常被科学家和哲学家采纳的理论评估标准或推理规则（比如“得出最佳解释的推理”），而不是另一些标准或推理规则（比如“得出最差解释的推理”）。再次申明，错误论者最多可以做出一个实用性的主张，即对于“得出最佳解释的推理”这个标准和其他一些被广泛接受的推理规则和理论评估标准而言，在获得真理这一点上，它们的表现比其他的可知选项要好。这与下面这一点是相似的，即道德错误论者认可根据 UN 宣言，折磨是不正当的，但是道德错误论者拒绝承认存在着遵循这些宣言的不可还原的规范性理由。错误论者可以坚持认为，遵循 UN 宣言对于促进某些可欲的目标（比如维持人类生活的尊严）比不遵循 UN 宣言更好。

在这一点上，有人可能担心错误论者会使自己的理论变得冗余。如果关于证据的主张在自然主义的标准上是合适的，那么渗透在一阶认知对话中的错误是什么？为什么认知错误论不会坍塌成认知自然主义？[30]

作为回应，我们现在需要暂停论证，然后概括一下目前为止的论证。道德错误论的批评者认为道德理由和认知理由是相似的，因为在
伦理学和认识论中的支持性关系都具有不可还原的规范性。为了继续 163
我们的讨论，我姑且接受这个观点。现在，一个常识性的想法是这样的，在一阶认知话语中，根据证据去相信什么的认知理由是存在的。正如我在这个子节中论证过的，认知错误论者认为关于证据的主张并不具有不可还原的规范性，而存在根据证据去相信什么的认知理由这一主张，具有不可还原的规范性。

存在于一阶认知话语中的错误正是在于如下假定，即存在认知的（即具有不可还原的规范性的）理由去相信任何事。对比一下：道德错误论者认为，一些行动属于“折磨”，这是一个非规范性的主张，但是存

在道德理由不去折磨他人，这是一个规范性的主张。后一种主张永远不可能是真的。认知错误论者认为，一个命题 q 是另一个命题 p 为真的证据，是一个非规范性的主张；但 q 是一个去相信 p 的认知理由，是一个规范性的主张。后一种主张永远不可能为真。

“认知错误论取消了认知功过的可能性”

库内奥的第二个反驳是这样的，如果认知错误论是真的，那么我们的信念没有任何一个是建立在理由之上，因而我们的信念中没有任何一个能展现认知上的价值，即“被证成”“被保证”“是理性的”等等。再一次强调，库内奥这个论证的第一步是模棱两可地使用“理由”这个含混的术语。再次申明，错误论者反对的仅仅是存在不可还原的规范性支持关系。错误论者可能依旧可以坚持认为，根据作为一个负责任的信念持有者的标准，当且仅当一个人有足够的证据证明 p 时才相信 p，这样做是正确的。相信 p 然而缺乏 p 的证据，比如根据固定成见或是一厢情愿的结论去相信 p，都不能满足作为一个负责任的（在关于 p 是否为真上的）信念持有者的标准。

有人可能会这样反驳，说某人是负责任的（或不负责任的）信念持有者，也就是通过预设存在不可还原的规范性理由，去称赞（或批评）当事人。可信的一点是，当我们控诉某人在认知或道德上不负责任时，我们的意思不仅仅是说那个人没能满足负责任的标准，我们还认为对那个人而言，存在着做出改变以满足标准的理由。但是，对“（不）负责任的”这个术语唯一适当的用法是否必须是那个涉及了不可还原的规范性理由的用法，这一点远不是清晰的。错误论者可以坚持说，在表明行动者满足（或没能满足）一个负责任的信念持有者的标准时，她是以一
164 种纯粹描述性的方式使用“负责任的”（以及“不负责任的”）这些表达的。这当中，一个负责任的信念持有者的标准可以兑现为一些纯粹的描述性术语。这样一种标准可能包括不能有意识地相信那些自相矛盾

的事物，比如当某人思考这些信念和它们的逻辑关系时所相信的这些信念的逻辑推论，或者涉及相信她自己认为由证据所支持的命题，等等。[31] 根据这种对“责任”这一术语的纯粹描述性的用法，与认知责任相关联的标准就与习俗或是西洋棋中的标准有了可比性。

为了展现这种对“责任”这一术语的纯粹描述性使用并不是一种特设的术语操纵，我将给出一个类比。假设作为一个负责任的黑手党的标准包含了惩罚尖叫的人。那么，说一个人是负责任的黑手党，并不必然是在称赞他的行为，而可能只是做出了一个描述性的陈述，即当事人成功惩罚了尖叫的人因而满足了作为一个负责任的黑手党的标准。类似的，说一个人是一个不负责任的信念持有者，并不必然是谴责她没能遵从认知理由，而可能只是做出了一个描述性陈述，即她没能满足作为一个负责任的信念持有者的标准。因此，错误论并没有排除存在认知功过标准的可能性。它只是说，为了能使关于认知功过的主张为真，这些主张必须被理解为纯粹描述性的主张。错误论并没有为了展功避过而排除不可还原的规范性理由。

库内奥还主张认知错误论会招致如下摩尔式悖论：

> （M）认知错误论是真的，但是不存在（认知）理由去相信它。[32] 165

然而，只要我们区分“某命题为真”和“存在认知理由去相信这个命题”这两种论证，那么从错误论的角度说，从（M）中看不到任何悖论本质。再次重申，如果认知错误论是真的，那么不存在认知理由去相信任何事，也包括这个理论本身。

批评者可能会坚持认为，（M）被悖论的氛围笼罩着，而这是需要解释的现象。而根据认知错误论，一个诸如（M）的主张“甚至不能上升到悖论的水准”，[33] 这对于认知错误论而言也许足够尴尬。但是，如果我们前面提到的“理由”一词的模糊性能够得到理解，认知错误论者就可以给出解释。我们可以认为,一个说话者“承认接受(M)的第一个结合项”这一点所传达的信息是,从说话者第一人称的角度来说,存在着使她认可这个结合项的根据。换句话说,她传达的信息是,存在着支持认知错误论为真的论证,在此基础之上她认可“认知错误论是真的”这个命题。说话者之所以传达了这个信息,是因为如果她没能相信存在这样的论证,那么她就会相信一个她认为不能由证据支持的命题,她也就会因此而没能满足作为负责任的信念持有者的标准(我们在前面描述过这个标准)。

因此,只要(M)中的“理由”意味着类似如下命题的说法,即存在支持“第一个结合项所表达的命题是真的”的论证或证据,笼罩着(M)的悖论氛围就能为如下事实解释,即任何接受(M)的人都未能成为一个(在关于认知错误论是否为真的方面)负责任的信念持有者。但是,再次申明,根据错误论,关于一个说话者是否满足一个负责任的信念持有者的标准,是一个纯粹描述性的、非规范性的问题。

认知错误论和信念的规范性

我们已经看到,库内奥反对认知错误论的论证大部分依赖于如下主张,即在p的证据和相信p的理由间存在紧密联系。这意味着关于证据的主张自身就是规范性主张。作为回应,我论证了“证据是规范性
166 的”这一点并没被证明,并且即使“证据”有规范性的含义,“证据”同时也有非规范性的含义,而认知错误论者可以通过诉诸后者来区分p的证据以及相信p的理由。但是,在信念的理由和信念这个概念之间也许的确存在紧密联系,而这个联系使得信念这个概念自身——以及信念归属*自身——是规范性的。这个观点在近期的文献中得到了越来越多的支持,这也是库内奥认可但未能详细论述的观点。[34] 为了给它一

---

* 即将信念归属于某人。——译注

个名字,我们可以称它为关于信念的**规范主义**。

规范主义者可能会认为,信念归属有构成性的规范性,因为将信念p归属给某行为者A,并不仅仅是归属给A一个“认为p是事实”的态度,同时也是主张A受制于某些规范,比如说,对于A而言存在着不去相信非p的理由,或者对于A而言有理由不去不相信任何在逻辑上源自p的事物,或者对A而言存在在对非p的有力证据面前不再相信p的理由,等等。根据规范主义者,诸如此类的规范有助于将信念与其他命题态度区分开来,这些命题态度包括**将其视为事实**的态度,如猜想、想象、假设、一厢情愿等。

那么,根据规范主义,信念归属蕴含了行为者“去相信什么”和“不去相信什么”的理由。如果这些理由具有不可还原的规范性,那么规范主义就蕴含了这一点:根据认知错误论,没有任何一个信念归属是真的。对认知错误论者而言,这将是一个不良后果。

认知错误论者能给出的最简单也最可信的回应是同意规范主义者的如下想法,即前面提及的那些规范是信念和信念归属的独特之处。但是,错误论者应该坚持认为,这些规范是关于正确性的标准,它们并不能蕴含不可还原的规范性理由。我们并不是必须假定与信念归属相关的规范蕴含了不可还原的规范性理由,才能将信念与其他如猜想、想 167
象、假设、一厢情愿等态度区分开来;我们只需假定,它们陈述了对于一个态度而言需要满足怎样的标准才可算作是信念,这就足够了。

前面我建议,对于某个行为者而言,如果这个行为者相信p但并不认为p能够由足够的证据支持,甚至认为p面临着有力的相反证据,那么她可能无法满足作为一个(关于p)的负责任的信念持有者的标准。我们现在看到,一个行为者,即一个在非p的有力证据面前坚持相信p的行为者,可能不仅未能满足作为一个(关于p)的负责任的信念持有者的标准,还未能满足相信p的标准。她可能是一厢情愿地认定p。如果她不只对p的信念,还对其他信念反复违背这个规范以及其他与信念标准相关的规范，那么她可能会被当作持有(极端)少量的信念，或干脆说她什么信念也不持有。但是，这并不是说将信念 p 归属给某个行为者就蕴含了将如下理由归属给她：在非 p 的有力证据面前，存在一个不可还原的规范性理由去放弃信念 p。

让我用类比的方法来解释这个论点，假设一个足球运动员(非守门员)在比赛中用她的手捡起球。因为她违反了足球运动的规范，在足球规范和目标的意义上讲，她当下的行动并不算是"踢足球"的一个好事例，或者可以说她的技巧非常糟糕。如果她持续违反这个规范以及其他与足球赛相关的规范，那么她将被当作并没有在踢球。[35] 显然，由于足球规范，运动员(非守门员)有理由在比赛中不用手捡球。同样，由于信念规范，行动者有理由在非 p 的有力证据面前不去坚持相信 p。但这仅仅是说，如果一个行动者违反了这个规范，那么她将不会被当作是在相信 p(而是，比如说，一厢情愿地认定 p)。我们并不需要主张信念归属蕴含了不可还原的规范性理由。因此，认知错误论者并没有承认"没
168 有信念归属是真的"这一具有争议性的、令人不快的结论。[36]

我们能相信错误论吗？是的，我们能！

巴特·斯特鲁默最近论证说，我们不能相信错误论。[37] 有些令人惊讶的是，他并不想说这是对错误论的批评。斯特鲁默认为错误论是真的，并且认为"我们不能相信错误论"这一事实能使错误论者给出足以削弱许多反对观点的回应。然而，他对于"我们不能相信错误论"这个结论所给出的论证在许多方面都是有问题的。

与我的看法一致，斯特鲁默也认为一种可信的错误论不能被限制于道德领域；它必须是一种关于所有规范性判断的错误论。他对于我们不能相信这样一种理论的论证，建立在如下两个前提之上：

(B_1) 我们无法不相信(cannot fail to believe)我们的信念所蕴含的

内容；

(B_2) 我们不能有一个信念并同时相信不存在这个信念。[38]

很容易理解，为什么如果(B_1)和(B_2)是真的，我们就不能相信错误论了。根据(B_1)，如果我们相信错误论，我们就不能不相信“没有理由去相信错误论”。根据(B_2)，我们不能在相信“错误论是真的”时还同时相信“不存在相信错误论的理由”。[39] 因此，我们无法相信错误论。

首先我们注意到，(B_1)是高度可疑的。考虑一下序言悖论：[40]我相信我这本书里的每一个句子都不含排字错误，因为我已经检查这些文本许多遍了，同事和评论者也非常仔细地读过它了。我相信，如果这本书里的每一个句子都不含排字错误，那么这本书里就没有任何排字错 169 误。然而，我并不相信后者。因为不含排字错误的书是极端稀少的，所以我相信这本书也包含排字错误。因此，我无法相信我自己的信念所蕴含的内容。

斯特鲁默可能会回应说，在这种情况下，第一，我没有**完全**相信这本书里的每一个句子都不含排字错误，并且/或者我并没有完全相信这本书含有排字错误；第二，(B_1)和(B_2)应该被读作关于完全信念(full belief)的主张。[41] 然而，这一点如何有利于他的论证以及为什么有利于他的论证，是不太清楚的。确实极少有错误论的辩护者像确定“2+2=4是真的”或者“p或非p是真的”那样确定错误论是真的。因此，这个语境中的“完全信念”可能不应该理解为置信度为1的信念，而是一个有非常高置信度(不管具体是多少)的信念。但是，序言悖论依然是成立的：我可以高度确信这本书里的每个句子都不含排字错误，并且同时我不相信这本书里没有排字错误。

现在我们来考虑(B_2)。回忆一下，我对“认知错误论是自我挫败的”这个回应的批评是，虽然不存在相信错误论的理由，但是存在能证明这个理论为真的论证。因此，我可以将我的“错误论为真”这一信念建立在源自古怪性的论证之上，尽管我也坚持认为相信某信念的理由是不存在的。

根据斯特鲁默的说法：

> [……]我们把信念**建立**在一些考量之上，这些考量就是信念的理由，并且，我们不能将信念建立在一个考量之上的同时不至少是隐含地做出一个规范性的判断。假设我将我的这个信念，即“苏格拉底会死”，建立在“人类都会死”这个证据之上。在这种情况下，我不能将证据仅仅看作是导致我持有这个信念的东西，或仅仅看作是解释了为什么我持有这个信念的东西。我必须同时至少隐含地做一个规范性的判断，这个判断是关于这个证据和这个信念之间的关系的：我必须将这个证据看作是能支持或能证明，再或者是能被算作支持这个信念的东西。(2013b：198，斯特鲁默加的强调)

然而，斯特鲁默并没有给出什么论证来证实这一点，他仅仅是诉诸直觉和一个事例来支持这一主张，即无论何时，当我们将信念建立在某些考量之上时，这种做法总是牵涉到至少一个隐含的规范性判断。值得注意的是，即使我们承认这是对的，这也预设了一个值得高度怀疑的
170 事实。某人可以将她的“错误论是真的”这一信念建立在某些考量(比如源自古怪性的论证)之上，而意识不到当她在这么做时她也在做一个规范性的判断。因此，这个论证无法证明我们不能相信错误论。但是，当然，如果我们承认将一个信念建立在某些考量之上一定会涉及一个规范性的判断，那么我们必须得出这样的结论，即错误论中的信念涉及了一种不一致的想法，尽管并不明显。

但是，我认为我们不应该承认这一点。首先，考虑那些基于感知的信念形成过程。这样一种信念的形成过程是格外自发和非自愿的，并

且似乎可以说它们隐含地涉及了规范性的判断。在这样的意义上,年纪小的孩童和非人类的动物也能形成信念,即使二者大概缺乏相关的规范性想法。[42] 其次,在前面引用的段落中,斯特鲁默主张,如果我将“苏格拉底会死”这个信念建立在“人类都会死”这一证据之上,那么我必须认为这一证据支持、证明或被算作是支持了这个信念。鉴于此处有论证,我相信它建立在如下含混之上:“信念”有时可以指信念**态度**,有时可以指**被相信的东西(命题)**。信念的理由是那些支持信念态度的考量。当我们将信念建立在某证据之上时,我们只需判断在证据和被相信的命题之间是否存在证据性关系。我们无须做出任何关于证据和信念态度之间的关系的判断,我们只需要一个完全依附于关于证据和被相信的命题之间的关系的判断。正如斯特鲁默所认为的,“证据”和“被相信的命题”之间的证据性关系并不具有不可还原的规范性。[43] 因此,当我将我的某个信念建立在某证据之上时,很难说我做出了一个有不可还原的规范性的判断。

因此,我可以将我的“错误论为真”的信念建立在源自古怪性的论证之上,而不用下判断说这个论证支持了我认为“错误论为真”的信念态度。因此我可以坚持认为,虽然存在某个我可以将我的“错误论为真”的信念建立于其上的论证,但是不存在关于“错误论是真的”这一信念态度的不可还原的规范性理由。因此,我们可以相信 171
错误论。

8.3　错误论和思虑

假设我可以用下面两种方法中的某一种度过一个下午。我可以要么读一本主题与我的研究项目相关的书,要么参加一个主题与我的研究项目无关但我感兴趣的研讨会。读书将有助于我在目前的项目中取得进展。参加研讨会将增进我对一个不太熟悉的领域的认识。我认识到我不能同时读书和参加研讨会,因此我需要决定我将怎么度过这个下午。为此,我需要进行思虑。

大卫·伊诺克认为,对错误论而言,一个严重的问题就存在于这种日常场景之中。伊诺克理论的重点是,思虑预设了存在不可还原的规范性属性和事实。所以,如果一个人拒绝不可还原的规范性属性和事实,那么她就拒绝了思虑。这一点似乎是错误论的一个推论,这个推论使得错误论在许多日常生活场景中让人相当难以接受。但是,思虑预设了不可还原的规范性属性和事实这种说法是真的吗?

根据伊诺克的说法,思虑涉及了**认可**存在不可还原的规范性理由。[44] 伊洛克小心地指出,"认可"不需要被理解为显性的信念,它甚至与显性的对不可还原的规范性属性与事实的拒绝是相容的,虽然在这种情况下思虑是不连贯的。所以,此处的"认可"究竟是什么意思?一个并非伊诺克自己的但是与他的例子相似的例子:我们可以说,在相信我办公室里的这把椅子不会因为我的体重而坍塌(因为它过去从未如此)时,我认可一个归纳推理的规则,即在对未来某个时间的推理中,依赖过去的经验以及预设(在其他条件不变时)未来会与过去相似,或是一些类似的说法,这样做是正确的。现在考虑下面这个陈述:我相信我办公室里的椅子不会因我的体重而坍塌,因为它过去从未如此,但是我
172 拒绝所有关于未来事件的推论中的归纳推理规则。我宣称依赖某个规则的一个具体应用而拒绝这个规则的普遍应用,这听起来显然是不连贯的。把上面这个陈述与如下陈述做一对比:我在思虑我是否要读一本书或是参加一个研讨会,但我并不相信存在任何不可还原的规范性理由。如果思虑真的在某种程度上使我认可存在不可还原的规范性理由,那么就像我关于我办公室里的椅子的推论使我认可归纳推理规则那样,第二个陈述应该听起来像第一个陈述那样不连贯。然而至少对我来说,第二个陈述听起来完全没有不连贯。

伊诺克认为第二个陈述是不连贯的,因为他认为当一个人在思虑

时，这个人是在努力寻找什么是最合理的做法。[45] 而“做什么最合理”这个问题是规范性问题的一个实例；最合理的事，就是最有不可还原的规范性理由去做的事。伊诺克通过诉诸“思虑是什么感觉”的现象学主张来支持这一点。伊诺克主张，“思虑”与“试图回答一个事实性问题”是相似的。两者共同的目标是找到一个正确的答案。[46]

伊诺克在这一点上可能是对的，即思虑与试图回答一个事实性问题确实是相似的，并且他可能在“思虑有时致力于决定做什么最合理”这一点上也是对的。但是对我而言，某人在思虑中试图回答的问题通常是某人最想（做什么），或有最强的欲求（去做什么）。鉴于许多日常生活场景的复杂性，这些问题可能是非常具有挑战性的问题。让我们再次思考“我应该如何度过一个下午”这个例子。我欲求在我目前的项目中取得进展，同时也欲求在一个我不是非常熟悉的领域得到启发。在思虑中，我试图决定我最欲求的是什么。下列说法是真的：即使我考虑到所有这些复杂的事情，并认定（比如）我最强的欲求是在我目前的项目中取得进展，但是我**应该**做什么，什么是对我而言最有不可还原的规范性理由去做的事情，依旧是一个开放性问题。对此，错误论者当然会回答说，在这个意义上没有什么事情是我应该做的，因为不存在不可还原的规范性理由。但是，我不能理解它如何驳斥或影响我关于如何度过一个下午的思虑，在这个思虑中，我的目标是找到我最欲求的度过一个下午的方式。从我第一人称的思虑性视角出发，做出一个选择的需要似乎同样紧迫。所以对我而言，似乎许多日常思虑的事例要求的 173
仅仅是反思自己的欲求以及这些欲求间的相对强弱，而并不涉及对不可还原的规范性理由的认可。

但是根据伊诺克的说法，这将使思虑变得具有任意性。“思虑——与单纯的挑选不同——通过发现（规范性）理由来剔除任意武断的尝试，并且如果我们确信不存在这样的理由，那么思虑将是不可能的。”[47] 然而，一旦我决定了我最强的欲求是在当下的项目中取得进展，那么我选择以读书而不是参加研讨会的方式来度过下午，似乎就不是一个任意的选择了。事实上，我的这个欲求可能最终是任意的，但是鉴于我确实有这些欲求，我的选择并不是任意的。让我用下面这个类比来说明这一点。思考一下足球的（调控性）规则。在某种意义上，这些规则是任意的，但是裁判基于它们做出决定并不是一件任意的事情。比如在某种意义上，当其他队员在踢球时，守门员不许用手捡球。虽然直到不久的过去，这并不算违反规则。但是鉴于它现在是一条规则了，当这种状况发生时，裁判判定对方球队可以发任意球的做法就不是任意的行为。

然而，错误论的批评者可能会反对这一点。他们可能抗议说，将思虑看作发现某人最想要什么或有最强的欲求追求什么，将使思虑成为一个不可置信的目光短浅和内在导向的活动。但是思虑——或者至少是思虑的一些关键事例，比如当某人试图给出人生规划时——是一件显著的外在导向的活动。用伊诺克前面的说法来讲，这是某人在试图发现对她而言做什么是最合理的。

我们首先要注意的是，即使关于某人最强的欲求是什么的思虑是一个内在导向的而不是外在导向的活动，它也并不一定是目光短浅的。这是因为，一个人最强的欲求可以是他人的福祉。但是，为了使论证进行下去，让我们先假定目前所说的这些内容并没有使错误论者脱离困境。也就是说，让我们假设伊诺克在这一点上是对的：思虑在本质上是发现对一个人而言，她具有不可还原的规范性理由去做什么事情的活动。伊诺克预料到错误论者显然可以给出一个这样的回应：这仅仅建
174 立了思虑在不可还原的规范性理由中（非显性地）预设了**信念**。通过这种回应，错误论者可以持有下述观点，即思虑实际上是可能的，但它建立在错觉之上。同样，自由意志的虚无主义者也论证说，关于要做什么的思虑需要我们（非显性地）相信我们拥有自由意志，但由于我们并没有自由意志，关于我们要做什么的思虑就建立在错觉之上。有人可能

会论证说，如果不可还原的规范性理由和自由意志许可了“此处存在什么”的结论，而不只是许可了关于“为了连贯、真诚地进行思虑而不得不（非显性地）相信什么东西存在”的结论，那么这两个例子里都没有所谓的不可消解性。[48] 换句话说，这些从思虑的不可消解性出发的论证并不能许可关于本体性的结论。[49]

但是现在请考虑一下这个事实，即从**解释**的不可消解性出发的论点通常被认为是许可了此处存在什么的结论，在科学领域和日常生活领域都是如此。考虑下面这个熟悉的**推至最佳解释**（IBE）规则：从观察到的蒸汽痕迹中，物理学家们推断出分子的存在；[50] 从天王星轨道的微震中，天文学家在数学上推断出另一个大型天体，即海王星的存在；从我对今天早上街道是湿的这个观察中，我推断出前一晚下过雨了；等等。确实，当错误论者宣称道德信念最好诉诸进化论和人类生存状态的心理、社会特征，而不是对道德属性和事实的认知来解释时，道德错误论者依赖于 IBE 的事例。但是现在，伊诺克详细论证了如下论点：

> 如果你接受从解释的不可消解性出发的论点，即“推至最佳解释”，但是你想拒绝从其他种类的不可消解性（比如思虑的不 175
> 可消解性）出发的论点，那么你需要呈现和辩护一种原则性的方法，这种方法能够区分那些能为本体论承诺提供基础的不可消解性和那些不能为本体论承诺提供基础的不可消解性。（2011：66—67）

例如，如果分子和行星对于解释而言是不可消解、必不可少的，那么我们可以通过 IBE 推断出分子和行星是存在的。为什么我们不能依此类推说，如果不可还原的规范性属性和事实在思虑中是不可消解的，那么我们就可以推断出它们是存在的？在我看来，对此的回应是显而易见的。“不可消解”这个论证许可的本体论结论是那些能追寻到真理的结论,即那些往往能使我们拥有真信念的结论。IBE 使我们对诸如分子和行星之类的东西,以及诸如“最近是否下雨”之类的日常事件有了真信念,这是因为这个世界具有解释友好性(explanation-friendly)。事实上,世界的解释友好性是 IBE 成功的最好解释(当然,IBE 并非没有争议,因为“世界可被解释”这一点并非没有争议。一些怀疑论者和对科学的反实在主义者否认世界具有解释友好性或对此采取不可知论的态度,因此他们不接受 IBE。但由于伊诺克和错误论者都接受 IBE,我可以把这些担忧放在一边)。

相比之下,从思虑的不可消解性出发的论证则并不是追寻真理的。在进行思虑活动时,如果伊诺克关于思虑的本质是什么的观点是正确的,那么思虑确实能使我们拥有关于“我们有不可还原的规范性理由去做某事”的信念。而根据错误论的观点,这些信念当然为假。这是因为这个世界对思虑而言是**不**友好的:不存在不可还原的规范性理由。但是,关于“这个世界对思虑不友好”的论证是什么呢?答案是显而易见的。那正是我们在第五章和第六章中仔细讨论过的源自古怪性的论证。我们已经看到,这个论证的其中一个版本,也就是以不可还原的规范性支持关系为攻击对象的古怪性论证,具有相当强的论证效力。

伊诺克认为,我们需要一个非常有力的论点才能建立“思虑是错觉”这个结论,[51] 甚至在读了本书的第六章之后,他和其他错误论的批评者还是倾向于认为没有任何一个版本的源自古怪性的论证能完成挑战。但这只是使我们回到了起点,也就是关于源自古怪性的论证究竟
176 有多少论证效力的争论。关于世界是否具有思虑友好性的争论,最终是一个关于是否存在不可还原的规范性理由的争论。从思虑的不可消解性出发的论证最多可以建立“错误论者认可某种思虑(即关于有不可还原的规范性理由去做什么的思虑)是一个错觉”的结论。但除此之
177 外,这个论证并没有在论辩上取得任何进展。[52]

注　释

1 Mackie 1977：39.

2 Mackie 1977：29,75(强调部分都是后加的)。麦凯认为一旦我们消除绝对理由,那么Y是否确实是一个达成x的手段,或者行动者是否知道或仅仅(正确或错误地)相信Y是x的手段,这些问题就不会造成什么特别的后果了:"在每一种这样的情况中,'行动者'都有理由并且应该去'做Y'这个陈述,完全是对这些术语的普遍含义的合理应用。"(1977：77)参考Joyce 2001：53—54。

3 Hampton 1998.

4 Joyce 2001：122.

5 同上。

6 Joyce 2001：35.

7 Bedke(2011)提出了这个问题。

8 参考维特根斯坦的观点,见4.2节中的讨论。

9 感谢一名匿名审稿人提出了这个问题。

10 见比如,Bedke(2010);Cuneo(2007);Scanlon(1998);Stratton-Lake(2002)。

11 斯特拉顿-雷克主要关注的是广义的**实践理由**而不是狭义的道德理由,但在目前的语境中这个不同并不重要。同样不重要的是,斯特拉顿-雷克谈的是具有保证性的关系,而不是具有支持性的关系。保证性关系具有不可还原的规范性,他会同意这个看法的。

12 Bedke 2010：56.

13 Bedke 2010：56和2012：122—123。

14 参见Heathwood(2009)辩护的一种观点。这种观点主张,只有认知理由而非道德理由可以被自然地还原的。见Rowland(2013,sect. 2)对此观点的批评。

15 Cuneo 2007.

16 Cuneo 2007：117—118.其他作者也使用了这个论证去驳斥道德错误

论。比如,斯特拉顿-雷克认为"[认知错误论]似乎会削弱它自身,因为它[认为]我们有理由去怀疑理由的存在,并且它蕴含了'我们有理由去怀疑理由的存在'这个主张是错的"(2002b: xxv)。同样也见 Parfit 2011: 293, 522, 619。

17 关于这一点,还可见 Danielson and Olson(2007);Fletcher(2009);Leite(2007);Olson(2009)。

18 马特·贝德克提出了这样一个担忧:有人会认为,没有任何一组命题可以被当作一个论证,除非在这些命题中存在某种认知关系。我将这个担忧理解为如下想法:一个命题的集合能相当于一个论证,当且仅当在这些前提中表达的命题能够支持某种信念态度,这种信念态度对应于那些在结论中表达出来的命题。这与我对论证的看法不一样。我对论证的看法是这样的:论证是一系列的命题,在这些命题中,前提中表达出来的命题表明(或致力于表明)结论中表达出来的命题是真的。因此,我认为论证涉及命题之间的关系,而不是命题和信念态度之间的关系。一个论证当然是给出了一个采取某个信念态度的理由,但这并不是说论证自身涉及了一个认知关系。我们将在此章的后面部分用到这些论点。

19 Cuneo 2007: 117.

20 澄清一下,我并不是说库内奥和其他认知错误论的批评者否认"理由"在我宣称的意义上是含混的。同样值得注意的是,我没有建议任何概念上的修正或革新。我的主张是,我们在日常对话中使用的"(信念的)理由"这个术语是含混的,因为它既可以指信念的认知理由(根据错误论,并不存在这样的理由),也可以指可还原的信念的理由(根据错误论,存在很多这样的理由)。感谢巴特·斯特鲁默敦促我讨论这个问题。

21 Richard Rowland(2013)最近论证道,如果认知错误论是真的,那么我们没有能力知道任何事情。这是因为知识蕴含了认知证明(Rowland 2013, sect. 2)。但是,为了证明认知错误论确实有问题,就必须建立下面这样一种认知证明,即知识需要不可还原的规范性。但是,有人可能会论证说,对于某个主体而言,如果她要持有某个能被认知证成的信念,那么她只需拥有一些她相信是真的证据就足够了。倘若证据并不是一个具有不可还原的规范性的概念(见下面的子节),认知错误论并不蕴含没人知道任何事。相反,某人可能会认为,对于一个主体而言,持有能被认知证成的信念只需要这个信念能够被可靠地引起,也即满足关于可靠性的某个非规范性标准。

22 Cuneo 2007: 121,库内奥自己加的强调。

23 Cuneo 2007：121.

24 同上。

25 Cuneo 2007：192,n12.

26 “认知理由”这个术语在口语语境中可能并不那么常见,但是这个概念在日常思考和交谈中很可能是常见的。

27 认知错误论者欠他们的对手一个关于“为什么这个错误信念会出现”的解释。我不会试图在这里给出一个这样的解释,但是鉴于“基于证据的信念”整体而言具有进化论上的优越性,一个与我们在 7.1 章中给出的关于道德信念的揭穿性解释相似的解释,似乎并不牵强。

28 马特·贝德克提出了一个这样的问题,即当我们意识到某些信念将会促进一些目的的实现时,为什么我们不用面临相同的问题。假设你想要从思考死亡的压力中解脱出来,并且你认为如果你相信来世存在,就可以从这种压力中解脱。为什么这一点不会导致你相信来世?为什么证据能够扮演一个这些考虑都扮演不了的角色?一个可信的答案是,这是因为你的这个想法,即“如果你能相信来世,那么你将从对死亡的思考的压力中解脱出来”,显然不能表明“相信来世”这个信念是真的。由于“相信 p”包含了“认为 p 是真的”,因此,把某人对 p 的信念建立在那些这个人不认为可以表明“p 是真的”的事物上,通常来说是困难的。

29 Kelly 2006：§3;2007：469—471.

30 特伦斯·库内奥、霍尔瓦德·利勒哈默尔和福尔克·特斯曼都提出了这个担忧。马特·贝德克提出了一个问题:关于证据的主张具有不可还原的规范性,这一点对于错误论者而言为什么是重要的。他们是否能简单地说,如果确实是这样,那也只意味着我们在另一个领域的思考和谈话也陷入了错误论的罗网之中?如果错误论者采取了这条路线,那么他们将处于这样一种不幸的境地,即他们支持一种理论,而根据这种理论,我们不可能宣称有证据表明该理论是正确的。

31 有人可能会反驳说,没能满足这样一种标准是违背理性要求的,这样的要求蕴含了遵从它们的不可还原的规范性理由。但是,是否存在不可还原的规范性理由去遵从这些理性要求,事实上是高度值得怀疑的。关于理性是否具有那种程度的规范性含义,一个有影响力的论证见 Kolodny(2005)。Broome(2007)在这个问题上的正式立场是不可知论;他的最终结论是,他没能给出一个足以建立理性具有规范性的论证。

32 Cuneo 2007：118.

33 Cuneo 2007：119.

34 Cuneo 2007：122. 关于近期对信念规范主义的辩护，可以参考如下文献：Shah and Velleman（2005）；Wedgwood（2007）；Karlander（2008）；Shah and Evans（2012）。关于近期对信念规范主义的批评，可以参考如下文献：Bykvist and Hattiangadi（2007）；Steglich-Petersen（2008）；Gluer and Wikforss（即将出版）。

35 在回应针对元伦理学的表达主义的规范主义挑战中，杰米·德雷耶给出了一个类似的论证。见 Dreier 2002：140—143。

36 有另一种对这一批评的回应。假设规范主义者是对的，即作为一个信念的属性就是不可还原的规范性。那么作为一个信念的属性就是随附在一些其他的属性（比如心理属性）之上的。错误论者可以承认，虽然作为一个信念的属性并不存在，因此也就不存在为真的信念归属，但是存在着一个被信念随附的心理属性。存在这样的心理属性，因而存在对它们为真的信念归属。这一点似乎是足够好的。另一方面，虽然规范主义者也可以否认作为一个信念的不可还原的规范属性随附于其他属性，但是这样一来，关于信念的规范主义可能会由于如下原则而被拒绝：规范性随附于其他性质，这是一个概念性的事实。以这种方式反对心智的规范主义的论证，见 Steglich-Petersen（2008）。感谢杰斯·约翰逊与我讨论此问题。

37 Streumer（2013b：195—196）.

38 Streumer（2013b：196）.

39 当斯特鲁默说“信念的理由”时，他指的是那些支持信念的考量，其中的支持性关系具有不可还原的规范性。

40 Makinson（1965）.

41 Streumer（2013b：205，n23）.

42 感谢马特·贝德克提出这个问题。

43 请参见，Streumer（即将出版 c：n24）。斯特鲁默必须认为证据性关系不具有不可还原的规范性，因为他认为存在“错误论为真”的证据。如果“有证据证明错误论为真”这一判断具有不可还原的规范性，而根据他自己的理论这个说法将是错误的，那么我们就很难理解斯特鲁默是如何论证错误论为真的。

44 Enoch 2011：74.

45 Enoch 2011：72.

46 Enoch 2011：73.

47 Enoch 2011：74.

48 这些并不意味着错误论者或虚无主义者不能进行这种类型的思虑。确实，错误论者不能真诚地进行这样的思虑并同时认为她关于错误论的信念是真的，或者至少她不能连贯地这么做。但是，只要这些信念被压制，思虑似乎就不太成问题了。可能对于思虑者来说，需要选择的东西是如此重要以至于她忘记了对她而言在智识上非常有说服力的错误论论证，并且她还形成了对她而言做什么事情最合理的信念。当她这样做时，她当然是不连贯的，但她的这种思虑并不需要包含任何不真诚的成分或牵涉任何心理上的困难。我们将在下一章中回到类似的问题。

49 正如伊诺克所提及的(2011：79，n71)，这一论点是巴里·斯特劳德对超验论证的著名批评的一个实例。请参见斯特劳德 1968，也可参见 Shafer-Landau(ms)的类似论点。

50 这是哈尔曼在其著作《道德的本质》(1977)首章中所举的著名例子。

51 Enoch 2011：78—79.

52 伊诺克很可能会同意这个诊断。他声称现存的关于世界并不具有思虑友好性的论证，例如源自古怪性的论证，都是不成功的，他在其著作的后半部分确立了这一观点(2011：79)。相比之下，我在这一章以及第六章和第七章中致力于证明，源自古怪性的论证中的一个版本有相当强的论证效力，并且错误论者可以回应许多重要的反对意见。

第九章

道德错误论，然后呢？

假设我们发现我们在第六章中辩护的第四种源自古怪性的论证有说服力，或假设我们被道德错误论的其他论证，比如我们在第五章中批评的前三种源自古怪性论证，或是我们在第一章中提到的错误论的其他一些论证说服。也就是说，假设我们开始相信，日常的道德思考和话语所包含的错误使得道德判断系统地、一致地出错，[1] 这对于日常的道德思考和话语有什么样的后果？

在这章中，我们将考虑三种主要的回应；道德废除主义（moral abolitionism）、道德虚构主义（moral fictionalism）和道德保留主义（moral conservationism）。前两种在最近的元伦理学讨论中为人所熟知。在9.1节中我将讨论并最终拒绝道德废除主义。道德虚构主义（在我看来更合理）将在9.2节中得到讨论并最终被我们拒绝。在9.3节中我将论证，道德错误论者最好推荐我称之为保留主义的理论，即保留日常（有缺陷的）道德思考和话语。我们将看到，保留主义与一些历史上的杰出哲学家著作中为人熟知的思想具有相似性。归根结底，我建议，由

于其实用蕴意，已知为假的断言是有用处的。最后，我考虑了道德错误论以及道德保留主义对规范伦理学的意义。 178

9.1　反对道德废除主义

如果人们确信道德错误论是正确的，那么人们的自然反应似乎就是建议废除日常道德思考和话语。这种立场被称为道德废除主义。公平地说，虽然这是少数派的观点，但它也有一些捍卫者。我们可以区分**部分**和**完全**的道德废除主义。第一种观点的支持者声称，我们道德概念中的某些子集是错误的，因此应该废除该子集，但他们并不建议完全废除道德。例如，安斯康姆在她的著名论证中指出，"道德正当与不正当""应当""义务"等日常概念，都以伦理的立法概念为前提，而这种概念在我们现在这个时代是不合适的。因此，她建议我们放弃义务论概念并提倡复兴亚里士多德的美德伦理。[2]

完全的道德废除主义者走得更远，他们认为，道德在整体上被错误所浸染或者道德在其他一些方面是有问题的。伊恩·欣克福斯是这种观点的代表之一。[3] 他对道德的攻击有两个方面。一个方面是，他认为道德思考和话语承载着不可成立的认识论和形而上学承诺，而我们并不需要道德属性和事实来解释任何东西，包括我们的道德信念。他认为道德信念可以被揭穿，这显然与麦凯关于道德错误论的观点非常相似。[4]

第二个方面是，欣克福斯主张，道德思考和话语会带来各种令人厌恶的后果，例如精英主义、威权主义、冲突和战争。有人可能会说，这种欣克福斯称之为"道德社会"的批评本质上是**道德的**，但我们可以以善意的理解说，欣克福斯是在识别出道德思考和话语所具有的令人厌恶的后果的基础上建议废除道德的。[5] 179

道德思考和话语是否真如欣克福斯所指控的那样有罪？例如，考虑一下精英主义。有人可能会建议,对各种形式的赞美的普遍欲求以及对富裕和有权力的人的钦羡性情至少与道德思考和话语一样容易导致社会的精英主义。亚当·史密斯论证说,这种欲求和性情会**破坏**我们的道德情感;它们不是我们道德思考的产物。[6] 此外,精英主义经常受到道德上的批评,而这种批评是通过道德词汇进行的。道德思考和话语是否会促成而不是降低所有欣克福斯讨论的后果,这个问题将很难凭经验解决。不过我的怀疑是,道德话语至少可能更有利于,而不是有害于人类和非人类的福祉。总的来说,我同意 G. J. 沃诺克的看法,他认为,类似欣克福斯这样的观点:

> 仅仅夸大了一个完全熟悉且毫不奇怪的观点,即个人和团体都倾向于(非常真诚地,即使有些自欺欺人地)考虑那些适合于他们自己的道德要求。基于此,对道德的一个**一般性**的指责只是坚持这一事实不仅有时而且总是如此发生,这一点尽管可以理解却是非常不可信的。[7](1971: 156,沃诺克加的强调)

相较于欣克福斯对道德的实用性态度,其他错误论者对此更为乐观。我们已经看到,根据麦凯的观点,“[我们]需要道德来反对我们彼此相反的倾向,从而调节人际关系,控制人们对待彼此的行为”。[8] 我们还看到,根据乔伊斯的观点,“道德化了的思想和谈话[功能]是防御意志薄弱的堡垒,[并且]能作为一种人际承诺的手段”。[9] 在最近对道德虚构主义的辩护中,丹尼尔·诺兰、格雷格·雷斯托尔和卡罗琳·韦斯特指出:

> 道德话语是非常有用的。道德在协调态度和调节人际关系方
> 180 面起着重要的社会作用。放弃道德讨论将迫使我们的谈话、思维和感受方式发生大规模改变,这将是极其困难的。[10](Nolan,

Restall, and West 2005: 307)

最后一点值得强调。鉴于道德思想和言论很大程度上是建立在情感基础上的,并且考虑到道德情感在社会和个人生活中所起的重要作用,要废除道德思考和话语将是极其困难的。[11] 我们需要能够信任协议和依靠他人的承诺。违反协议和承诺在道德上是错误的这一想法,是确保双方遵守协议和承诺的一个非常有用的工具。因此,如果道德被奇迹般地废除,它随后将被重新发明出来。

9.2　反对道德虚构主义

道德虚构主义是近期在元伦理学讨论中备受关注的话题。在**修正性**(revisionary)和**诠释性**(hermeneutic)的道德虚构主义之间进行区分是很常见的。后者是对日常道德话语的解释,它把日常道德话语比喻为讲故事。本书的核心问题涉及道德错误论对日常道德思考和话语在实践上的影响,而诠释性的道德虚构主义并不关注这一问题。因此,我将不再讨论诠释性的道德虚构主义。[12] 在本书的余下部分,“道德虚构主义”将用来表示修正性道德虚构主义。

那些同时也是道德虚构主义者的道德错误论者坚持认为,在人们意识到普通道德思考和话语涉及系统性错误之后,采取一种并不真正相信道德命题的想法,以及采取一种其道德言说并非对道德现实的直 181
接断言的道德话语,将是有用的。特别是,采用道德虚构主义比采用废除主义或保留日常的、错误的道德思考和话语更为有用。

我将重点介绍理查德·乔伊斯最近关于道德虚构主义的论证。[13] 乔伊斯提倡一种我们可称之为**强制道德虚构主义**(force moral fictionalism)的观点。根据这种观点,日常道德话语与道德虚构主义话语之间的区别不在于各自话语中所言说的句子的内容,而在于所言说的道德句子的言外之力。[14] 在日常道德话语中,道德句子的言说,例如"折磨是不正当的",都是真诚的断言;但在道德虚构主义的话语中,它们是**假装**断言。当一个人说出"折磨是不正当的"时,这个人只是假装主张"折磨是不正当的"这个命题。同样,在日常的道德思考中,人们确实真诚地相信道德命题,但根据强制道德虚构主义,它们只是一些假装信念的内容。

乔伊斯认为,道德虚构主义保留了日常道德思考和话语的重要功能,特别是加强自我控制和对抗意志薄弱的功能。我将论证,道德虚构主义并没有乔伊斯认为的那么有用,并且,保留日常的、错误的道德思考和话语在许多方面似乎是一种更可取的选择。

关于乔伊斯对道德虚构主义的辩护,我将提出三点担忧。第一,他
182 主张"保留日常道德话语"不值得推荐,因为错误的信念会产生不好的影响。我认为这种说法有许多反例,因此乔伊斯未能为我们接受道德虚构主义提供足够的动力。第二,我们尚不清楚"进行虚构"这种做法能否以乔伊斯所认为的那种方式和程度增强我们自我控制的能力。第三,我认为乔伊斯忽略了对道德采取和维持虚构主义的态度带来的一些巨大代价。

但是首先,我们需要厘清从道德错误论到道德虚构主义的路径。在第六章中,我论证说一种可信的错误论要采取关于不可还原的规范性的错误论的一种形式。那么,道德错误论者主张的我们**应当**采用道德虚构主义是什么意思呢?如果这里的"应当"是道德的或具有不可还原的规范性,那么根据错误论者自己的观点,这种主张是错误的。因此,这里的"应当"肯定不是这个意思。根据乔伊斯的观点,在这个问题中的"应当","仅仅是一种直接的、日常普通的、实践意义上的'应当'"。[15]

这些表达的确切含义并不是显而易见的,但乔伊斯最终提供的详尽阐述表明,"我们应当采用道德虚构主义"这一主张应理解为一种关

于手段—目的关系的非规范性的主张。这个想法是这样的,一种可信的代价—利益分析表明,如果我们被道德错误论的论证说服,那么我们应该选择道德虚构主义。[16] 其中涉及的代价被理解为对我们偏好的挫败,而好处则被理解为对偏好的满足。因此,这里的"应当"是非规范性的;"我们应当采用道德虚构主义"这一主张应当理解为是指,道德虚构主义是一种实现我们所欲求的目标(例如偏好满足)的手段,这种手段比废除主义和保留主义的替代性方案更有效。[17] 183

乔伊斯对道德虚构主义的论证(1):真信念的工具价值

乔伊斯首先识别了他认为道德信念所具有的一个重要好处:

> "做 ϕ 符合我的最大利益,我对此的信念可以被证成"这一事实并不能确保我会去做 ϕ。人类是在认识论上可能犯错的生物,即使我们足够聪明,可以知道正确答案在哪里,诸如意志薄弱、激情、急躁之类的干扰因素也可能给正确行动的执行造成障碍。[……]我认为,道德思考是[……]一个便利之计,这个便利之计的功用是增强对这样的实践非理性的自我控制。如果一个人相信"做 ϕ"**来自**一个她无法摆脱的权威的要求,如果她脑中充满了"必须做"的想法,如果她相信"不做 ϕ"不仅使她自己感到挫败,也会使她变得应受谴责和应招致反对,那么她更有可能执行这个行动。通过这种方式,道德信念可以帮助我们以工具理性的方式行事。(2001:184)

废除主义的一个不良后果是放弃了道德思考的便利之计。相比之下,乔伊斯的道德虚构主义承诺会在保留它的同时不给错误的信念和主张以任何承诺。他给那些为道德错误论的论证所说服的说话者的建议是,他们可以继续使用道德话语,但不要相信道德话语。[18] 正如我们已经看到的,当谈及道德言说时,这个建议是要我们假装表达道德信念,即要我们假装主张道德命题。

我相信乔伊斯并没有为我们接受道德虚构主义而非保留主义提供足够的动机,后者建议保留日常道德思考和话语以及它们所包含的错误信念和主张。乔伊斯反对保留主义的论据是基于这样的主张,即真信念是有工具价值的。[19] 显而易见的是,真信念通常具有巨大的工具价值,而错误信念通常没有工具价值。(一个要吃有毒水果的人最好相信该水果是有毒的,并遵守该信念!)这不仅适用于经验性的信念,也适用
184 于另外一些,例如数学上的信念(一个被两个捕食者追赶的人,如果她发现其中一个捕食者撤退了,那么她最好不要由此得出结论说没有捕食者追赶她!)。需要注意的是,乔伊斯主张错误的信念不仅仅是没有工具价值。他引用威廉·詹姆斯的话说,实际上,由于我们永远不知道在各种情况中什么真信念可能是有用的,因此不断获取更多的真信念是有工具价值的。[20]

但是,针对真信念有工具价值而假信念没有工具价值这一主张,存在着许多反例。许多哲学家论证说,大多数人有我们拥有自由主义意义上的自由意志这个错觉,并且这种错觉对许多制度和实践至关重要,而这些制度和实践又反过来对个人福祉和社会福祉至关重要。[21] 也有人论证说,有一些真信念,比如关于自我同一性、个人和时间的偏见,以及在责任和应得等问题上的真信念,对人类的福祉而言是有害的。因此,我们必须在“真信念”和“使人类过上令人满意的生活”之间做出选择。[22]

在一项著名的研究中,心理学家雪莱·E. 泰勒和乔纳森·D. 布朗论证说,某些虚假信念,例如“过分积极的自我评价、夸大对控制和掌握的感知,以及不切实际的乐观主义等等,都是正常人的思维特征”,并且“这些错觉似乎对心理健康的其他标准具有促进作用,包括关心他人的能力、感到高兴或满足的能力,以及从事生产性和创造性工作的能

力”。[23] 虽然这些例子是有争议的，但是他们认为，一些非道德的和经验性的信念是有工具价值的——尽管它们是假的。如果这确实是正确的，那么很有可能也存在一些虽然是假的，但是有工具价值的道德信念。

乔伊斯可能会回应说，他并没有为过于强硬以至于不可信的主张做辩护，即不可能主张真信念总是有工具价值而假信念总是不可能有工具价值；他辩护的是一种更普遍的认知**策略**，即争取获得真信念并且避开假信念的策略。[24] 乔伊斯识别了两个这种追寻真理策略的依据。185
第一个依据是：一个“看起来有用的假信念［……］将需要所有其他假信念来做补偿，以使之能与这个人知道的其他事情相吻合”。[25]

同样，要坚持持有一些假的非道德的和经验性的信念，很可能也需要我们对周边的信念做出不合理的修正，并且还需要对可用的证据做特定的解读。但是，坚持假的道德信念是否需要做任何这样的事，或是其他令人不快的事，这是非常不清晰的。毕竟，许多哲学家都接受这一论点，即道德的事物与非道德和经验的事物是不同的，这种不同至少体现在如下意义上，即没有任何一个道德结论来自纯粹的非道德或经验性前提。[26] 如果这个论点是正确的，那么为什么坚持假的道德信念需要不可信的信念修正，就不太清楚了。[27]

乔伊斯追寻真理策略的第二个依据是改写自 C. S. 皮尔斯的观点。他引用皮尔斯的观点说，任何与追寻真理策略不相容的策略都“将导致智识活力的快速衰退”。[28] 他的担忧似乎是，采取在某些时候建议坚持错误信念的策略会使我们走上滑坡，导致认知灾难。

但是，这种担忧是基于对我们在认知策略中的区分能力的低估。目前尚不清楚的是，为什么我们应该预期一种实用的认知政策，即坚持某个关于某事在某种程度上被认为假的信念，从而影响人们在任何智力活动中对追寻真理策略的普遍承诺。例如，为什么预期那些对自由主义的自由意志采取实用策略的人，会更少承诺数学中的追寻真理策略呢？为什么预期那些对有关自我评价的信念采取实用策略的人，会更少承诺历史研究中的追寻真理策略呢？同样，我们并不清楚为什么一个关于道德的实用认知策略会产生这样的负面影响。我同意乔伊斯
186 的观点，即从错误论者的视角来看，最好采用什么样的认知策略是一个复杂的经验性问题，但我的中间结论是，乔伊斯并没有为我们接受道德虚构主义提供足够的动力。[29]

乔伊斯对道德虚构主义的论证(2)：道德虚构主义与自我控制力的增强

假设你发现自己处于这样一种情形中，即你被诱惑去做某件通常认为是道德不正当的事情，比如入店行窃或打破承诺，因为这样做能满足你当下的自利目的。乔伊斯认为，一个关于道德不正当性属性的虚构主义立场能够增强在这种情形中的自我控制，并且能因此帮助你避免那些（根据假设）不利于你长期的最佳利益的行动。

但是如果让你入店行窃或打破承诺的诱惑很强大，那么为什么一个对道德不正当性属性（你自己相信它不会被实现出来）的虚构主义态度能阻止你这样做呢？针对参与虚构与行动动机之间不存在因果关系的担忧，乔伊斯指出，“阅读《安娜·卡列尼娜》可能会鼓励一个人放弃一段无望的爱情；观看《布莱尔女巫计划》可能会导致人们取消计划好了的树林露营之旅”。[30] 但是这些例子并不是完美的类比。读完《安娜·卡列尼娜》后，我可能会**相信**最近开始的恋情是没有希望的；在看了《布莱尔女巫计划》之后，我可能会**相信**（至少有可能）一个疯狂的连环杀手在树林中漫游。这些关于**现实**的**信念**（其中一种比另一种更可能是真的）可以作为对随后行为的部分解释。但是道德虚构主义者的论点是，参与道德虚构可以在影响动机和行为的同时不引起关于现实
187 的虚假道德信念。[31]

乔伊斯意识到他意图给出的类比是不完美的，因此他随后将虚构

主义的态度描述为一种预先承诺。[32] 例如，一个预先承诺不会违反承诺的人会处在一种不去违反承诺的性情状态中，但是在一个独立的批判语境中，对“违反承诺是否真的在道德上不正当”这个问题，她很可能会处在回答“不”的性情状态中。[33] 但是，如果虚构主义的态度能被兑现为生理和心理性情，那么我们进行虚构的意义就变得不清楚了。人们可能承诺某些缘由而不对此采取虚构主义的态度。一个足球迷可能会感受到对某支球队有强烈的承诺，展现出相信许多事物并以某种方式行动和感受的性情，而不采取虚构主义的态度。同样，某人可能会在承诺遵守诺言或不偷窃等等的同时，不激发任何虚构。

乔伊斯可能会坚持认为，参与道德虚构的意义在于使我们能够做出有力的道德承诺而不持有错误的信念。但是，尚不清楚这是否是一个重要的优势，因为如上所述，错误的信念不一定没有工具价值，它也可以是有工具价值的。此外，目前我们将看到，在获得道德虚构主义所提倡的生理和心理性情的同时避免（错误的）道德信念，需要我们付出昂贵的精神努力。

在这个子节中，我有两个论点。首先，尚不清楚道德的虚构主义态度如何能有增强自我控制的机制。其次，即使这种机制得到了澄清，预先承诺也不需要我们对任何一个方面都采取虚构主义的态度。因此，我们不能通过认识到道德预先承诺具有工具价值而自然而然地接受虚构主义。

道德预先承诺和道德虚构主义的代价

乔伊斯很清楚，对道德采取一种虚构主义的立场并不意味着：

> 一遍又一遍不断进行的计算。虚构主义并不是说某人进入商店，受到偷窃的想法诱惑，接着决定将道德当作一种虚构，这样做支持了她谨慎但犹豫的不去偷窃的决定。相反，接受道德观点的 188

> 决心是一个发生在某人的过去的事情，并且它现在已经成为一种她习惯了的思维方式。(2001：223—224；2005：306)

换句话说，对道德持虚构主义立场的人会采取某种行为倾向，并通过对其思想进行道德化，即认为某些行为是不正当的、不公平的或不值得的等等来支持这种倾向。[34] 但是，鉴于她成功地采取了相关的行为倾向，她似乎在许多例子中都很难避免不去**相信**相关的道德命题，而仅仅是**接受**或**思考**它们，或是**假装**相信它们。设想一下这样的例子：一个道德虚构主义者被她的一个朋友信任而被告知了一些私人信息。并且假设这个虚构主义者意识到，如果她违背了不向第三方透露信息的承诺，她可以获得个人利益。然而，她可能根本不打算违背诺言。考虑到她在道德上的预先承诺和她对朋友的关心，她不打算违背诺言的部分原因是她**相信**违背承诺是不正当的，这一点似乎并非不可能。但根据道德虚构主义的观点，这对她而言是一种失败，因为她需要避免持有任何道德信念。

让我们回到乔伊斯的例子：一个人走进一家商店，发现自己受到了"去偷窃"这个想法的诱惑，同时她又有"偷窃在道德上是不正当的"这个信念。根据道德虚构主义的观点，她应该摆脱这种信念并提醒自己道德是虚构的。然而，从上面引用的选段中我们可以清楚地看出，她不应该试图在那个当下摆脱这种信念，这样做看起来更像是去偷窃的诱惑胜出了。一个人应该做的，是时刻保持警惕不使自己从道德化的思想滑向道德信念。这种自我监督似乎包括偶尔提醒自己道德是虚构的。但这样做揭示了道德虚构主义中存在一种深刻的实践张力，因为它似乎表明，为了使道德预先承诺能够有效地增强自我控制，"道德是虚构的"这个信念需要被压制或保持沉默。但是，压制或使这些信念保持沉默，同时还要获得生理和心理上能够按照虚构的道德规范行事的
189 性情，这样做更像是从道德化的思想滑向了道德信念。[35]

因此,道德虚构主义的实践建议是朝向两个不同方向的:一种建议是进行自我监督,确保避免道德信念。这似乎有时包括了关注“道德是虚构的”这个信念。第二个建议是压制“道德是虚构的”这个信念或使之保持沉默。这会导致一种不稳定,因为这个建议尽管推荐了会激起道德信念的思考、行为方式,却要求避免持有道德信念。偶然滑入道德信念就是一种失败,即使这样做能够增强自我控制能力。

总而言之,防止虚构主义的态度转变为信念需要一种自我监督,这种自我监督可能会使道德的预先承诺在加强自我控制方面不太有效。这是乔伊斯忽视了的道德虚构主义的代价。我的结论是,这种代价—利益分析,即乔伊斯用来论证道德虚构主义的依据,不够好。在下一节中,我将论证保留主义是道德错误论者更好的选择。

9.3　支持道德保留主义的理由

保留主义与道德虚构主义在这一点上是一样的,即二者都建议人们具备某种行为和反应的性情并以道德化的想法去思考;但与道德虚构主义形成鲜明对比的是,保留主义否认持有道德信念和给出真诚的道德断言是一种失败。根据道德保留主义,我们并不需要自我监督以防止我们从假装的道德信念和假装的道德断言滑向真诚的道德信念和真诚的道德断言;因此,道德保留主义也就没有与之相关的导致不稳定的代价。我们要拥抱道德信念,而不是抵制它。

保留主义让人联想到休谟在他的著名文章《怀疑论者》中的立场,这篇文章包含了一些与道德错误论相一致的主张:

> 如果我们可以依靠我们从哲学中学到的任何原理,那么我认为,一件可能会被当作确定且毫无疑问的事情是,没有任何事物就 190
> 其本身而言是有价值或卑劣的,可欲或可恨的,美丽或丑陋的;这

些属性来自人类情感和感情的特定构成和结构。[……]我们可能会进一步推进这个观察,并得出结论说,即使当头脑单独运转并感受到责备或赞许的情感,从而宣称某事物是丑陋或令人生厌的,而另一个事物是美丽而可亲的时,我认为,这些性质也并非真正存在于事物中,而是完全属于那个给出了责备或赞许的头脑中的情感。(EMPL 162—163)

任何认同休谟怀疑论观点的人都将不得不面对这样一个问题:应该用什么样的态度来对待道德、美以及通常认为是有价值的人类生活中的有价值的元素。很明显,休谟本人拒绝了废除主义选项,他认为这是一条可能通往悲惨生活的道路。相反,他建议我们"改变我们的头脑",以通常认为是良好人类生活特征的方式来培养我们的性格:

一个持续处于清醒和节制状态人会厌恶暴乱和混乱。如果他从事商业或研究,懒惰对他而言似乎就是一种惩罚;如果他约束自己实践仁慈和可亲的行为,他很快就会厌恶一切骄傲和暴力的事例。在这种情况下,一个人会完全相信拥有美德的人生是更可取的;如果他有足够的决心在一段时间内强迫自己改变,那么我们不需要对他的改变感到绝望。(EMPL 171)

休谟主张,习惯是"改造头脑并在其中植入良好的性情和倾向的有力手段"。[36] 他在《怀疑论者》中表达的信息可以总结为"尝试一种拥有美德的生活,然后你(可能)会喜欢它!"[37] 很明显,这与道德保留主义的主张是一致的。

但是有人可能会说,休谟的这一观点也同样适用于虚构主义。一个可能与保留主义更相似的观点是,布莱斯·帕斯卡建议我们认可上帝存在。众所周知,帕斯卡在谨慎的基础上论证道,即使没有足够的证据表明上帝存在，我们也应该相信上帝存在。[38] 他清楚地注意到，通常而言我们无法凭借自己的意志去相信，所以他建议我们要像我们相信上帝那样去行动和思考（比如，我们要参加弥撒、喝圣水等）。这些努力 191
的目标是要相信上帝，而不仅仅是假装相信。[39]

在道德保留主义和功利主义者如 J. S. 密尔和 R. M. 黑尔等人所提倡的道德思考的双重路径之间，也同样存在相似性。[40] 简言之，这个观点是这样的：当我们发现我们"参与道德"且处在日常语境中时，我们依赖非功利主义的道德思考和推理；只有当我们在"独立和批判的"语境中时，我们才转向功利主义的思考和推理。类似的，保留主义在道德参与和日常语境中也主张持有道德信念，而在独立和批判的语境中（比如哲学研讨会上）才主张持有"道德错误论是真的"这个信念。

一个显而易见的担忧是，这种思考的双重路径或道德区域化（moral compartmentalization）是否真的可行。如果我们说，在研讨会上，没有什么事情在道德上是不正当的，也没有什么事情是正当的；而同时，在研讨会之外，某些行为在道德上是不正当的，另一些行为在道德上是正当的，这样的说法真的有说服力吗？有人可能怀疑它的说服力，因为即使一个错误论者可能倾向于认为并说折磨是不正当的，她仍然（在独立和批判的语境下）认为实际上没有什么事情在道德上是不正当的。乔伊斯设定的是，只要一个人保留对"错误论在独立和批判的语境中是真的"这个信念的同意，那么她就不会相信某些行为在道德上是不正当的而另一些行为在道德上是正当的。[41]

这个设定值得怀疑。通常，在某个特定语境中，同时拥有 p 的信念和不相信 p 的性情，似乎不是不可能的。的确，我们可以进一步论证说，我们有时会暂时相信一些当我们处在更独立和更具有反思性的语境中时不会相信的事情，这是一个我们熟悉的心理事实。在这种情况下，更具反思性的信念被压制或不被关注。这可能是因为情绪的参与，感情、同伴压力或是这些因素的组合。例如，有人可能会这样真诚地说

192 一个狡猾的政治家:"我知道她在说谎,但是听到她的演讲和听众的反应,我真的相信她说的话。"或者,一个被欺骗了的人可能会这样说他的恋人:"我知道她在撒谎,但是当她告诉我她关心我时,我真的相信她。"因此,有时我们会以相信这些话的方式来**接受**他人(可能是狡猾的政治家,控制狂伴侣等)所说的话,即使我们在独立和批判的语境下会相信这些是假话。

道德信念可能也面临类似的情况。一个错误论者可能会说:"我一直以来都相信不存在道德不正当性这样的东西,但在听到有关屠杀平民的消息时,我真的相信这些暴徒的所作所为是不正当的。我真的相信联合国在道义上应该要求强制停火。"或者她可能会从更个人的层面说:"一直以来我都知道不存在道德要求这样的东西,但当我意识到违背诺言会严重伤害他的感情时,我开始相信我在道德上被要求不去违背诺言。"

正如人们可能会诱导我们,使我们觉得他们说的话似乎是真的并且几乎不得不相信他们说的话,某些行为和事件可能会引起我们的愤怒、同情等情绪,使我们觉得某些行动似乎在道德上是不正当的,并且几乎不得不相信这些行动在道德上就是不正当的,无论我们发现支持道德错误论的论证在智识上是多么令人信服。[42] 在涉及道德和参与道德的语境中,愤怒、钦佩、同情之类的情绪性态度倾向于使"道德错误论是真的"这样的信念保持沉默,这一点似乎是很现实的。[43]

我们已经看到,道德虚构主义将这种语境中的道德信念当作一种失败,一种应该被避免的东西。因此,人们需要更频繁、更有力地提醒
193 自己不存在道德不正当性之类的东西,并且正如我们在上一节中看到的那样,该建议与道德虚构主义的其他建议结合在一起会引发不稳定性。相比之下,道德保留主义认为我们不需要这种提醒。因此,道德保留主义相较于道德虚构主义的一项独特优势是,它不会给出相互矛盾的实践建议。

但是需要承认的是,在道德保留主义中也存在一定程度的张力或潜在的不稳定性,因为道德保留主义建议我们拥有假信念。我们已经看到,并不只有道德保留主义主张这样的观点:关于我们有时相信虚假的事物和压制真信念的建议是一种反复出现的现象,在哲学内部和哲学之外都是如此;[44] 并且还我举了一些例子说明,在当下拥有信念 p 而在具有反思性和独立性的语境中不相信 p,是可能的。然而,一个公正的问题是,如果相信错误论为真的说话者没能成功地将道德区域化,即他们在很大程度上不相信一阶道德主张,那么道德话语将会发生什么?在这样的情况下,道德保留主义者的建议将是什么?

在回答这个问题时,我们需要区分人际间的事例和个人内部的事例。在人际间的事例中,由于道德断言的实用蕴意使其成为有用的,一个合理的建议是保留道德断言,尽管人们知道它们是假的。合理地讲,道德判断的一个实用方面是**命令性的**。至少在 C. L. 史蒂文森(1937)提出这个论点以后,非认知主义者就论证说,这个命令性的方面构成了道德判断的主要含义。虽然错误论者和其他认知主义者拒绝这一观点,但他们不必拒绝下面这个观点,即道德主张的一个实用性是它能传达命令性。[45] 在那些相信道德错误论的说话者当中,"偷窃是不正当的"这一主张通常可以这样理解,即它在字面上为假,但通过交谈它暗含了"不要偷东西!"这个命令。需要注意的是,这个保留主义的建议并不是 194
对道德虚构主义的让步。它不是说我们要"根据虚构"为道德主张添加前缀,也不是说道德言说具有非断言的效力;它也不是建议我们采用非认知主义作为替代理论。这种观点仍然主张,道德主张表达了假命题,只不过它们在谈话中暗含了命令。[46]

在个人内部的情况下,一个合理的建议是继续思考道德化的想法并告诉自己类似"偷窃是不正当的"这样的观点(尽管他相信这是假的)。这是因为下面这一点是合理的,即像喜欢和厌恶这样具有驱动效力的态度与我们的道德判断具有相关性,即使这个相关性并不是某些关于驱动性的内在论主义者所要求的那种强相关。因此，想着——或者这样告诉自己——“偷窃在道德上是不正当的”这个想法，可能会起到提醒作用，即提醒人们在正常情况下（即在能够反思时）他们厌恶偷窃。当某人发现自己想偷东西时，这种提醒可能会增强自我控制能力，因为通常来说我们都希望避免那些使自己成为自己厌恶的对象的行动。

在此，一个公正的问题是，为什么对偷窃的厌恶或者认为自己通常厌恶偷窃的信念无法有效地增强自我控制。道德化的想法（例如“偷窃是不正当的”）是以何种方式进一步增强自我控制能力的？我建议，这个问题的答案是，在一个人发现自己受到偷窃想法的诱惑时，他对偷窃的厌恶，与相信一个人通常厌恶偷窃的信念，通常在认知和动机上都不明显，甚至是沉默的。想着或对自己说“偷窃是不正当的”（尽管他相信这是假的）可能会在认知和动机上唤起人们对偷窃的厌恶或相信自己
195 通常厌恶偷窃的信念。[47]

这种关于道德话语的立场在加强自我控制方面多有效？可能与我们完全相信客观规定性或不可还原的规范性理由相比，它不那么有效，但它仍然可能足够有效，足以使道德保留主义的策略是有价值的。[48]

道德错误论与规范伦理学

麦凯在《伦理学：发明对与错》的第一部分中拒绝了客观价值、道德属性与事实之后，他在第二部分和第三部分中讨论了实质性的规范性理论、人类的善和政治道德。麦凯最终提倡的主要是契约主义的和基于权利的规范性理论。它涉及自由权和自决权、财产权和平等机会权。这些权利当然不是自明的规范性真理，部分取决于它们在多大程度上有助于人类的善，部分取决于政治进程。[49] 麦凯认为，一个人的善主要由对活动或目标的个人追求构成，她认为这些活动或目标是有价值的，要么是因为她认为这些活动或目标具有内在价值，要么是因为这

些活动能使她自己或她所关心的人从中受益。[50] 由于人们对有价值的活动的关注和看法会有不可相容的多样性,因此,一个良好而稳定的社会必须是一个对不同生活计划的普遍存在具有宽容性的自由社会。[51]

对于某些读者来说,麦凯严肃地参与了这一类的一阶规范性论辩似乎是一个令人困惑的事实。毕竟,如果道德错误论是真的,那么在规范和应用伦理学上得出的任何结论都是假的。因此,道德错误论完全损害了这些学科,似乎是很显然的。 196

但是这里并没有任何深层次的困惑。我们已经看到,从普罗泰戈拉到霍布斯,从休谟到沃诺克,这些哲学家都告诉我们,人类需要道德来和平共处、防止冲突、调节和协调行为,并抵消同情心的有限性。由于大多数社会生活都以某种类似道德体系的东西为前提,而只要有社会互动,类似道德体系的东西就将或可能会(无论是否有意地)发生;根据麦凯的说法,这些社会互动是用来"找到一些就其自身而言能被我们接受的原则,连同它们的实践后果和应用一起,使我们'直觉的'(但实际上是主观的)详细的道德判断处于'反思平衡'之中"。[52]

因此,我们需要参与规范性的理论化。对规范性理论典型的适当约束是直观的合理性,以及可接受性、全面性、系统性、简洁性和适用性。道德错误论者可以轻而易举地得到符合这些标准的理论。当然,他们不能满足的一个标准就是"得到真理"。麦凯将罗尔斯的著作《正义论》描述为"一种合理的研究",并将其与西季威克揭示客观道德事实的尝试进行了对比。[53] 麦凯认为,后者不是思考规范性的理论化及其目标的方式。

然而,从保留主义的观点来看,我们并不清楚沿着西季威克的路线来思考规范性研究的危害在哪里。可以肯定的是,如果这样做,我们就冒着得到虚假道德信念的危险,但是正如我们在本章前面所看到的,假信念不必成为我们恐惧或回避的事物。由于西季威克的论证非常直接明了,它甚至可以促进一阶规范性的研究。

然而,麦凯可能会担心,沿着西季威克的路线思考规范性的理论化某种程度上会减少我们找到令人满意的规范性理论,即将规范性信念系统化为人际间的反思性平衡的机会。他希望“在不诉诸任何神秘的
197 客观价值、要求、义务和先验必然性的情况下,论证具体的道德问题”。[54]

我将这种希望解读为一种警告,它警告我们不要通过诉诸对不可还原的规范性事实的直觉来证成特定的规则、权利和政策。诉诸这样的直觉可能会导致教条主义、保守主义或极端主义。麦凯推测:

> 如果各个团体能够认识到,那些在广义上决定了他们道德观的理想不是那些给所有人提出同样要求的客观价值,而只是对那些追随它们的人而言的理想;那么相互宽容可能更容易实现。[55](1977: 235)

事实可能确实是这样。但我们并不清楚用西季威克的而不是罗尔斯的路径进行一阶道德的研究,是否会降低参与者的容忍度。为了促进宽容,一个人需要做的是保持思想开放并认识到自己在推理和情感上的可错性。这些与西季威克的论证没有任何关系。

总而言之,道德错误论不会损害规范性伦理。人类的困境是:我们需要“找到公平原则以及达成和保持协议的方式,否则我们将无法团结在一起”。[56] 我们实现这一目标的方法是进行一阶的规范性的理论化。
198 这不是要损坏规范性伦理,而是要授予它至高的重要性。

注 释

1 需要记住的是,本书第二部分和第三部分的重点是标准的而不是温和的道德错误论。

2 Anscombe 1958: esp. 8—9. 对比伯纳德·威廉姆斯对道德义务概念的批评,请参见 Williams 2006: Ch. 10。与安斯康姆一样,威廉姆斯也主张复兴美德,我们可以将他的立场解读为主张部分的道德废除主义。

3 另一个是理查德·加纳,参见 Garner(2007)。

4 Hinckfuss 1987: esp. 2.3—2.7.

5 即使我们假设第二种攻击是成功的,也许还是会有人怀疑欣克福斯对道德的第一次攻击是否与主题相关。如果道德思考和话语确实有欣克福斯所坚称的那些令人厌恶的后果,那么就算现实中确实存在非自然的道德属性和事实,这又有什么重要的呢? 反精英主义、反威权主义、和平主义等等的拥护者,难道不会建议我们在这种情况下完全忽略道德属性和事实吗?

6 TMS 1.3.2.

7 沃诺克明确攻击的目标是他称之为马克思主义的观点,这与欣克福斯的观点极为相似。

8 Mackie 1977: 43.

9 Joyce 2006: 208.

10 诺兰告诉我说,尽管诺兰、雷斯托尔和韦斯特在 2005 年捍卫了道德虚构主义,但三位作者都不是地道的道德错误论者或道德虚构主义者。

11 因此,我不同意加纳"减少道德宣言不会比减少咒骂更困难"(Garner 2007: 512)这一主张。

12 诠释性的道德虚构主义并不是一个被广泛认可的观点。M. E. 卡尔德隆是其为数不多的辩护者之一(Kalderon 2005)。卡尔德隆的诠释性道德虚构主义可以被描述为一种对道德判断心理学的非认知主义和对道德语义学的认知主义的联合。对此的批评,参见 Eklund(2009)和 Lenman(2008)。

13 见 Joyce(2001,2005,2006,2007)。诺兰、雷斯托尔和韦斯特关于道德虚构主义的论证与乔伊斯的论证的不同之处在于,前者主要列出了所谓的道德虚构主义相较于其他反现实主义观点(诸如类实在主义等)的优势。我对诺兰、雷斯托尔和韦斯特的主张提出的异议见 Olson(2011b)。

14 强制道德虚构主义的一个替代品是**内容道德虚构主义**(content moral fictionalism),根据内容道德虚构主义,日常的道德话语与道德虚构主义话语之间的区别在于断言的内容。这种观点的灵感来自大卫·路易斯对虚构话语的处理(Lewis 1983)。内容道德虚构主义认为,道德断言以默认的"根据虚构"为其前缀。按照这种观点,"折磨是不正当的"与"根据道德虚构,折磨是不正当的"有相同的意思。乔伊斯以强制道德虚构主义拒绝了内容道德虚构主义,其理由是前者掩盖了讲故事和描述故事的区别,他还主张,内容道德虚构主义需要面对强制道德虚构主义所没有的麻烦(见 Joyce 2001: 199—204; 2005: 291)。有关内容虚构主义和强制虚构主义之间的一般区别的讨论,参见 Eklund (2007)。

15 Joyce 2001: 177,乔伊斯加的强调。

16 Joyce,2001: 177;2005: 288. 我认为,当诺兰、雷斯托尔和韦斯特说"应该"的意思是"务实的,而不是道德的"时,他们想说的也是类似的东西(2005: 310,参见 322)。

17 有人可能认为此处讨论的"应该"是虚构的,但是道德虚构主义者不会想说它是虚构的,因为他们**断言**这一点确实是真的,即我们最好采用道德虚构主义。他们不只是**假装**断言这一点,或是声称**根据虚构**这是真的。

18 乔伊斯将他的建议引至道德错误论者的团体,即那些"分享了各种各样的广泛利益、计划和目标的人"(2001: 177)。其诺言是,用道德虚构主义代替日常道德话语将促进这些利益、计划和目标的实现。

19 Joyce 2001: 178. 乔伊斯实际上说的是,真理具有工具价值,但我认为他的意思是真实信念具有工具价值。

20 Joyce 2001: 178.

21 Smilansky 1998: esp. Ch. 7.

22 Persson 2005.

23 Taylor and Brown 1988: 193.

24 Joyce 2001: 179.

25 同上。

26 乔伊斯对"进化论的伦理自然主义"的拒绝表明他接受道德中的自治。见 Joyce 2001: 153—158。

27 一个相关的问题是,在什么意义上(如果有的话),一个深信的道德错误论者能够坚持道德信念,例如坚持持有"折磨是不正当的"的信念。我将在 9.3 节中回到这个问题。

28 Joyce 2001: 179.

29 乔伊斯曾说,在接受有足够证据表明 p 为假时仍然坚持持有信念 p,是不理性的(2001: 178)。但错误论者不同意从"相信 p 是不理性的"这个事实中能够推出"存在不可还原的规范性理由不去相信 p"。参见 p. 165 n31。

30 Joyce 2005: 303.

31 卡尔·卡兰德认为,参与虚构可能不仅会激起信念,还会激起欲求。我同意确实如此,但我前面的主张是,此类欲求通常是由信念来调节的。我可能会想结束一段恋爱,因为读《安娜·卡列尼娜》激起了我"恋爱是无望的"这个信念;我可能欲求效仿某个虚构的英雄的行为,因为我认为这种行为是可欲的。

32 Joyce 2005: 303—308.

33 Joyce 2005: 306.

34 Joyce 2005: 308—309.

35 需要注意的是,我的反驳并不是说,在真信念与仅仅是假装的信念或仅仅是一种接受之间,不存在任何有意义的区别。对此反驳的一种回应,参见 Joyce 2007: 70—72。我的反驳也并不是说,仅仅接受或假装相信一个命题而不相信它在心理上是不可能的。我的反驳是说,以一种能有效增强自我控制力而不会陷入真诚的道德信念的方式来获得假装的道德信念,这样做在心理层面上是**非常困难的**。并且,采取措施避免陷入真诚的道德信念,很可能会使假装道德信念在增强自我控制力上**效果较差**。

36 EMPL 170—171.

37 参考 Sobel 2009: Ch. 10。

38 帕斯卡对基督教信仰的论证与保留主义者对道德信念的论证之间的区别在于,后者认为道德信念是假的,而帕斯卡并不认为基督教信仰是假的,只是他认为支持基督教的证据不足。

39 "那么努力说服自己的方式,不是通过更多的对上帝的证明,而是通过减少激情。[……]遵循他们(基督徒)所认可的方式;通过像他们所相信的那样去行动,比如喝圣水、做弥撒等等。即使这样做会自然地使你相信上帝,并且消磨你的敏锐度。"(Pascal No. 233)。

40 Mill 1998[1861];Hare 1981.

41 Joyce 2001: 193.

42 这里有一个类比,对此我要感谢大卫·伊诺克,它是这样的:有种视觉错觉使我们觉得一条线比另一条线长,即使我们知道这两条线的长度相等。在不加反思的时候,我们似乎可能根据事物的外观认为其中一条线更长。另一个类比,对此我要感谢亨利克·阿列尼乌斯,是这样的:许多功利主义者坚信他们的理论是正确的,根据这一理论,在著名的电车试验中,旁观者应该把胖子从桥上推下去(Thomson 1985),这些功利主义者仍然感到在直觉上不愿做出此判断。这可能是因为道德判断通常是一种基于真实或想象中的事件而产生的喜爱或厌恶的反应，这种反应是自发而不费力的。这样的判断可能会与我们在冷静的时候形成的认知信念相冲突，这一点不足为奇。相关讨论参见 Ahlenius（ms）and Greene and Haidt（2002）。

43 休谟 T 3. 1. 1. 26；SBN 469。

44 加纳以这样的方式来总结他为废除主义所做的辩护，他质问道："什么样的哲学家可以长期建议我们推行这样一项政策，即为了未来不确定的利益，表达和支持那些我们认为完全且毫无疑问地为假的信念甚至思想?"（2007：512）可以从目前的论证中得出的一个答案是，很多人能够并且确实是这样做的。

45 乔伊斯有时候似乎认为，表达意念态度（conative attitude）是道德主张的含义的一部分。见 Joyce 2006：54—57，70。在我看来，更合理的想法是，道德主张在谈话中暗含了命令。

46 虚构主义者也可以诉诸这样一种观念，即道德主张在谈话中暗含了命令，而这种现象使它们在人际交往中很有用。但是这样一来，虚构主义就使自身变得多余了。

47 思考某些非道德的想法可能会产生相同的效果。例如，"偷窃这个行为使当事人成为小偷"这个想法可能唤起某人通常情况下厌恶小偷的信念，再结合"不要成为自己厌恶的对象"的欲求，它就可能具有增强自我控制的能力。但是思考道德化的想法在这方面可能特别有效，这是因为在道德判断与像喜恶这样有驱动效力的态度之间存在很强的相关性。

48 最近我发现道德保护主义与 Terence Cuneo and Sean Christy（2011）称之为"道德宣传主义"的观点很相似（参见 Joyce 2001：214）。由于我（代表道德错误论者）、库内奥和克里斯蒂倡导的对道德思考和话语的态度"或多或少远离了它们本来的样子"（Cuneo and Christy 2011：101），我相信"保留主义"是一个更恰当的术语。库内奥和克里斯蒂对乔伊斯的道德虚构主义提出的一些反驳与我在本章中提出的一些观点相似。

49 Mackie 1977：174.

50 Mackie 1977：170.

51 Mackie 1977：236.

52 Mackie 1977：105.

53 Mackie 1977：105—106. 见 Rawls（1999）和 Sidgwick（1981）。

54 Mackie 1977：199. 他还希望我们能够研究规范伦理学，而“不求助于虚构的统一而可衡量的幸福，也不诉诸那些试图将普遍幸福确立为特殊权威的目的的无效论证”（1977：199）。此处的目标是密尔意图对“最大幸福原则”所做的证明。见 Mill 1998［1861］：Ch. 4。关于麦凯对密尔的批评，参见 Mackie 1977：140—144；他针对功利主义提出的一般性批评，参见 1977：Ch. 6。

55 同样，我们在第三章中看到，哈格斯多姆认为，意识到我们的道德思想和判断无法成功识别和报告客观道德真理，将促进宽容并使我们远离道德和政治辩论中的狂热主义。

56 Mackie 1977：239.

参考文献

Ahlenius, H. ms. 'The Appeal to Intuitions in Ethics'. Unpublished manuscript.

Anscombe, G. E. M. 1958. 'Modern Moral Philosophy', *Philosophy* 33: 1–19.

Ayer, A. J. 1946 [1936]. *Language, Truth, and Logic*. New York: Dover.

Ayer, A. J. 1984. 'Are There Objective Values?' In his *Freedom and Morality and Other Essays*. Oxford: Clarendon Press.

Baillie, J. 2000. *Hume on Morality*. London: Routledge.

Balguy, J. 1991 [1734]. 'The Foundation of Moral Goodness'. In *British Moralists 1650–1800: I. Hobbes–Gay*, edited by D. D. Raphael. Indianapolis: Hackett. Originally published by Oxford University Press 1969, 387–408.

Bedke, M. 2010. 'Might All Normativity be Queer?' *Australasian Journal of Philosophy* 88: 41–58.

Bedke, M. 2012. 'Against Normative Naturalism', *Australasian Journal of Philosophy* 90: 111–129.

Blackburn, S. 1984. *Spreading the Word*. Oxford: Oxford University Press.

Blackburn, S. 1993a. 'Errors and the Phenomenology of Value'. In his *Essays in Quasi-Realism*. New York: Oxford University Press, 149–165.

Blackburn, S. 1993b. 'Supervenience Revisited'. In his *Essays in Quasi-Realism*. New York: Oxford University Press, 130–148.

Blackburn, S. 1993c. 'How to be an Ethical Anti-realist'. In his *Essays in Quasi-Realism*. New York: Oxford University Press, 166–181.

Blackburn, S. 1993d. *Essays in Quasi-Realism*. New York: Oxford University Press.

Blackburn, S. 1998. *Ruling Passions*. Oxford: Clarendon Press.

Boghossian, P. and D. Velleman 1989. 'Colour as a Secondary Quality', *Mind* 98: 81–103.

BonJour, L. 1997. *In Defence of Pure Reason*. Cambridge: Cambridge

University Press.
Brink, D. O. 1984. 'Moral Realism and the Sceptical Arguments from Disagreement and Queerness', *Australasian Journal of Philosophy* 62: 112–125.
Brink, D. O. 1989. *Moral Realism and the Foundations of Ethics*. Cambridge: Cambridge University Press.
Broad, C. D. 1946. 'Some of the Main Problems of Ethics', *Philosophy* 21: 99–117.
Broad, C. D. 1951. 'Hägerström's Account of Sense of Duty and Certain Allied Experiences', *Philosophy* 26: 99–113.
Broome, J. 2007. 'Is Rationality Normative?' *Disputatio* 23: 161–178.
Brown, C. 2011. 'A New and Improved Supervenience Argument for Ethical Descriptivism'. In *Oxford Studies in Metaethics* 6, edited by R. Shafer-Landau. Oxford: Oxford University Press, 205–218.
Bykvist, K. and A. Hattiangadi. 2007. 'Does Thought Imply Ought?' *Analysis* 67: 277–285.
Bykvist, K. and J. Olson. 2009. 'Expressivism and Moral Certitude', *Philosophical Quarterly* 59: 202–215.
Bykvist, K. and J. Olson. 2012. 'Against the *Being For* Account of Normative Certitude', *Journal of Ethics and Social Philosophy*, www.jesp.org, vol. 6, no. 2.
Carritt, E. F. 1938. 'Moral Positivism and Moral Aestheticism', *Philosophy* 13: 131–147.
Churchland, P. M. 2010. *Braintrust*. Cambridge, MA: Harvard University Press.
Cohon, R. 2008. *Hume's Morality: Feeling and Fabrication*. Oxford: Oxford University Press.
Coons, C. 2011. 'How to prove that some acts are wrong (without using substantive moral premises)', *Philosophical Studies* 155: 83–98.
Copp, D. 2010. 'Normativity, Deliberation, and Queerness'. In *A World Without Values*, edited by R. Joyce and S. Kirchin. Dordrecht: Springer, 141–166.
Craig, E. 2007. 'Hume on Causality: Projectivist *and* Realist?' In *The New Hume Debate*, revised edition, edited by R. Read and K. Richman. London: Routledge, 113–121.
Cuneo, T. 2006. 'Saying What We Mean: An Argument against Expressivism'. In *Oxford Studies in Metaethics* 1, edited by R. Shafer-Landau. Oxford: Oxford University Press, 35–72.
Cuneo, T. 2007. *The Normative Web*. Oxford: Oxford University Press.
Cuneo, T. and S. Christy. 2011. 'The Myth of Moral Fictionalism'. In *New Waves in Metaethics*, edited by M. Brady. Basingstoke: Palgrave, Macmillan, 85–102.

Daly, C. and D. Liggins 2010. 'In Defence of Error Theory', *Philosophical Studies* 149: 209–230.

Dancy, J. 2006. 'Non-Naturalism'. In *The Oxford Handbook of Ethical Theory*, edited by D. Copp. Oxford: Oxford University Press, 122–145.

Danielsson, S. and J. Olson 2007. 'Brentano and the Buck-Passers'. *Mind* 116: 511–522.

Darwall, S. 2000. 'Normativity and Projection in Hobbes's *Leviathan*', *Philosophical Review* 109: 313–347.

Darwin C. 2010 [1871]. *The Descent of Man*, edited by M. T. Ghiselin. Mineola, NY: Dover.

DePaul, M. R. 1987. 'Supervenience and Moral Dependence', *Philosophical Studies* 51: 425–439.

Dreier, J. 1992. 'The Supervenience Argument Against Moral Realism', *Southern Journal of Philosophy* 30: 13–38.

Dreier, J. 2002. 'The Expressivist Circle: Invoking Norms in the Explanation of Normative Judgement', *Philosophy and Phenomenological Research* 65: 136–143.

Dreier, J. 2010. 'Mackie's Realism: Queer Pigs and the Web of Belief'. In *A World Without Values*, edited by R. Joyce and S. Kirchin. Dordrecht: Springer, 71–86.

Dworkin, R. 1996. 'Objectivity and Truth: You'd Better Believe it', *Philosophy and Public Affairs* 25: 87–139.

Eklund, M. 2007. 'Fictionalism'. *Stanford Encyclopedia of Philosophy*, edited by E. N. Zalta. At http://plato.stanford.edu/entries/fictionalism/

Eklund, M. 2009. 'The Frege-Geach Problem and Kalderon's Moral Fictionalism', *Philosophical Quarterly* 59: 705–712.

Enoch, D. 2011. *Taking Morality Seriously: A Defense of Robust Realism*. Oxford: Oxford University Press.

Evans, M. and N. Shah. 2012. 'Mental Agency and Metaethics'. In *Oxford Studies in Metaethics* 7, edited by R. Shafer-Landau. Oxford: Oxford University Press, 80–109.

Ewing, A. C. 1944. 'Subjectivism and Naturalism in Ethics', *Mind* 53: 120–141.

Ewing, A. C. 1947. *The Definition of Good*. London: Routledge & Kegan Paul.

Ewing, A. C. 1959. *Second Thoughts in Moral Philosophy*. London: Routledge and Kegan Paul.

Ewing, A. C. 1962. 'G. E. Moore', *Mind* 71: 251.

Ewing, A. C. 1970. 'Are All A Priori Propositions and Inferences Analytic?' *International Logic Review* 1: 77–87.

Field, H. 1989. *Realism, Mathematics, and Modality*. New York: Basil Blackwell.

Fine, K. 2005. 'The Varieties of Necessity'. In his *Modality and Tense*. Oxford: Oxford University Press.
Finlay, S. 2006. 'The Reasons that Matter', *Australasian Journal of Philosophy* 84: 1–20.
Finlay, S. 2008. 'The Error in the Error Theory', *Australasian Journal of Philosophy* 86: 347–369.
Finlay, S. 2009. 'Oughts and Ends', *Philosophical Studies* 143: 315–340.
Finlay, S. 2011. 'Errors upon Errors: A Reply to Joyce', *Australasian Journal of Philosophy* 89: 535–547.
FitzPatrick, W. 2008. 'Robust Ethical Realism, Non-Naturalism, and Normativity'. In *Oxford Studies in Metaethics* 3, edited by R. Shafer-Landau. Oxford: Oxford University Press, 159–206.
Fletcher, G. 2009. 'Uneasy Companions', *Ratio* 22: 359–368.
Foot, P. 1972. 'Morality as a System of Hypothetical Imperatives?' *Philosophical Review* 81: 305–316.
Garner, R. 1990. 'On the Genuine Queerness of Moral Properties and Facts', *Australasian Journal of Philosophy* 68: 137–146.
Garner, R. 2007. 'Abolishing Morality', *Ethical Theory and Moral Practice* 10: 499–513.
Garrett, D. 1997. *Cognition and Commitment in Hume's Philosophy*. New York: Oxford University Press.
Geach, P. T. 1956. 'Good and Evil', *Analysis* 17: 33–42.
Gibbard, A. 1990. *Wise Choices, Apt Feelings*. Oxford: Clarendon Press.
Gibbard, A. 2003. *Thinking How to Live*. Cambridge, MA: Harvard University Press.
Glüer, K. and Å. Wikforss. Forthcoming. 'Against Belief Normativity'. In *The Aim of Belief*, edited by T. Chan. Oxford: Oxford University Press.
Greene, J. and J. Haidt. 2002. 'How (and where) does moral judgment work?' *Trends in Cognitive Science* 6: 517–523.
Grice, P. 1989. *Studies in the Way of Words*. Cambridge, MA: Harvard University Press.
Hägerström, A. 1952. *Moralpsykologi*, edited by M. Fries. Stockholm: Natur och Kultur.
Hägerström, A. 1953. *Inquiries into the Nature of Law and Morals*, edited by K. Olivecrona, translated by C. D. Broad. Stockholm: Almqvist & Wiksell.
Hägerström, A. 1989. *Moralfilosofins grundläggning*, edited by T. Mautner. Uppsala: Kungliga Humanistiska Vetenskapssamfundet i Uppsala.
Hampton, J. 1998. *The Authority of Reason*. Cambridge: Cambridge University

Press.
Hare, R. M. 1952. *The Language of Morals*. Oxford: Clarendon Press.
Hare, R. M. 1981. *Moral Thinking: Its Levels, Method, and Point*. Oxford: Clarendon Press.
Harman, G. 1977. *The Nature of Morality*. New York: Oxford University Press.
Harrison, J. 1976. *Hume's Moral Epistemology*. Oxford: Oxford University Press.
Harrison, J. 1982. 'Review of J. L. Mackie, *Hume's Moral Theory*', *Hume Studies* 8: 70–85.
Hattiangadi, A. 2007. *Oughts and Thoughts*. Oxford: Oxford University Press.
Hauser, M. D. 2006. *Moral Minds: How Nature Designed Our Universal Sense of Right and Wrong*. New York: Harper Collins Publishers.
Heathwood, C. 2009. 'Moral and Epistemic Open Question Arguments', *Philosophical Books* 50: 83–98.
Hinckfuss, I. 1987. *The Moral Society: Its Structure and Effects*. Department of Philosophy, Research School of Social Sciences, Australian National University.
Horgan, T. and M. Timmons. 2007. 'Moorean Moral Phenomenology'. In *Themes from G. E. Moore: New Essays in Epistemology and Ethics*, edited by S. Nuccetelli and G. Seay. Oxford: Oxford University Press: 203–226.
Huemer, M. 2005. *Ethical Intuitionism*. Basingstoke: Palgrave Macmillan.
Hume, D. 1975 [1748, 1751]. *Enquiries concerning Human Understanding and concerning the Principles of Morals*, 3rd edn, edited by L. A. Selby-Bigge & P. H. Nidditch. Oxford: Clarendon Press.
Hume, D. 1978 [1739–1740]. *A Treatise of Human Nature*, 2nd edn, edited by L. A. Selby-Bigge & P. H. Nidditch. Oxford: Clarendon Press.
Hume, D. 1985 [1777]. *Essays, Moral, Political, and Literary*, edited by E. F. Miller. Indianapolis: Liberty Fund.
Hume, D. 1998 [1751]. *An Enquiry concerning the Principles of Morals*, edited by T. L. Beauchamp. Oxford: Oxford University Press.
Hume, D. 2000 [1739–1740]. *A Treatise of Human Nature*, edited by D. F. Norton & M. J. Norton. Oxford: Clarendon Press.
Hussain, N. 2007. 'Honest Illusions: Valuing for Nietzsche's Free Spirits'. In *Nietzsche and Morality*, edited by B. Leiter & N. Sinhababu. Oxford: Oxford University Press.
Jackson, F. 1998. *From Metaphysics to Ethics: A Defence of Conceptual Analysis*. Oxford: Clarendon Press.
Joyce, R. 2001. *The Myth of Morality*. Cambridge: Cambridge University Press.

Joyce, R. 2005. 'Moral Fictionalism'. In *Fictionalism in Metaphysics*, edited by M. E. Kalderon. Oxford: Oxford University Press, 287–313.

Joyce, R. 2006. *The Evolution of Morality*. Cambridge, MA: MIT Press.

Joyce, R. 2007. 'Morality, Schmorality'. In *Morality and Self-Interest*, edited by P. Bloomfield. Oxford: Oxford University Press, 51–75.

Joyce, R. 2009. 'Is Moral Projectivism Empirically Tractable?' *Ethical Theory and Moral Practice* 12: 53–75.

Joyce, R. 2010. 'Expressivism, Motivation Internalism, and Hume'. In *Humeon Motivation and Virtue*, edited by C. Pigden. Basingstoke: Palgrave Macmillan, 30–56.

Joyce, R. 2011a. 'The Error in "The Error in the Error Theory"', *Australasian Journal of Philosophy* 89: 519–534.

Joyce, R. 2011b. 'The Accidental Error Theorist'. In *Oxford Studies in Metaethics* vol 6, edited by R. Shafer-Landau. Oxford: Oxford University Press, 153–180.

Joyce, R. and S. Kirchin, eds. 2010. *A World Without Values*. Dordrecht: Springer.

Kail, P. J. E. 2007. *Projection and Realism in Hume's Philosophy*. Oxford: Oxford University Press.

Kalderon, M. E. 2005. *Moral Fictionalism*. Oxford: Oxford University Press.

Karlander, K. 2008. *The Normativity of Thought and Meaning*. Doct. diss. Stockholm University.

Kelly, T. 2006. 'Evidence'. In *The Stanford Encyclopedia of Philosophy*, edited by E. N. Zalta. At http://plato.stanford.edu/entries/evidence/

Kelly, T. 2007. 'Evidence and Normativity: Reply to Leite', *Philosophy and Phenomenological Research* 75: 465–474.

Kirchin, S. 2010. 'A Tension in the Moral Error Theory'. In *A World Without Values*, edited by R. Joyce and S. Kirchin. Dordrecht: Springer, 167–182.

Kitcher, P. 2011. *The Ethical Project*. Cambridge, MA: Harvard University Press.

Kolodny, N. 2005. 'Why be Rational?' *Mind* 114: 509–563.

Kramer, M. 2009. *Moral Realism as a Moral Doctrine*. Oxford: Wiley-Blackwell.

Kymlicka, W. 2002. *Contemporary Political Philosophy: An Introduction*, second edition. Oxford: Oxford University Press.

Leite, A. 2007. 'Epistemic Instrumentalism and Reasons for Belief: Reply to Tom Kelly's "Epistemic Rationality as Instrumental Rationality: A Critique"', *Philosophy and Phenomenological Research* 75: 456–464.

Leiter, B. 2011. 'Nietzsche's Moral and Political Philosophy'. In *The Stanford*

Encyclopedia of Philosophy, edited by E. N. Zalta. At http://plato.stanford.edu/entries/nietzsche-moral-political/

Lenman, J. 2008. 'Against Moral Fictionalism', *Philosophical Books* 49: 23–32.

Lewis, D. 1983. 'Truth in Fiction'. In his *Philosophical Papers* vol. 1. Oxford: Oxford University Press.

Lewis, D. 1989. 'Dispositional Theories of Value', *Proceedings of the Aristotelian Society* 63: 113–137.

Lycan, W. G. 2000. *Philosophy of Language: A Contemporary Introduction*. London: Routledge.

Mackie, J. L. 1946. 'A Refutation of Morals', *Australasian Journal of Philosophy* 24: 77–90.

Mackie, J. L. 1976. *Problems from Locke*. Oxford: Clarendon Press.

Mackie, J. L. 1977. *Ethics: Inventing Right and Wrong*. Harmondsworth: Penguin Books.

Mackie, J. L. 1980. *Hume's Moral Theory*. London: Routledge.

Mackie, J. L. 1982. *The Miracle of Theism: Arguments for and against the Existence of God*. Oxford: Oxford University Press.

Mackie, J. L. 1985a. 'Morality and the Retributive Emotions'. In Mackie 1985c, 206–219. Reprinted from *Edward Westermarck: Essays on His Life and Works*, edited by T. Stroup. Helsinki 1982.

Mackie, J. L. 1985b. 'Cooperation, Competition, and Moral Philosophy'. In Mackie 1985c, 152–169. Reprinted from *Cooperation and Competition in Humans and Animals*, edited by A. M. Colman. Wokingham, 1982.

Mackie, J. L. 1985c. *Persons and Values: Selected Papers* vol. 2, edited by J. Mackie & P. Mackie. Oxford: Clarendon Press.

Majors, B. 2005. 'Moral Discourse and Descriptive Properties', *Philosophical Quarterly* 55: 475–494.

Makinson, D. C. 1965. 'Paradox of the Preface', *Analysis* 25: 205–207.

McPherson, T. 2009. 'Moorean Arguments and Moral Revisionism'. *Journal of Ethics and Social Philosophy*, www.jesp.org, vol.3, no. 2.

McPherson, T. 2012. 'Ethical Non-naturalism and the Metaphysics of Supervenience'. In *Oxford Studies in Metaethics* 7, edited by R. Shafer-Landau. Oxford: Oxford University Press, 205–234.

Mill, J. S. 1998 [1861]. *Utilitarianism*, edited by R. Crisp. Oxford: Oxford University Press.

Miller, A. 2003. *An Introduction to Contemporary Metaethics*. Cambridge:

Polity Press.
Mindus, P. 2009. *A Real Mind: The Life and Work of Axel Hägerström*. Dordrecht: Springer.
Moore, G. E. 1993 [1903]. *Principia Ethica*, revised edition, edited by T. Baldwin. Cambridge: Cambridge University Press.
Moore, G. E. 1993 [1922]. 'The Conception of Intrinsic Value'. In his *Principia Ethica*, 280–298. Reprinted from his *Philosophical Studies*, London: Kegan Paul, Trench, Trubner & co, 1922.
Moore, G. E. 1942. 'A Reply to My Critics'. In *The Philosophy of G. E. Moore*, edited by P. A. Schilpp. Evanston, IL: Northwestern University Press: 533–677.
Moore, G. E. 1959. *Philosophical Papers*. London: George, Allen and Unwin.
Nagel, T. 1986. *The View from Nowhere*. Oxford: Oxford University Press.
Nagel, T. 1996. *The Last Word*. New York: Oxford University Press.
Nichols, S. 2004. *Sentimental Rules*. New York: Oxford University Press.
Nolan, D., G. Restall, and C. West. 2005. 'Moral Fictionalism versus the Rest', *Australasian Journal of Philosophy* 83: 307–330.
Norton, D. F. 1982. *David Hume: Commonsense Moralist, Skeptical Metaphysician*. Princeton, NJ: Princeton University Press.
Oddie, G. 2005. *Value, Reality, and Desire*. Oxford: Oxford University Press.
Olson, J. 2009. 'Reasons and the New Naturalism'. In *Spheres of Reasons*, edited by S. Robertson. Oxford: Oxford University Press, 164–182.
Olson, J. 2010. 'The Freshman Objection to Expressivism and What to Make of It', *Ratio* 23: 87–101.
Olson, J. 2011a. 'Error Theory and Reasons for Belief'. In *Reasons for Belief*, edited by A. Reisner and A. Steglich-Petersen. Cambridge: Cambridge University Press, 75–93.
Olson, J. 2011b. 'Getting Real about Moral Fictionalism'. In *Oxford Studies in Metaethics* vol. 6, edited by R. Shafer-Landau. Oxford: Oxford University Press, 181–204.
Olson, J. and M. Timmons. 2011. 'A. C. Ewing's First and Second Thoughts on Metaethics'. In *Underivative Duty: British Moral Philosophers from Sidgwick to Ewing*, edited by T. Hurka. Oxford: Oxford University Press, 183–211.
Ott, W. 2006. 'Hume on Meaning', *Hume Studies* 32: 233–252.
Parfit, D. 2001. 'Rationality and Reasons'. In *Exploring Practical Philosophy*, edited by D. Egonsson, et al. Aldershot: Ashgate, 17–41.
Parfit, D. 2006. 'Normativity'. In *Oxford Studies in Metaethics* 1, edited by R.

Shafer-Landau. Oxford: Oxford University Press, 325–380.
Parfit, D. 2011. *On What Matters*, vol. 2. Oxford: Oxford University Press.
Pascal, B. *Pensées*, edited and translated by W. F. Trotter. Grand Rapids, MI: Christian Classics Ethereal Library.
Pereboom, D. 2005. 'Living Without Free Will: The Case for Hard Incompatibilism'. In *The Oxford Handbook of Free Will*, edited by R. Kane. New York: Oxford University Press, 477–488.
Persson, I. 2005. *The Retreat of Reason: A Dilemma in the Philosophy of Life*. New York: Oxford University Press.
Petersson, B. 1973. *Axel Hägerströms värdeteori*. Doct. diss, Uppsala University.
Petersson, B. 2011. 'Axel Hägerström and his Early Version of Error Theory', *Theoria* 77: 55–70.
Pigden, C. 1999. *Russell on Ethics*. London: Routledge.
Pigden, C. 2007. 'Nihilism, Nietzsche, and the Doppelganger Problem', *Ethical Theory and Moral Practice* 10: 441–456.
Pitson, A. E. 1989. 'Projectionism, Realism, and Hume's Moral Theory', *Hume Studies* 15: 61–92.
Plato. 1956. *Protagoras and Meno*, translated by W. K. C. Guthrie. London: Penguin Books.
Platts, M. 1980. 'Moral Reality and the End of Desire'. In *Reference, Truth, and Reality: Essays on the Philosophy of Language*, edited by M. Platts. London: Routledge and Kegan Paul, 69–82.
Price, R. 1991 [1787]. 'A Review of the Principal Questions in Morals'. In *British Moralists 1650–1800: II. Hume–Bentham*, edited by D. D. Raphael. Indianapolis: Hackett, 129–198. Originally published by Oxford University Press, 1969.
Reid, T. 1991 [1788]. 'Essays on the Active Powers of Man'. In *British Moralists 1650–1800: II. Hume–Bentham*, edited by D. D. Raphael. Indianapolis: Hackett, 263–310. Originally published by Oxford University Press, 1969.
Raphael, D. D., ed. 1991a. *British Moralists 1650–1800: I. Hobbes–Gay*. Indianapolis: Hackett. Originally published by Oxford University Press 1969.
Raphael, D. D., ed. 1991b. *British Moralists 1650–1800: II. Hume–Bentham*. Indianapolis: Hackett. Originally published by Oxford University Press 1969.
Rawls, J. 1999 [1971]. *A Theory of Justice*, revised edn. Cambridge, MA: Harvard University Press.
Robertson, S. J. 2008. 'How to be an Error Theorist about Morality', *Polish Journal*

of Philosophy 2: 107–125.
Robinson, R. 1948. 'The Emotive Theory of Ethics', *Proceedings of the Aristotelian Society* supp. vol. 22: 79–106.
Ross, W. D. 2002 [1930]. *The Right and the Good*, edited by P. Stratton-Lake. Oxford: Clarendon Press.
Ross, W. D. 1939. *Foundations of Ethics*. Oxford: Oxford University Press.
Rowland, R. 2013. 'Moral Error Theory and the Argument from Epistemic Reasons', *Journal of Ethics and Social Philosophy*, www.jesp.org, vol. 7, no.1.
Russell, B. 1905. 'On Denoting', *Mind* 14: 479–493.
Russell, B. 1946. 'Reply to My Critics'. In *The Philosophy of Bertrand Russell*, edited by P. A. Schilpp. Evanston, IL: The Library of Living Philosophers.
Russell, B. 1999. 'Is there an Absolute Good?' In *Russell on Ethics*, edited by, C. Pigden. London: Routledge, 119–124. Lecture written and delivered in 1922.
Sainsbury, M. 1998. 'Projections and Relations', *The Monist* 81: 133–161.
Satris, S. 1987. *Ethical Emotivism*. Dordrecht: Martinus Nijhoff Publishers.
Sayre-McCord, G. 1988. 'Moral Theory and Explanatory Impotence'. In *Essays on Moral Realism*, edited by G. Sayre-McCord. Ithaca: Cornell University Press, 256–281.
Scanlon, T. M. 1998. *What We Owe to Each Other*. Cambridge, MA: Harvard UP.
Schiffer, S. 1990. 'Meaning and Value', *Journal of Philosophy* 87: 602–614.
Schroeder, M. 2007. *Slaves of the Passions*. Oxford: Oxford University Press.
Schroeder, M. 2008. *Being For: Evaluating the Semantic Program of Expressivism*. Oxford: Oxford University Press.
Schroeder, M. 2010. *Non-Cognitivism in Ethics*. London: Routledge.
Searle, J. R. 2010. *Making the Social World*. Oxford: Oxford University Press.
Shah, N. and D. Velleman. 2005. 'Doxastic Deliberation', *Philosophical Review* 114: 497–534.
Shafer-Landau, R. 2003. *Moral Realism: A Defence*. Oxford: Oxford University Press.
Shafer-Landau, R. 2009. 'A Defence of Categorical Reasons', *Proceedings of the Aristotelian Society* 109: 189–206.
Shafer-Landau, R. ms. 'On the Positive Case for Robust Metaethical Realism'. Unpublished manuscript.
Shepski, L. 2008. 'The Vanishing Argument from Queerness', *Australasian Journal of Philosophy* 86: 371–387.
Sidgwick, H. 1981 [1907]. *The Methods of Ethics*, 7th edn, edited by J. Rawls. Indianapolis: Hackett.

Sinnott-Armstrong, W. 2006. *Moral Skepticisms*. New York: Oxford University Press.

Sinnott-Armstrong, W. 2010. 'Mackie's Internalisms'. In *A World Without Values*, edited by R. Joyce and S. Kirchin. Dordrecht: Springer, 55–70.

Smilansky, S. 2000. *Free Will and Illusion*. Oxford: Oxford University Press.

Smith, A. 1982 [1791]. *The Theory of Moral Sentiments*, edited by D. D. Raphael & A. L. Macfie. Indianapolis: Liberty Fund.

Smith, M. 1994. *The Moral Problem*. Oxford: Blackwell.

Smith, M. 2000. 'Does the Evaluative Supervene on the Natural?' In *Well-Being and Morality: Essays in Honour of James Griffin*, edited by R. Crisp & B. Hooker. Oxford: Clarendon Press.

Sobel, J. H. 2009: *Walls and Vaults: A Natural Science of Morals (Virtue Ethics According to David Hume)*. Hoboken, NJ: Wiley.

Sobel, J. H. ms. *Good and Gold: A Judgmental History of Metaethics from Moore through Mackie*. Unpublished manuscript.

Sober, E. 1982. 'Why Logically Equivalent Predicates May Pick Out Different Properties', *American Philosophical Quarterly* 19: 183–190.

Steglich-Petersen, A. 2008. 'Against Essential Normativity of the Mental', *Philosophical Studies* 140: 263–283.

Stevenson, C. L. 1937. 'The Emotive Meaning of Ethical Terms', *Mind* 46: 14–31.

Stevenson, C. L. 1944. *Ethics and Language*. New Haven, CT: Yale University Press.

Stratton-Lake, P. 2002a. 'Introduction'. In *Ethical Intuitionism: Re-evaluations*, edited by P. Stratton-Lake. Oxford: Clarendon Press, 1–28.

Stratton-Lake, P. 2002b. 'Introduction'. In W. D. Ross, *The Right and the Good*, edited by P. Stratton-Lake. Oxford: Clarendon Press, ix–l.

Strawson, G. 1994. 'The Impossibility of Moral Responsibility', *Philosophical Studies* 75: 5–24.

Streumer, B. 2008. 'Are There Irreducibly Normative Properties?' *Australasian Journal of Philosophy* 86: 537–561.

Streumer, B. Forthcoming a. 'Do Normative Judgements Aim to Represent the World?' Forthcoming in *Irrealism in Ethics*, edited by B. Streumer. Oxford: Wiley-Blackwell.

Streumer, B. 2013a. 'Are There Really No Irreducibly Normative Properties?' In *Thinking about Reasons: Essays in Honour of Jonathan Dancy*, edited by D. Bakhurst. Oxford: Oxford University Press.

Streumer, B. 2013b. 'Can We Believe the Error Theory?' *Journal of Philosophy* 110:

194–212.
Stroud, B. 1968. 'Transcendental Arguments', *Journal of Philosophy* 65: 241–256.
Stroud, B. 1977. *Hume*. London: Routledge.
Sturgeon, N. L. 2001. 'Moral Skepticism and Moral Naturalism in Hume's *Treatise*', *Hume Studies* 27: 3–83.
Sturgeon, N. L. 2006a. 'Ethical Naturalism'. In *The Oxford Handbook of Ethical Theory*, edited by D. Copp. New York: Oxford University Press, 91–121.
Sturgeon, N. L. 2006b. 'Moral Explanations Defended'. In *Contemporary Debates in Moral Theory*, edited by J. Dreier. Oxford: Blackwell, 241–262.
Sturgeon, N. L. 2009. 'Doubts about the Supervenience of the Evaluative'. In *Oxford Studies in Metaethics* 4, edited by R. Shafer-Landau. Oxford: Oxford University Press, 53–90.
Suikkanen, J. 2010. 'Non-Naturalism: The Jackson Challenge'. In *Oxford Studies in Metaethics* 5, edited by R. Shafer-Landau. Oxford: Oxford University Press, 87–110.
Tännsjö, T. 2010. *From Reasons to Norms: On the Basic Question in Ethics*. Dordrecht: Springer.
Taylor, S. E. and J. D. Brown. 1988. 'Illusion and Well-being: A Social Psychological Perspective on Mental Health', *Psychological Bulletin* 103: 193–210.
Tegen, E. 1944. 'The Basic Problem in the Theory of Value', *Theoria* 10: 28–52.
Tersman, F. 2006. *Moral Disagreement*. Cambridge: Cambridge University Press.
Thomson, J. J. 1985. 'The Trolley Problem', *Yale Law Journal* 94: 1395–1415.
Tresan, J. 2006. '*De Dicto* Internalist Cognitivism', *Nous* 40: 143–165.
Warnock, G. 1971. *The Object of Morality*. London: Routledge and Kegan Paul.
Wedgwood, R. 2007. *The Nature of Normativity*. Oxford: Oxford University Press.
West, C. 2010. 'Business as Usual? The Error Theory, Internalism, and the Function of Morality'. In *A World Without Values*, edited by R. Joyce and S. Kirchin. Dordrecht: Springer, 183–198.
Westermarck, E. 1932. *Ethical Relativity*. London: Kegan Paul, Trench, Trubner & Co., Ltd.
Wielenberg, E. 2011. 'The Failure of Brown's New Supervenience Argument', *Journal of Ethics and Social Philosophy*, www.jesp.org, (Discussion Note, October 2011).
Wielenberg, E. 'Three Ways the Moral Can Supervene'. Unpublished manuscript.
Williams, B. 1981. 'Internal and External Reasons'. In his *Moral Luck*. Cambridge: Cambridge University Press, 101–114.

Williams, B. 2006 [1985]. *Ethics and the Limits of Philosophy*, edited by A. W. Moore. London: Routledge.

Wilson, J. 2010. 'Hume's Dictum—What it is and why believe it', *Philosophy and Phenomenological Research* 80: 595–637.

Wittgenstein, L. 1965. 'A Lecture on Ethics', *Philosophical Review* 74: 3–12.

Wittgenstein, L. 1999 [1922]. *Tractatus Logico-Philosophicus*, translated by C. K. Ogden. Mineola, NY: Dover.

Wood, P. B. 1986. 'David Hume on Thomas Reid's *An Inquiry into the Human Mind: On the Principles of Commonsense*: A New Letter to Hugh Blair from July 1762', *Mind* 95: 411–416.

Zangwill, N.1995. 'Moral Supervenience', *Midwest Studies in Philosophy* 20: 240–262.

索　引

(条目后的数字为原书页码,见本书边码。部分页码中的n,指位于注释中)

人文与社会译丛

第一批书目

1.《政治自由主义》(增订版),[美]J. 罗尔斯著,万俊人译 118.00 元
2.《文化的解释》,[美]C. 格尔茨著,韩莉译 89.00 元
3.《技术与时间:1. 爱比米修斯的过失》,[法]B. 斯蒂格勒著,裴程译 62.00 元
4.《依附性积累与不发达》,[德]A. G. 弗兰克著,高铦等译 13.60 元
5.《身处欧美的波兰农民》,[美]F. 兹纳涅茨基、W. I. 托马斯著,张友云译 9.20 元
6.《现代性的后果》,[英]A. 吉登斯著,田禾译 45.00 元
7.《消费文化与后现代主义》,[英]M. 费瑟斯通著,刘精明译 14.20 元
8.《英国工人阶级的形成》(上、下册),[英]E. P. 汤普森著,钱乘旦等译 168.00 元
9.《知识人的社会角色》,[美]F. 兹纳涅茨基著,郏斌祥译 26.00 元

第二批书目

10.《文化生产:媒体与都市艺术》,[美]D. 克兰著,赵国新译 49.00 元
11.《现代社会中的法律》,[美]R. M. 昂格尔著,吴玉章等译 39.00 元
12.《后形而上学思想》,[德]J. 哈贝马斯著,曹卫东等译 58.00 元
13.《自由主义与正义的局限》,[美]M. 桑德尔著,万俊人等译 30.00 元

14.《临床医学的诞生》,[法]M. 福柯著,刘北成译 55.00 元

15.《农民的道义经济学》,[美]J. C. 斯科特著,程立显等译 42.00 元

16.《俄国思想家》,[英]I. 伯林著,彭淮栋译 35.00 元

17.《自我的根源:现代认同的形成》,[加]C. 泰勒著,韩震等译 128.00 元

18.《霍布斯的政治哲学》,[美]L. 施特劳斯著,申彤译 49.00 元

19.《现代性与大屠杀》,[英]Z. 鲍曼著,杨渝东等译 59.00 元

第三批书目

20.《新功能主义及其后》,[美]J. C. 亚历山大著,彭牧等译 15.80 元

21.《自由史论》,[英]J. 阿克顿著,胡传胜等译 89.00 元

22.《伯林谈话录》,[伊朗]R. 贾汉贝格鲁等著,杨祯钦译 23.00 元

23.《阶级斗争》,[法]R. 阿隆著,周以光译 13.50 元

24.《正义诸领域:为多元主义与平等一辩》,[美]M. 沃尔泽著,褚松燕等译 24.80 元

25.《大萧条的孩子们》,[美]G. H. 埃尔德著,田禾等译 27.30 元

26.《黑格尔》,[加]C. 泰勒著,张国清等译 135.00 元

27.《反潮流》,[英]I. 伯林著,冯克利译 48.00 元

28.《统治阶级》,[意]G. 莫斯卡著,贾鹤鹏译 98.00 元

29.《现代性的哲学话语》,[德]J. 哈贝马斯著,曹卫东等译 78.00 元

第四批书目

30.《自由论》(修订版),[英]I. 伯林著,胡传胜译 69.00 元

31.《保守主义》,[德]K. 曼海姆著,李朝晖、牟建君译 16.00 元

32.《科学的反革命》(修订版),[英]F. 哈耶克著,冯克利译 58.00 元

33.《实践感》,[法]P. 布迪厄著,蒋梓骅译　75.00元
34.《风险社会》,[德]U. 贝克著,何博闻译　17.70元
35.《社会行动的结构》,[美]T. 帕森斯著,彭刚等译　80.00元
36.《个体的社会》,[德]N. 埃利亚斯著,翟三江、陆兴华译　15.30元
37.《传统的发明》,[英]E. 霍布斯鲍姆等著,顾杭、庞冠群译　21.20元
38.《关于马基雅维里的思考》,[美]L. 施特劳斯著,申彤译　78.00元
39.《追寻美德》,[美]A. 麦金太尔著,宋继杰译　68.00元

第五批书目

40.《现实感》,[英]I. 伯林著,潘荣荣、林茂译　30.00元
41.《启蒙的时代》,[英]I. 伯林著,孙尚扬、杨深译　35.00元
42.《元史学》,[美]H. 怀特著,陈新译　89.00元
43.《意识形态与现代文化》,[英]J. B. 汤普森著,高铦等译　68.00元
44.《美国大城市的死与生》,[加]J. 雅各布斯著,金衡山译　29.50元
45.《社会理论和社会结构》,[美]R. K. 默顿著,唐少杰等译　128.00元
46.《黑皮肤,白面具》,[法]F. 法农著,万冰译　14.00元
47.《德国的历史观》,[美]G. 伊格尔斯著,彭刚、顾杭译　58.00元
48.《全世界受苦的人》,[法]F. 法农著,万冰译　17.80元
49.《知识分子的鸦片》,[法]R. 阿隆著,吕一民、顾杭译　45.00元

第六批书目

50.《驯化君主》,[美]H. C. 曼斯菲尔德著,冯克利译　68.00元
51.《黑格尔导读》,[法]A. 科耶夫著,姜志辉译　98.00元
52.《象征交换与死亡》,[法]J. 波德里亚著,车槿山译　68.00元
53.《自由及其背叛》,[英]I. 伯林著,赵国新译　48.00元

54.《启蒙的三个批评者》,[英]I. 伯林著,马寅卯、郑想译　48.00 元
55.《运动中的力量》,[美]S. 塔罗著,吴庆宏译　23.50 元
56.《斗争的动力》,[美]D. 麦克亚当、S. 塔罗、C. 蒂利著,李义中等译　31.50 元
57.《善的脆弱性》,[美]M. 纳斯鲍姆著,徐向东、陆萌译　55.00 元
58.《弱者的武器》,[美]J. C. 斯科特著,郑广怀等译　82.00 元
59.《图绘》,[美]S. 弗里德曼著,陈丽译　49.00 元

第七批书目

60.《现代悲剧》,[英]R. 威廉斯著,丁尔苏译　45.00 元
61.《论革命》,[美]H. 阿伦特著,陈周旺译　59.00 元
62.《美国精神的封闭》,[美]A. 布卢姆著,战旭英译,冯克利校　68.00 元
63.《浪漫主义的根源》,[英]I. 伯林著,吕梁等译　28.00 元
64.《扭曲的人性之材》,[英]I. 伯林著,岳秀坤译　22.00 元
65.《民族主义思想与殖民地世界》,[美]P. 查特吉著,范慕尤、杨曦译　18.00 元
66.《现代性社会学》,[法]D. 马尔图切利著,姜志辉译　32.00 元
67.《社会政治理论的重构》,[美]R. J. 伯恩斯坦著,黄瑞祺译　72.00 元
68.《以色列与启示》,[美]E. 沃格林著,霍伟岸、叶颖译　128.00 元
69.《城邦的世界》,[美]E. 沃格林著,陈周旺译　85.00 元
70.《历史主义的兴起》,[德]F. 梅尼克著,陆月宏译　48.00 元

第八批书目

71.《环境与历史》,[英]W. 贝纳特、P. 科茨著,包茂红译　25.00 元
72.《人类与自然世界》,[英]K. 托马斯著,宋丽丽译　35.00 元

73.《卢梭问题》,[德]E. 卡西勒著,王春华译　15.00元
74.《男性气概》,[美]H. C. 曼斯菲尔德著,刘玮译　28.00元
75.《战争与和平的权利》,[美]R. 塔克著,罗炯等译　25.00元
76.《谁统治美国》,[美]W. 多姆霍夫著,吕鹏、闻翔译　35.00元
77.《健康与社会》,[法]M. 德吕勒著,王鲲译　35.00元
78.《读柏拉图》,[德]T. A. 斯勒扎克著,程炜译　68.00元
79.《苏联的心灵》,[英]I. 伯林著,潘永强、刘北成译　59.00元
80.《个人印象》,[英]I. 伯林著,林振义、王洁译　35.00元

第九批书目

81.《技术与时间:2. 迷失方向》,[法]B. 斯蒂格勒著,赵和平、印螺译　59.00元
82.《抗争政治》,[美]C. 蒂利、S. 塔罗著,李义中译　28.00元
83.《亚当·斯密的政治学》,[英]D. 温奇著,褚平译　21.00元
84.《怀旧的未来》,[美]S. 博伊姆著,杨德友译　85.00元
85.《妇女在经济发展中的角色》,[丹]E. 博斯拉普著,陈慧平译　30.00元
86.《风景与认同》,[美]W. J. 达比著,张箭飞、赵红英译　68.00元
87.《过去与未来之间》,[美]H. 阿伦特著,王寅丽、张立立译　58.00元
88.《大西洋的跨越》,[美]D. T. 罗杰斯著,吴万伟译　108.00元
89.《资本主义的新精神》,[法]L. 博尔坦斯基、E. 希亚佩洛著,高铦译　58.00元
90.《比较的幽灵》,[美]B. 安德森著,甘会斌译　79.00元

第十批书目

91.《灾异手记》,[美]E. 科尔伯特著,何恬译　25.00元

92.《技术与时间:3. 电影的时间与存在之痛的问题》,
[法]B. 斯蒂格勒著,方尔平译 65.00 元
93.《马克思主义与历史学》,[英]S. H. 里格比著,吴英译 78.00 元
94.《学做工》,[英]P. 威利斯著,秘舒、凌旻华译 68.00 元
95.《哲学与治术:1572—1651》,[美]R. 塔克著,韩潮译 45.00 元
96.《认同伦理学》,[美]K. A. 阿皮亚著,张容南译 45.00 元
97.《风景与记忆》,[英]S. 沙玛著,胡淑陈、冯樨译 78.00 元
98.《马基雅维里时刻》,[英]J. G. A. 波考克著,冯克利、傅乾译 108.00 元
99.《未完的对话》,[英]I. 伯林、[波]B. P. -塞古尔斯卡著,
杨德友译 65.00 元
100.《后殖民理性批判》,[印]G. C. 斯皮瓦克著,严蓓雯译 79.00 元

第十一批书目

101.《现代社会想象》,[加]C. 泰勒著,林曼红译 45.00 元
102.《柏拉图与亚里士多德》,[美]E. 沃格林著,刘曙辉译 78.00 元
103.《论个体主义》,[法]L. 迪蒙著,桂裕芳译 30.00 元
104.《根本恶》,[美]R. J. 伯恩斯坦著,王钦、朱康译 78.00 元
105.《这受难的国度》,[美]D. G. 福斯特著,孙宏哲、张聚国译 39.00 元
106.《公民的激情》,[美]S. 克劳斯著,谭安奎译 49.00 元
107.《美国生活中的同化》,[美]M. M. 戈登著,马戎译 58.00 元
108.《风景与权力》,[美]W. J. T. 米切尔著,杨丽、万信琼译 78.00 元
109.《第二人称观点》,[美]S. 达沃尔著,章晟译 69.00 元
110.《性的起源》,[英] F. 达伯霍瓦拉著,杨朗译 85.00 元

第十二批书目

111.《希腊民主的问题》,[法]J. 罗米伊著,高煜译　48.00 元
112.《论人权》,[英]J. 格里芬著,徐向东、刘明译　75.00 元
113.《柏拉图的伦理学》,[英]T. 埃尔文著,陈玮、刘玮译　118.00 元
114.《自由主义与荣誉》,[美]S. 克劳斯著,林垚译　62.00 元
115.《法国大革命的文化起源》,[法]R. 夏蒂埃著,洪庆明译　38.00 元
116.《对知识的恐惧》,[美]P. 博格西昂著,刘鹏博译　38.00 元
117.《修辞术的诞生》,[英]R. 沃迪著,何博超译　48.00 元
118.《历史表现中的真理、意义和指称》,[荷]F. 安克斯密特著,周建漳译　58.00 元
119.《天下时代》,[美]E. 沃格林著,叶颖译　78.00 元
120.《求索秩序》,[美]E. 沃格林著,徐志跃译　48.00 元

第十三批书目

121.《美德伦理学》,[新西兰]R. 赫斯特豪斯著,李义天译　55.00 元
122.《同情的启蒙》,[美]M. 弗雷泽著,胡靖译　48.00 元
123.《图绘暹罗》,[美]T. 威尼差恭著,袁剑译　58.00 元
124.《道德的演化》,[新西兰]R. 乔伊斯著,刘鹏博、黄素珍译　65.00 元
125.《大屠杀与集体记忆》,[美]P. 诺维克著,王志华译　78.00 元
126.《帝国之眼》,[美]M. L. 普拉特著,方杰、方宸译　68.00 元
127.《帝国之河》,[美]D. 沃斯特著,侯深译　76.00 元
128.《从道德到美德》,[美]M. 斯洛特著,周亮译　58.00 元
129.《源自动机的道德》,[美]M. 斯洛特著,韩辰锴译　58.00 元
130.《理解海德格尔:一种范式转换》,[美]T. 希恩著,邓定译(即出)

第十四批书目

131.《城邦与灵魂:费拉里〈理想国〉论集》,[美]G. R. F. 费拉里著,刘玮编译 58.00 元

132.《人民主权与德国宪法危机》,[美]P. C. 考威尔著,曹晗蓉、虞维华译 58.00 元

133.《16 和 17 世纪英格兰大众信仰研究》,[英]K. 托马斯著,芮传明、梅剑华译 168.00 元

134.《民族认同》,[英]A. D. 史密斯著,王娟译 55.00 元

135.《世俗主义之乐:我们当下如何生活》,[英]G. 莱文编,赵元译 58.00 元

136.《国王或人民》,[美]R. 本迪克斯著,褚平译(即出)

137.《自由意志、能动性与生命的意义》,[美] D. 佩里布姆著,张可译(即出)

138.《自由与多元论:以赛亚·伯林思想研究》,[英]G. 克劳德著,应奇等译 58.00 元

139.《暴力:思无所限》,[美]R. J. 伯恩斯坦著,李元来译 59.00 元

140.《中心与边缘:宏观社会学论集》,[美]E. 希尔斯著,甘会斌、余昕译 88.00 元

第十五批书目

141.《自足的世俗社会》,[美]P. 朱克曼著,杨靖译 58.00 元

142.《历史与记忆》,[英]G. 丘比特著,王晨凤译 59.00 元

143.《媒体、国家与民族》,[英]P. 施莱辛格著,林玮译 68.00 元

144.《道德错误论:历史、批判、辩护》,

[瑞典]J. 奥尔松著，周奕李译　58.00 元

145.《废墟上的未来：联合国教科文组织、世界遗产与和平之梦》，[澳]L. 梅斯克尔著，王丹阳、胡牧译　88.00 元

146.《为历史而战》，[法]L. 费弗尔著，高煜译（即出）

147.《语言动物：人类语言能力概览》，[加]C. 泰勒著，赵清丽译（即出）

148.《我们中的我：承认理论研究》，[德]A. 霍耐特著，张曦、孙逸凡译　62.00 元

149.《人文学科与公共生活》，[美]P. 布鲁克斯编，余婉卉译（即出）

150.《美国生活中的反智主义》，[美]R. 霍夫施塔特著，何博超译　68.00 元

第十六批书目

151.《关怀伦理与移情》，[美]M. 斯洛特著，韩玉胜译（即出）

152.《形象与象征》，[罗]M. 伊利亚德著，沈珂译（即出）

153.《艾希曼审判》，[美]D. 利普斯塔特著，刘颖洁译（即出）

154.《现代主义观念论：黑格尔式变奏》，[美]R. B. 皮平著，郭东辉译（即出）

155.《文化绝望的政治学：日耳曼意识形态崛起研究》，[美]F. R. 斯特恩著，杨靖译（即出）

156.《作为文化现实的未来：全球现状论集》，[印]A. 阿帕杜拉伊著，周云水、马建福译（即出）

157.《一种思想及其时代：以赛亚·伯林政治思想的发展》，[美]J. L. 彻尼斯著，寿天艺、宋文佳译（即出）

158.《人类的领土性：理论与历史》，[美]R. B. 萨克著，袁剑译（即出）

159.《理想的暴政:多元社会中的正义》,[美]G. 高斯著,范震亚译(即出)

160.《荒原:一部历史》[美]V. D. 帕尔马著,梅雪芹译(即出)

有关"人文与社会译丛"及本社其他资讯,欢迎点击 www. yilin. com 浏览,对本丛书的意见和建议请反馈至新浪微博@译林人文社科。